该书获国家社科基金项目他者伦理研究(14BZX123) 的资助。

The Other

他者伦理研究

吴先伍 著

人民出版社

目　录

绪 论

在西方传统文化中，伦理道德是神对于人的恩赐，人类正是因为拥有了伦理道德，才不再相互为战，过上了团结的集体生活，从而避免了灭亡的命运。① 在中国传统文化中，伦理道德构成了人与世间万物之间的差别，人类正是借助伦理道德结成了群体，才从自然万物当中脱颖而出，一跃而为“宇宙之精华，万物之灵长”(《荀子·王制》)，使自然万物为我所用。因此，不论对于何种文化，伦理道德之于人，都不是一个可有可无的点缀，而是事关人类安身立命之本，对于成己成人至关重要。不过，令人遗憾的是，伦理道德在现代社会却呈现出衰退没落的倾向。虽然我们没有必要像麦金太尔那样，认为伦理道德已经深陷危机，但我们还是必须承认，“人类20世纪的道德生活世界本身的境况只会比其生活世界更糟糕而不会更好。比如说，道德资源的日趋匮乏；道德信念危机的日趋加深；道德文化力量的日趋减弱；等等”②。虽然中国素来有“道德中国”之美誉，但中国人的道德现状同样不容乐观，制假售假、跌倒老人不扶、强迫让座等有违伦理道德的事件也时常见之于媒体报端，从而引起人们对于国人伦理道德水平的深深担忧。因此，在当今时代，我们需要深入反思伦理道德所出现的问题，回溯伦理道德问题的源头，寻找伦理道德的出路，培养人们的伦理精神，重新树立人们对于伦理道德的信心和信仰，从而真正建立起一个人人相亲相爱、充满道德温情的和谐社会。

---

① 参见［古希腊］柏拉图：《普罗泰戈拉篇》，载《柏拉图全集》第一卷，人民出版社2002年版，第442—444页。

② 万俊人：《现代性的伦理话语》，黑龙江人民出版社2002年版，第2页。

一

随着现代化进程的不断深入，科学技术的水平不断提升，社会生产力获得了一日千里的发展。早在170多年前，马克思、恩格斯就对西方现代社会生产力的发展发出了由衷的感叹："资产阶级在它的不到一百年的阶级统治中所创造的生产力，比过去一切世代创造的全部的生产力还要多，还要大。自然力的征服，机器的采用，化学在工业和农业中的应用，轮船的行驶，铁路的通行，电报的使用，整个整个大陆的开垦，河川的通航，仿佛用法术从地下呼唤出来的大量人口，——过去哪一个世纪料想到在社会劳动里蕴藏有这样的生产力呢?"① 实际上，今天的生产力发展水平已经远非马克思、恩格斯生活的时代可以相比，"据有关资料显示，20世纪以前，科技成果的孕育和转化为生产力的时间一般为40—50年，20世纪初，科技成果的孕育和转化为生产力的时间为30—40年，1921—1970年，其转化的时间为10年，1970—1991年转化时间为5年，1991—1997年为2年左右。科技成果的运用、转化为生产力（全球化），一方面创造了人类前所未有的辉煌，可以说20世纪任何一个10年所创造的生产力都超过了人类以往生产力所创造财富的总和"②。

现代化的发展使得人们的物质生活水平获得了大幅提升，人们不仅过上了丰衣足食的生活，而且开始追求消费的等级和生活的品位。正是缘此之故，人们在面对现代化的潮流时，表现得欢呼雀跃、趋之若鹜。作为学者，我们不能为社会潮流所裹挟，不能被物质遮蔽了双眼，而要时刻警惕潜藏在物质繁荣背后的巨大风险。马克思、恩格斯早就犀利地指出，为赢得物质繁荣，现代人付出了惨重的伦理道德的代价，现代社会"无情地斩断了把人们束缚于天然尊长的形形色色的封建羁绊，它使人和人之间除了赤裸裸的利害关系，除了冷酷无情的'现金交易'，就再也没有任何别的联系了。它

① 《马克思恩格斯选集》第1卷，人民出版社1995年版，第277页。

② 薛晓源：《全球化的忧思》，载王治河主编：《全球化与后现代性》，广西师范大学出版社2003年版，第58—59页。

把宗教虔诚、骑士热忱、小市民伤感这些情感的神圣发作，淹没在利己主义打算的冰水之中”①。不仅是社会、职场遭受了金钱的腐蚀，即使是充满温情、被人们视作栖身之所的“家”也未能幸免于难，“资产阶级撕下了罩在家庭关系上的温情脉脉的面纱，把这种关系变成了纯粹的金钱关系”②。虽然马克思、恩格斯的批判对象是西方资本主义，但是我们也必须承认，在社会主义中国，为了发展经济，我们虽然强调物质文明建设与精神文明建设要“两手抓”，但我们还是存在发展不均衡的问题，存在重物质、轻精神，重经济、轻道德的现象，从而导致伦理道德的建设水平没有赶上经济发展的步伐。有些人为了物质利益，而置伦理道德于不顾。像在现代社会中，为了经济利益，有些人不惜破坏生态环境、牺牲他人身体健康，疯狂地开发矿山、森林、河流等自然资源，肆意地排放废水、有毒气体等工业垃圾，制售各种假冒伪劣的商品；有些人为了家庭财产闹得父子成仇、兄弟反目；有些人为了金钱，不惜突破道德底线，罔顾自己的尊严与人格，出卖自己的肉体……因此，伦理道德的问题不是某个人或某些人的问题，而是整个现代社会的问题，是我们所有现代人的问题，“它既是西方性的，也是世界性的”③。

虽然一般人们会将伦理道德的没落归因于经济的发展，认为正是在巨大的物质利益面前人们出现了道德迷失，从而“见利忘义”。这当然具有一定的合理性，不过二者之间缺乏必然的联系，物质生活水平的提高并不必然导致伦理道德的没落。像管子就曾经说过，“仓廪实则知礼节，衣食足则知荣辱”（《管子·牧民》），就高度肯定了良好的物质生活水平对于提升人们道德水平的重要作用；后来孟子讲“有恒产者有恒心”（《孟子·滕文公上》），也表达了基本相同的思想。因此，我们不能因为不道德者大多具有自私自利的特性，就将伦理道德与经济利益尖锐对立起来，将伦理道德问题产生归因于经济发展，从而试图像有些学者那样通过摒弃现代化来为伦理道德的发展铺平道路，这显然是不合理的。早在两千多年前，老子就已经指出，对于经济利益的过度关注不仅会导致自我对于他者的高度敌视，从而使得自我做出

① 《马克思恩格斯选集》第1卷，人民出版社1995年版，第274—275页。

② 《马克思恩格斯选集》第1卷，人民出版社1995年版，第275页。

③ 万俊人：《现代性的伦理话语》，黑龙江人民出版社2002年版，导论第5页。

伤害他者的行为，同时也会使我们“患得患失”。不过老子的高明之处在于，他并没有将其根源归结为外在的名利，而是归结为自我本身，“吾所以有大患者，为吾有身，及吾无身，吾有何患?”（《老子·十三章》）老子的论断对于我们寻找现代伦理道德问题的根源具有重要的借鉴意义。

从马克思、恩格斯有关现代资本主义的批判中，我们能够清晰地看出，在现代社会中造成伦理道德严重破坏的一个重要原因就是个人主义、利己主义盛行，因为人类的道德情感已经被无情地“淹没在利己主义打算的冰水之中”。马克思、恩格斯的结论在现代社会中获得了广泛的认同，正如后现代伦理学家齐格蒙特·鲍曼所说：“在我们这个时代中，自我牺牲的观念已经非法化了：没有人被激励或者愿意使自己达到道德的最高目标，并去守护这种道德价值观；政治家为乌托邦付出了代价，原来的理想主义者变得务实了。我们最普遍的口号就是：‘不可越界!’我们的时代是一个彻头彻尾的个人主义的时代，对美好生活的追求仅仅被对宽容的需求所限制（当宽容与自我赞扬的和毫不犹豫的个人主义相结合时，可能仅仅表现为冷漠）。‘后义务’的时代仅仅承认一种发育最不完全的、‘最低限度的’道德。”①

按照《西方哲学英汉对照辞典》的解释，“个人主义是与自主和自我发展观念相关的，‘伦理个人主义’主张，惟有个人才是道德谓项的主语、价值的主体以及道德考虑的中心点”，它是一种“任何认为个人而不是由个人组成的整体具有中心价值和基本存在的理论和态度。它认为，个人能够与他所存在的物质环境、社会关系和历史传统分离开来理解”②。从这个解释中，我们就能看出，个人主义以个体自我为中心，具有自私自利的特点，只要求他者对自己讲道德，对自己承担道德责任，而自己对他者则可以不讲道德，不承担道德责任。个人主义的典型表现就是日常生活中不时出现的强迫让座现象。在地铁、公交以及其他公共场所，老人、孕妇确实是弱势群体，应该受到人们的关心照顾，身体健康的青年乘客确实应该主动为他们让座。不

① ［英］齐格蒙特·鲍曼：《后现代伦理学》，张成岗译，江苏人民出版社 2003 年版，第 3 页。

② ［英］尼古拉斯·贝宁、余纪元：《西方哲学英汉对照辞典》，人民出版社 2001 年版，第 492 页。

过，让座并不是一种法律上的“必须”，而是道德上的“应该”，让座是一种应该倡导的社会风尚，而不是一种强制性的要求，因此，让不让座由乘坐在座位上的乘客的道德水平来决定，而不是由老人、孕妇的需要来决定。如果老人、孕妇等觉得自己是弱势群体，别人必须给他们让座，如果不让，就对别人进行谩骂、殴打等人身攻击行为，那么，他们所奉行的就是一种个人主义——即他们把自己作为世界的中心、道德考虑的中心，从而将他者道德上的“应该”变成了法律上的“必须”。因此，个人主义以自我为中心，把他者对我应该承担的道德责任变成必须承担的法律义务，而自己却游离于伦理道德之外，成了伦理道德的绝对受益者。

个人主义是高度自我的，高度重视自我需要的满足，而其之所以会如此，是因为他们认为自己可以从“他所存在的物质环境、社会关系和历史传统分离开来”。当然，这种说法有点匪夷所思，一个人怎么能从历史、社会、环境当中脱离出来呢？需要说明的是，这种脱离不是现实上的，而是观念上的，也就是他在思想观念中，认为自己能够脱离一切而独立存在。个人主义者同样要生活在社会历史环境当中，不过他认为这种环境都是为他服务的，这也就是说，一切外在的东西都被当作自我展示自身的舞台，成就自我的工具。因此，在个人主义者的眼中，自我与他者是不一样的，自我具有自身的独特性，是主体，而他者是服务于自我的对象，是要被自我消费、吸收、同化的对象，是客体。在这样一个消费、吸收、同化的过程中，他者并未获得自身的独立性，他者是服从、依赖于自我的，他者作为营养被自我所消化吸收，从而最终变成了我“身体”当中的某一部分，变成了我的“血”，我的“肉”，我的能量。在这样一种个人主义、自我中心主义的主体性思维当中，自我与他者之间存在着主客体的差异，而这种差异就决定了他者不可能得到自我的尊重，也不可能被自我伦理地对待，而这必然会造成对伦理道德的破坏。

二

为了解决由自我与他者之间地位强弱悬殊所引发的伦理道德问题，现代学者提出了各种各样的理论，其中比较典型的有：胡塞尔的主体间性理论、海德格尔的共在理论、马丁·布伯的我—你理论、罗尔斯的正义理论、哈贝马斯的商谈伦理等。这些理论虽然在形态上存在一定的差异，但实际上都是试图通过削弱自我的特权，将自我与他者放在一个平等的位置上，从而达到自我尊重他者、伦理地对待他者的目的。胡塞尔的主体间性理论就明确地反对自我与他者之间的主客体关系，强调自我与他者之间是两个平等的主体，从而剥夺了自我奴役他者的特权。海德格尔的共在理论强调人们之间是共同存在于世的，认为自我与他者之间是一种相互依赖的关系。马丁·布伯的“我—你”理论与前二者之间具有异曲同工之妙，强调主客体关系是一种我—它关系，我—它关系虽然由于其能够满足人类自然需求而具有原初性，但是人与人之间还有另一种原初关系，就是我—你关系，敬畏与爱则是自我对待他者的应有方式。罗尔斯强调人与人之间是一种契约关系，为了防止契约的制订者在制订契约的过程中以权谋私，从而导致所制订的契约有利于自我而不利于他者，从而提出“无知之幕”，试图通过它来消除在制订契约过程中的自我偏袒问题，从而保证自我与他者能够公平公正地进行财富分配。哈贝马斯则认为，自我与他者之间是平等的主体，享有同等的权利，因此人们应该通过平等对话的方式来解决彼此之间的争端与冲突，从而在相互趋同当中实现和平相处。

这些理论的提出，当然是一种历史的进步，它们突破了唯我独尊的固有格局，改变了人们对于自我与他者之间关系的固定认识，为争取他者与自我之间的平等作出了重要贡献，从而在一定程度上改善了自我与他者之间的关系。不过需要指出的是，这些理论本身仍然是站在自我的立场上来思考问题的。因为我们虽然承认他者与自我平等，愿意与他者公平公正地进行社会财富分配，愿意与他者通过协商手段来解决彼此之间的矛盾，但这并不是为了他者，而是为了自我，自我在此过程中始终具有无可替代的主体地位。就像列维纳斯所说的那样，当我们作为此在与他者“共在”的时候，“‘此—在’不就是已经占据了他者的位置了吗？”① 当我们强调自我与他者之间的平等地

① Levinas, *Outside the Object*, Translated by Michael B. Smith, London: The Athlone Press, 1993, p.48.

位的时候，自我实际上就已经占据了一个位置，并将他者排除在此位置之外，“我在此”也就意味着他者不能在此。因此，自我与他者之间必然是排斥性的。虽然平等、商谈、契约会在一定程度上抑制我与他者的冲突，但却并不打算消除自我与他者之间的对立，实际上也不能消除自我与他者之间的对立，因此，它们无法引导自我与他者和谐相处。

胡塞尔、海德格尔是列维纳斯的老师，马丁·布伯与列维纳斯同为犹太人，列维纳斯对他们的主体间性理论、共在理论和“我—你”理论都非常熟悉，也高度赞赏，不过，他却并没有盲目地加以接受。在列维纳斯看来，上述所有理论都没有抓住问题的根本，因此无法有效地解决自我与他者之间的矛盾与冲突。哲学作为思想文化场域中的核心要素，一切现实问题的发生（如果力图从文化场域的意义上加以理解的话）实际上都可以找到哲学思想的影子或变形，要想真正了解自我不能伦理地对待他者、奴役压迫他者的原因，就必须要去了解西方的哲学传统。

列维纳斯认为，西方的传统哲学主要是本体论或者说存在论（Ontology）的，或者说是以本体论作为“第一哲学”。所谓本体论或存在论，乃是一种还原论、化约论，就是要把纷繁复杂的世间万物还原为本体或存在。譬如古希腊哲学中的数、理念、存在等，都是哲学上的本体。因此，本体论或存在论就是要把“多”还原为“一”：一方面，哲学要“摄多归一”；另一方面，哲学要“以一统多”，一旦人们掌握了“一”，也就把握了“多”。在列维纳斯看来，这种哲学的还原虽然有利于人们认识和把握世界，但它也容易导致世界的同一化，从而抹杀世间万物的差异性。世界上本没有两片完全相同的树叶，但是在本体论哲学当中，所有的事物最终都被还原为本体或“一”，一切都被笼罩在统一的本体存在的夜色之中，失去了其本来面目，从而使得世间万物最终都变成了没有个性的匿名的存在，“那是一种无名的，没有任何存在者宣布为之负责的、没有存在者或存在的东西的存在”[①]。在这样一种哲学中，人与动物、植物、无生命物质没有本质的差别，因为它们都是同一

① ［法］列维纳斯：《从存在到存在者》，吴蕙仪译，江苏教育出版社2006年版，第二版序言第1页。

的，从而容易导致人们对他者的生命失去敬畏之心，对剥夺他者的生命没有任何愧疚之感。

更为重要的是，自从古希腊时代开始，本体论就与唯我论展现出密切的联系。不论是古典哲学中普罗泰戈拉的“人是万物的尺度”，还是普罗提洛的“知我则知其源”，还是近代哲学中笛卡尔的“我思故我在”，实际上最终都将世间万物统一于自我，唯有“我”才真正构成了世界终极的根据和本源。这就像海德格尔所说的那样，存在最终需要通过此在（Dasein，在国内有亲在、缘在等不同翻译）来把握自身，因为唯有此在才是唯一能够领会自身存在的存在者，而此在就是我（因为此时此地只有我），所以，唯有我才在存在当中居于核心地位，作为存在者的一切他者最终都要通过我来领会自身的存在。缘此之故，列维纳斯不无愤懑地认为，本体论实际上就是“自我学”，一部西方哲学史就是自我学发展完善的历史。一旦自我居于中心地位，那么自我就会唯我独尊，一切他者都必须服务于自我，沦落为满足自我需要的手段和工具，如果他者对于自我稍有不从，就会招致自我的严厉打击。因此，本体论及其所内含的唯我论必然会破坏自我与他者之间的关系，导致自我不能伦理地对待他者，从而导致伦理学被边缘化。因为伦理学不是别的，伦理学就是一种关系之学，“伦理学是与他人、与下来者（其临近不应该跟空间意义上的一种相邻关系相混淆）的关系”①，就是要妥善地处理自我与他者之间的关系。而在本体论哲学当中，自我与他者之间没有建立起真正的关系。在唯我论的本体论哲学中，他者实际上是被当成了另外一个“我”，因为他者是以自我为根基的，是同一于自我的，所以，自我与他者的关系就是我与自身的关系，这是一种虚假的关系；如果实在要说有关系，那就只能是一种奴役与压迫关系，自我将他者变成另外一个我，变成满足自我需要的手段和工具。

基于对西方哲学传统的反思，列维纳斯认为，要想解决自我与他者的对立关系，实现自我与他者之间伦理道德地相处，我们就必须摆脱传统的本体

---

① 勒维纳斯：《上帝·死亡和时间》，余中先译，生活·读书·新知三联书店 1997 年版，第 158 页。

论，用伦理学来代替本体论，把伦理学提升为“第一哲学”，从而建构起一种他者伦理学，或者说伦理学形而上学。在这样一种伦理学形而上学之中，他者获得了绝对性，对于自我而言，他者充满了神秘性、神圣性，我们无法将他者还原为自我，我们对他者充满了敬畏之心，被他者所驱使，为他者服务，我们对于他者只承担责任而不享受权利。因此，绝对的他者实际上也就是上帝，我们要像敬畏上帝一样敬畏他者，要像听从上帝的召唤一样听从他者的召唤。因此，对于列维纳斯而言，形而上学的超越不是越向所谓的本质，所谓的大一，而是迈向他者，听从他者召唤，为他者承担责任。从这样一种简单的介绍分析当中，我们可以看出，列维纳斯的他者伦理学是一种创造性的哲学，他试图打破传统的本体论形而上学的独断地位，不再满足于伦理学作为哲学分支的地位，而是要将伦理学提升为“第一哲学”，从而建立起一种伦理形而上学，以为他者争得一席生存之地。

列维纳斯的重要贡献在于，他改变了自我与他者之间的地位关系。在传统的本体论哲学中，自我处于绝对的主体地位，他者处于客体地位，他者被当作满足自我需要的手段和工具，因此，自我的地位高于他者。后来的主体间性理论、“我—你”理论、共在理论、商谈理论实际上试图改变这一自我高高在上的状况，试图达到自我与他者的平等，但是他们的理论本身由于没有对传统的本体论形而上学进行充分的反思，从而导致他们无法真正摆脱唯我论，他们仍然坚持从自我出发来寻求自我与他者的平等。列维纳斯扭转了这种传统的思维模式，不再坚持以自我为中心，而是从他者出发来寻求自我与他者和谐相处之道，从而将他者放在一个至高无上的地位，而自我则处于一种从属的地位，自我是服从、服务于他者的。按照马克思的辩证法理论，从古希腊到列维纳斯，自我与他者之间的地位关系，完成了一个辩证的发展过程。不过需要指出的是，他者地位高于自我，自我服从于他者，这是从传统的权利主体来说的，自我主动放弃了自身的权利主体地位；从自我服务于他者的角度来说，自我却显得无比的强大、强势，自我是一个积极的责任主体，自我积极主动地承担起为他者的责任。因此，列维纳斯在批判传统的本体论哲学，扬弃传统的主体性哲学的时候，并未对其采取全盘否定的态度，而是将权利主体改造成了责任主体，从而为构建和谐的自我与他者的关系提供了有益的参考。

虽然列维纳斯在20世纪30年代就因为最早将现象学译介到法国而在学术界崭露头角，而其他者伦理思想就已经显现端倪，并在1961年所出版的《总体与无限：论外在性》中呈现为成熟的系统，但由于其思想太过超前，一直未引起人们的重视。直到1967年德里达出版《书写与差异》一书，该书中辟出“暴力与形而上学”一章专门讨论列维纳斯的学术思想，列维纳斯才因此而声名鹊起，引起人们的关注。随后，列维纳斯的影响力迅速越出哲学界，波及文学艺术、文化教育等不同领域。西方这股列维纳斯思想的热潮甚至远渡重洋，波及了与法国相隔万里的东亚日本，在20世纪后期，列维纳斯的主要著作——如《时间与他者》、《从存在到存在者》、《整体与无限》、《异于存在或超本质》、《上帝·死亡与时间》、《困难的自由》、《塔木德四讲》等——基本上都被译成了日文，而在思想研究方面也出现了港道隆的《列维纳斯：法外的思想》、合田正人的《列维纳斯的思想》等高水平的成果。①

相较而言，中国学术界对于列维纳斯的关注是比较迟的，在20世纪末，中国学术界将主要精力都放在海德格尔身上，而对于海德格尔的批评者列维纳斯则明显有所轻忽，其著作只有《从存在到存在者》、《上帝·死亡与时间》两本小册子被翻译成了中文，并且没有研究其思想学说的专著问世。直到21世纪，这种状况才得到根本改变。一方面，海德格尔研究的热潮逐渐衰退，列维纳斯作为海德格尔的批判者，为人们走出海德格尔提供了参照。另一方面，中国在经过了几十年的高速现代化进程之后，社会各领域中的伦理道德问题不断地显露出来，人与人之间呈现出高度紧张的状态，这就迫使人们要深入地思考人与人之间应该如何伦理地相处的问题，而列维纳斯作为“20世纪最后一个伦理学家”，其他者伦理思想引起国人的高度关注也就是顺理成章之事。在此期间，列维纳斯的《从存在到存在者》被重新翻译，《塔木德四讲》和其最重要的著作之一《总体与无限：论外在性》被翻译成了中

① 有关20世纪后期日本对于列维纳斯的译介情况，可以参看港道隆《列维纳斯：法外的思想》，河北教育出版社2002年版，第313—328页。

文；国外一些研究列维纳斯的著作，像港道隆的《列维纳斯：法外的思想》、柯林·戴维斯的《列维纳斯》、西恩·汉德的《导读列维纳斯》、单士宏的《列维纳斯：与神圣性的对话》等相继被翻译成了中文。国内研究列维纳斯思想的著作也大量面世，不仅像杨大春的《20世纪法国哲学的现象学之旅》和《语言身体他者：当代法国哲学的三大主题》、冯俊的《当代法国伦理思潮》和《后现代主义哲学讲演录》、张杰的《归隐之路：20世纪法国哲学的踪迹》、王恒的《从时间到他者：从胡塞尔、海德格尔到列维纳斯》、胡继华的《后现代语境中的伦理文化转向：论列维纳斯、德里达和南希》、孙小玲的《从绝对自我到绝对他者：胡塞尔与列维纳斯哲学中的主体际性问题》等，都专门辟出一定篇幅对列维纳斯的思想进行专门研究，而且也出现了杜小真的《勒维纳斯》、孙向晨的《面向他者：莱维纳斯哲学思想研究》、朱刚的《多元与无限：列维纳斯对西方哲学中一元开端论的结构》、孙庆斌的《勒维纳斯：为他人的伦理诉求》、黄瑜的《他者的境域：列维纳斯伦理形而上学研究》等专门研究列维纳斯的著作。2006年，在列维纳斯诞辰100周年之际，在中国杭州专门召开了列维纳斯国际学术研讨会。由此可见，有关列维纳斯思想的研究在国内学术界不仅引起了广泛的关注，而且已经呈现出蓬勃发展之势，甚至可以说已经是蔚然成潮。

三

正是因为在国内学术界，有关列维纳斯他者伦理研究的学术成果已经非常丰富，所以本著不再重复过去的研究思路，专门针对列维纳斯或者其他西方哲学家的相关思想进行研究。本著试图以列维纳斯的他者伦理为依托，站在现实的立场上，回顾历史，面向未来，通过反思西方哲学在处理自我与他者关系问题上的成败得失，为自我与他者寻求和谐相处之道。由于在此问题上，中国哲学与西方哲学存在着比较大的差异性，中国哲学尤其重视伦理道德，因此，我们试图发掘中国传统哲学在此问题上的独特智慧，为自我与他者和谐相处提供中国传统哲学的支持，从而在他者伦理的探讨中打上中国哲学的烙印，使得他者伦理内蕴中国元素，呈现中国特色，而这不仅有利于中国传统文化的现代复兴，而且也有利于中国传统文化走向世界。

本书共分八章。一、二两章主要介绍中西方有关他者伦理的思想资源。西方以马丁·布伯和列维纳斯为代表，中国则以儒家和道家为代表。本书最核心的思想观念主要集中在第三到第八章，先简单介绍如下：

第三章，主要探讨他者伦理建构的哲学根基是差异性哲学，而非同一性哲学。哲学构成了文化的中心，深刻地影响着人们思考问题、待人接物的方式。现代社会所讲的哲学主要是以西方哲学为样板的，而西方哲学主要是本体论哲学，或者说，是以本体论作为“第一哲学”的哲学。本体论哲学要求将世间万物都还原、化约为本体，从而让世界万物在本体当中得到统一，因此，本体论哲学要“摄多归一”，从而将差异性的世间万物变成抽象的同一，由此抹杀了世界万物之间的差异性。实际上，自我与他者之间的一切问题都与同一性的本体论哲学密切相关。然而问题在于，世界并不是同一性的，而是具有差异性的，而且这种差异性具有自身的合理性，是具有自然根据的，并且也正是这种差异性保证了世界的丰富多彩。因此，我们要做的并不是消灭这种差异性，而是保护这种差异性。这种对于差异性的尊重和保护，恰恰是伦理学的一个本质要求。伦理道德得以成立的前提，以及其所追求的结果，都是一种差异性的关系，因为只有如此，差异性的他者才能得到自我伦理道德地对待。因此，要想消除自我对他者的奴役与压迫，实现自我与他者伦理道德地相处，我们就必须打破本体论作为“第一哲学”的垄断地位，将伦理学提升至“第一哲学”，只有这样，我们才能建构起以他者为中心的他者伦理学，将他者从自我的奴役与压迫下解放出来，从而使得自我真正能够伦理地对待他者。

第四章，主要探讨他者伦理的中心是他者，而非自我。我们说要伦理道德地对待他者，这并不是说，过去人们不讲伦理，过去没有伦理。过去的伦理学是作为哲学的一个分支，人们按照本体论的指导来处理自我与他者的关系的。本体论的哲学是同一性哲学，而且这个同一不是同一于别的，而是同一于自我的。不论是古希腊时代普罗提诺的“知己则知其源”，还是近代笛卡尔的“我思故我在”，都自觉不自觉地将自我确立为世界的中心，要求他者与自我保持一致。因此，列维纳斯将西方的本体论称为“自我学”。实际上，这种将自我作为世界中心的做法并非一直如此，而是经历了一个发展的过程。在古代，不论是中国的家族伦理还是西方的城邦伦理，都高度强调社会整体性，而个人所扮演的都不过是社会整体当中的特定角色，因此，自我与他者都是社会整体当中的一个组成部分，都为整体所需要，自我没有任何优先性可言。只是到了现代社会，个人的地位空前提高，社会变成了个人展示自身的舞台，个体的自我才突显出来，并凌驾于他者之上，自我与他者之间的对立冲突也由此而生。为了消除自我与他者的对立，实现自我与他者之间的和谐相处，就需要汲取中国传统哲学中儒家的“毋我”、道家的“无我”智慧，破除自我中心主义，在消解自我优先性的同时，承认他者在自我之前、之上，从而将他者作为世界的中心、伦理建构的中心——不是他者围绕自我运转，而是自我围绕他者运转。同时，对于伦理而言，本身就已经肯定了他者之于自我的优先性，否则，我们就不会为了他者的利益而舍身忘己，从而做到公而忘私、“毫不利己，专门利人”。

第五章，主要探讨与他者正确的关系模式应该是守护，而非奴役。一旦人们坚持以自我为中心，居高临下地用同一化的眼光来看待世间万物，那么，自我就是世界的主人，自我就可以按照自己的主观意志为世界制定秩序，为他者颁布行为规则。一旦我制定出了秩序与规则，我就会要求他者严格遵守我所制定的秩序和规则，与自我保持高度同一，思我之所思，想我之所想，从而将他者变成自我的附庸。如果他者反抗自我所建立的秩序与规则，那么就会招致自我的打压。因此，无论哪种情况，其结果都必然是他者自性的丧失，都是自我对他者的奴役与压迫，都会造成自我与他者的对立与冲突。为了解决这个问题，首先要承认、尊重他者与自我之间的差异性，宽容他者与自我的不同，让他者按照其自身的特性生存与发展。不过，单纯的宽容虽然有利于缓和自我与他者的紧张关系，但也容易导致自我对他者的冷漠，从而使得自我对他者不闻不问。因此，自我要在宽容的基础上前进一步，守护、捍卫他者的差异性，防止他者的差异性被粗暴地抹杀。只有这样，才能真正建立起自我与他者之间真实的关系，自我与他者才有可能和谐地相处。

第六章，主要探讨要想实现从奴役到守护的交往模式的转变，就必须要在交往理念上有所调整，守护他者应该强调的是自我对他者的道德责任，而不是自我和他者的法律权利。强调为了解决自我与他者之间的对立冲突，为了将他者从自我的奴役与压迫下解放出来，使得自我与他者能够和平共处，过去人们主要是通过强调权利的方式，人们以为，如果每个人都拥有平等的权利，那么，奴役与压迫他者就是对他者权利的侵犯，就会受到法律的制裁。因此，现在的首要任务是要加强人们的权利意识，一方面，他者要增强自我权利保护意识，另一方面，自我要尊重他者的权利。似乎只要人们增强了权利意识，自我与他者之间的对立与冲突、奴役与压破的问题就会迎刃而解，自我就不会去伤害他者，就会与他者伦理地相处。但这是一种误解，权利是一个现代法律概念，法律等是以权利作为出发点和归宿的，义务是权利的派生物，承担义务取决于自我所享受的权利，我们承担义务的最终的目的是实现自我权利的最大化。如果自我能够不承担义务又能享受权利，那么，自我就会毫不犹豫地抛弃对他者的义务。因此，要想实现自我与他者的和谐相处，更不是要强调法律权利，而是要强调道德责任，这才是解决问题的关键。我们之所以在面对他者生死存亡的关头能够挺身而出，伸出援助之手，并不是因为我们享受了什么权利，而是出自于一种内在的道德责任感，面对他者的危难，我们觉得自己有一种义不容辞的道德责任。

第七章，强调自我与他者交往正确的言说方式是回应，而非独白和对话。当我们谈论自我对他者的奴役与压迫，并寻求现实的解决之道的时候，比较容易忽视言说的问题，简单地将其与行动对立起来，忽略其重要价值。实际上，言说不仅是一种说话的方式，它还反映了人与人之间的关系。在传统的本体论哲学或自我学当中，主要采用独白的言说方式，自我居高临下地向他者颁布规则、秩序，而他者不过是被动的听众，消极地接受自我的教化，忠实地执行自我给他安排的一切任务。因而，独白反映是自我与他者之间的不平等，是自我对于他者的奴役与压迫。在现代社会中，人们反抗这种独白当中所包含的不平等关系，希望自我能与他者平等地展开对话，从而建立起平等的主体间性关系，平等地享受权利和承担义务。不过，对话的前提是承认自我与他者的对立，并且是以自我的利益得失为中心，因此，对话本身就带有自我中心论的色彩，自我不可能积极主动地关心他者，为他者承担道德的责任。为了解决对话的不足，我们需要进一步地走向回应。在回应中，虽然自我仍然在言说，但这不是自说自话式的独白，也不是与他者各怀鬼胎式的对话，而是在认真倾听他者吁求的基础上，对他者的吁求做出回应，积极主动地满足实现他者的吁求，为他者承担责任。因此，在回应中，自我与他者不再是平等的权利主体，而是一种绝对的责任主体，自我无条件地为他者承担责任，这也就是说，回应所反映的乃是自我对于他者的责任关系。

第八章，强调他者伦理的社会理想不仅仅是公正，更有和谐。我们反对同一性本体论哲学的以自我为中心，从而造成自我对他者的奴役压迫与颐指气使，主张将伦理学提升到第一哲学的地位，以他者为中心，尊重和保护他者的差异性，反对过度地重视权利而强调为他者的责任，那么其目的，到底是要达到一个什么样的自我与他者的关系？到底要达到一个什么样的理想社会呢？对于很多人来说，公平公正是终极的追求目标，而他者伦理则希望在此基础上更进一步，建立起和谐的人际关系、和谐的社会。公平公正的社会虽然由于其秩序良好，确实值得人们向往，但它并非完美无缺。公平公正实际上就是法律上权利与义务的对等，它通过法律规定给人们的权利设置界线，阻止人们越过界线去做一些伤害他者的事情，从而保证每个人都能享受自身的合法权利，而这仅仅是法律上的底线要求。伦理道德不是底线式的，而是高标准的，它不是消极的而是积极的。作为一个有道德的人，即使没有法律等任何外在强制或要求，自我仍然愿意越出自身而走向他者，积极主动地为他者承担自己并不需要承担的责任，即使他没有享受任何权利，但是他也愿意给老弱病残孕让座，乐意向跌倒老人伸出搀扶之手。只有这样，社会才不仅公正有序，而且温暖和谐。

以上所叙述的就是本著的主要内容，构成了本著的第三至第八章，现简单概括如下。传统的本体论哲学是一种同一性的哲学，而这种同一是以自我为中心的同一，这就势必造成自我与他者之间的对立与冲突、奴役与压迫。

为了解决这个问题，人们强调加强权利保护，与此相应，人们希望言说的方式由独白走向对话。而人们所做的这一切，是想建立起一个公平公正的人际关系、公平公正的社会。但是在他者伦理看来，世界不是同一性的，而是差异性的，我们不能以自我来同一他者，而是要以他者为中心，尊重守护他者的差异性。解决自我与他者的对立冲突，仅仅强调有限的权利是不够，更要强调自我对他者的无限责任，与此相应，人们之间的言说方式也要由对话过渡到回应。这样做的目的，不仅仅是为了建构一个公平公正的有序社会，而是为了通向一个人与人相亲相爱的和谐社会。

需要说明的是，虽然本著每章的标题都使用了“从……到……”的句式，但这并不意味着要以后者来彻底地否定前者，而是要对前者进行必要的扬弃：有些需要加以批判，像奴役、独白等；有些则要“百尺竿头，更进一步”，像仅仅讲权利、公正等显然是不够的，还需要讲责任，讲和谐。在笔者看来，权利、公正不过是维护社会整齐有序的必要手段，但并不能引导人们走向相亲相爱，伦理道德不是法律，不是奉行一种底线要求，而是倡导一种崇高追求，不仅仅要求人们遵纪守法，而是希望引导人们去做自己并无法定义务去做的事情。因此，他者伦理主要试图推动自我与他者之间的关系发展，从而在权利义务、公平公正的基础上向前发展，确立起一种以他者为中心的、差异性的、负责任的和谐关系。

通过上文对他者伦理的简单概括我们可以看出，他者伦理并不是要为人们的言行举止提供完整的规范系统，而是对自我与他者之间现有的关系进行深入的哲学反思，从而在哲学上为自我与他者的关系奠定基础，从而帮助人们突破自我中心论，打破现代法律对于人们思维模式的禁锢，勇敢地走向他者，将他者变成关注的中心，积极主动地承担起为他者的责任。因此，从一般意义上说，他者伦理学是一种哲学，是一种以伦理学取代本体论第一哲学地位的形而上学，也就是列维纳斯所说的伦理形而上学，它希望通过面向他者来实现对于自我的超越，而不是自我对于现实的超越①；从伦理学上来说，

① 有关这个问题的详细论述请参阅拙文《原始儒家仁欲的形上之思》（《华东师范大学学报》2018 年第 2 期）和《横向超越——儒家哲学的形上之维》（《宁夏社会科学》2018 年第 3 期）。

他者伦理学是一种责任伦理、美德伦理。他者伦理所强调的不是自我的权利，而是自我对他者的责任，而且这种责任不是一种有限的责任，而是一种无限的责任，就像列维纳斯所说的那样，“从我到我自己终极的内在，在于时时刻刻都为所有的他人负责，我是所有他人的人质。我能够为非我所犯的过错负责，也能够承受不是我的苦难”①。由于列维纳斯是犹太人，信仰犹太教，所以，他把道德责任的根据建立在人与上帝之间所订立的契约。对于中国人来说，宗教信仰的传统比较薄弱，孔子就“敬鬼神而远之”，“不语怪力乱神”，更加关注人间的亲情，并将这种亲情推扩到一切他者身上，做到“亲亲而仁民，仁民而爱物”，从而从内在的道德情感出发为人们的道德责任奠基，因此本著更加倾向于以情感主义美德伦理学来为他者伦理定位。

四

在上文中，我们通过分析现代社会中的伦理道德问题，对他者伦理的产生进行了简单梳理，并勾画出了他者伦理的大致轮廓。不过这仅仅是从历史发展的角度，论述了建构他者伦理的必要性，现在我们接着需要进一步讨论：他者伦理与社会现实之间是否具有契合性，是否具有成立的可能性？如果他者伦理完全是一种脱离社会现实的纯粹理论虚构，缺乏实现的可能性，那么，我们的讨论也就失去了意义。

他者伦理强调的是自我与他者之间的紧密联系，反对将他者变成“另外一个我”，从而导致自我的孤立，而这与人的本质是高度统一的。早在两千多年前，荀子就曾经指出，人“力不若牛，走不若马，而牛马为用，何也？曰：人能群，彼不能群也”（《荀子·王制》），从而将能群与否看作人与动物之间的重要差别；亚里士多德同样将人看作“一种政治动物，在本性上而非偶然地脱离城邦的人，他要么是一位超人，要么是一个恶人”②。后来，马克

① ［法］勒维纳斯：《塔木德四讲》，关宝艳译，商务印书馆2005年版，第121页。

② ［古希腊］亚里士多德：《亚里士多德选集·政治学卷》，颜一、秦典化译，中国人民大学出版社1999年版，第6页。

思指出，“人的本质不是单个人所固有的抽象物，在其现实性上，它是一切社会关系的总和”①，明确地肯定人的社会性。既然人是社会关系中的人，那么，人就必须与他者相互依存，自我就不能脱离他者而存在：自我正是借助于他者才获得了自身的本质规定性，才真正解决了“我是谁”的问题。就像在日常生活中，我们正是通过父母、子女、老师、学生等中介，才确定了自己儿子（或女儿）、父亲（或母亲）、学生、老师的身份。这就说明，自我不是先于他者而存在的，恰恰是他者对于自我具有某种优先性，因为他者构成了自我得以立身于世的前提条件，构成了自我赖以生存的境域，从而使得自我在这个世界上获得了明确的身份定位。同时，按照马克思主义的社会分工理论，随着社会生产力的不断发展，社会分工越来越细，每个人都不能自给自足，都必须与他人进行合作，如果离开了他者，我们根本就无法生存发展，因此，劳动、生存都将迫使自我越出自身而走向他者，将自身与他者紧密地联系在一起。

实际上，在当今社会，不仅人与人之间，而且国与国之间，同样形成了紧密的相互联系，形成了一损俱损、一荣俱荣的命运共同体。随着科学技术的发展，便捷的交通通信已经极大地削弱了空间距离在国家之间造成的彼此隔绝，地球开始变成了一个人类聚居的村落，国家之间的政治合作、文化交流、贸易往来开始成了日常生活的重要内容，现代真正成了“天涯若比邻”的时代，诚如马克思所言，人类历史已经真正进入了“世界历史”阶段。在这样一个全球化的时代里，利益与伤害都是高度全球化的，国家与国家之间形成了休戚与共、生死相关的人类命运共同体。没有任何国家、没有任何个人能够将自己与世界隔绝开来，也没有任何国家和个人能够做到：只享受全球化所带来的好处，而不承担全球化所带来的伤害。在这个经济全球化的时代里，国家与国家之间的合作越来越频繁，分工也越来越细，从而相互依赖性不断加强。虽然这有利于提高经济效益，实现资源的共享，但这同时也导致风险的全球化。一旦某个国家、某个地区出现了经济危机，就会有可能导致整个世界经济的动荡。因此，国家与国家之间的合作就显得尤为必要，很

① 《马克思恩格斯选集》第 1 卷，人民出版社 1995 年版，第 60 页。

多问题的解决都不能单纯依赖某个国家，而要依靠国家之间的密切配合，像生态治理、打击贩毒、防止金融风险等都需要全球合作。

既然人与人之间、国家与国家之间形成了一个命运共同体，那么每个人都不能脱离他者而存在，都必须依靠他者才能获得自身的身份认同，才能在社会中立起来。因此，与他者之间的关系对于每个人、每个国家来说，都不是无足轻重、可有可无的，而是至关重要、生死攸关的。既然与他者之间的关系如此重要，那么，我们就要高度重视自我与他者之间的关系，维护好自我与他者之间的关系。我们如何才能保持好自我与他者之间的关系呢？显然，我们不能仅仅依靠权利，权利（right）虽然具有正当性，它具有被满足的必要性和合理性，但它既不能承担起维持社会关系之网的重要功能，也不能标明个人的独特性。如果每个人都只关心自己的权利，“天下熙熙，皆为利来；天下攘攘，皆为利往”①，那么，追名逐利就会成为普遍的社会现象，从而导致人与人之间、国与国之间争权夺利，其结果只能是人与人之间的残酷的互相竞争，而这显然很难将自我与他者联系成一个整体。同时，虽然权利的满足对于个人来说，是一个人生存发展的重要前提，但它却不能因此而将自我从所有他者中区分出来，从而获得自我的身份定位，以解决“我是谁”的问题，因为权利是可以让渡的。就像在现实当中，我们享有继承父母财产的权利，但是我们也可以放弃或者转让这种继承的权利。权利的可放弃性、可转让性，就意味着他人同样可以享受我所享受的权利，因此，权利下的自我失去了不可替代性、唯一性，我所享受的权利不能成为自我唯一身份的真正标志。

承担责任与享受权利不同。承担责任不是自我向自身内部回缩，而是要突破自我封闭的圆圈，主动地走向他者，积极地寻求与他者建立关系，并且通过自己承担责任的行为来巩固这种关系。就像当今中国作为一个负责任的大国，正是通过积极承担责任的行为，不断地拓展与各国之间的政治经济文化交往，巩固和加强与世界各国之间的联系。同时，责任是不可让渡的，虽然我们可以转让我们所享有的权利，但是我们却不能转让我所必须承担的责

① 夏松良、李敏：《史记今注》，南京大学出版社第 1994 年版，1598 页。

任。就像子女有赡养父母的责任，老师有教书育人的责任，这种责任本身是不能让渡的，如果一个子女不赡养父母，老师不对学生进行教育，这不仅要受到道德的谴责，甚至要受到法律的惩罚。正是因为责任是不可让渡的，所以，承担责任的人通过承担责任获得了唯一的、不可替代的社会身份：我们通过赡养父母，获得了子女的身份；我们通过教书育人，获得了老师的身份……而当今中国，也正是通过自己的一系列的行为，获得了世界的认可，树立起了负责任大国的形象。因此，在世界高度一体化，人类命运共同体理念深入人心的今天，为责任伦理、他者伦理提供了肥沃的生存土壤。

按照马克思主义哲学的发展观，世界的发展呈现出一个螺旋式的上升过程，而他者伦理中对于自我与他者之间的关系定位也明确地反映了这样一个发展过程。在长期的历史发展过程中，西方哲学一直都是主客二分的哲学占据主流，主体自我一直高高凌驾于作为客体的他者之上，自我特权意识强盛，对他者颐指气使，进行奴役与压迫。在现代西方哲学中，随着民主制度的建立，人与人之间成了法律上平等的权利主体，因此自我与他者之间在哲学上主要表现为一种主体间性关系，人们为了各自的权利展开公平公正的相互竞争。虽然相互竞争有利于促进人们创造性的发挥，推动社会的快速发展，但是它不利于人们之间的相互合作，也不利于社会的和谐稳定，从而使每个人都处于一种高度的焦虑不安之中。因此，在现代社会，我们需要在关注自身权利的同时，更要关注自我对他者的责任。为此，我们就要将他者放在比自我更高的位置上，使自我从享受权利的主体转变为承担责任的主体。而与这种关系密切相关的言说方式同样也反映了这样一种辩证的发展过程。在独白中，我享有绝对的话语优先权，主要是我说他听；在对话中，自我与他者互相讨论，大家享有共同的话语权；而在回应中，他者则更具有话语优先权，因为我的回应则是对于他者言说的回应，因此，自我的言说受到他者的诱导。从这样一个历史发展的分析中，我们就可以发现，他者伦理的提出是与历史发展进程之间具有内在的一致性，这不仅为他者伦理提供了产生的必要性，同时也提供了实现的可能性，因此，他者伦理的提出具有理论与现实的必然性。

不过，在此需要注意的是，本书强调的是伦理道德，而非法律规范。在现代社会中，存在着道德法律化的倾向，人们一般是以法律的思维来思考伦理道德的问题，因此，本书的一些提法可能会让人觉得超越了人们习以为常的法律常识，显然有违法律的公平公正，违背了人与人之间的平等原则。不过需要指出的是，伦理道德不是法律。从契约论的观念来看，法律建立在人性本恶的基础上，法律的目的是要遏抑人们的贪婪本性，通过权利与义务的对立统一为人的行为设立界限，从而建立起一个秩序井然的社会。在法律思维下，人们容易画地为牢，仅做自己必须要做的事情，不做自己不必须做的事情。因此，法律虽然能够造就一个秩序井然的社会，但是这种秩序有时是冷漠的，法律对于造就一个充满温情的社会显得有心无力。然而问题在于，人不是机器，人是有血有肉的人，有理性、有情感，因此人并不愿意生活在一个冰冷的社会之中，而是希望生活在一个充满关爱的温情社会中，我们既希望受到他者的关爱，我们也希望能够关爱他者。人类的这样一种情感需求，就要求在人际交往中，我们超越法律所设定的自我权利义务界限，勇敢地走出自身，去为社会、为他者承担更多的道德责任，从而使得社会变得更加温暖。正是人类的这样一种情感需求，为他者伦理的提出提供了内在的支撑，从而使得我们有理由相信：他者伦理不是一种理论的虚构，而是具有其现实基础，他者伦理在日常生活中已经被少数人所践行，只是我们尚缺乏一种理论的自觉。因此，我们要做的，就是自觉地进行理论建构，从而改变“百姓日用而不知，习焉而不察”的状态，从而将践行他者伦理变成一种自觉自愿的行为，为实现社会的和谐贡献一份力量。

第一章
他者伦理的西方思想资源

由于人们长期将目光聚焦在自我身上，导致人们妄自尊大，唯我独尊，忽视甚至无视他者的存在，从而对他者胡作妄为，肆意地奴役和压迫他者。因而在20世纪，从宏观层面来看，发生了两次世界大战、难以计数的局部战争，以及种族屠杀、恐怖活动等；从日常生活的层面来看，人们为了经济利益，会置他者的生死存亡于不顾，不仅不肯对处于困境中的他者施以援手，甚至会乘机对他者进行敲诈勒索，从而使现代人在人际关系问题上陷入深深的迷茫之中，如何与他者伦理地相处，成为每个人必须面对的问题。正是在此背景下，他者伦理逐渐变成了一门显学，它已经开始突破伦理学的阈限而渗透到了政治、经济、文学、艺术等各个领域，即使是在日常人际交往中也得到了生动的体现。但是，当我们在应用他者伦理的时候，我们不仅要关注它的应用技巧及实际功效，我们同样也要思考他者伦理的思想资源，只有这样我们才能更好地理解和应用他者伦理。

虽然现在中国的学者也非常关注他者伦理，并且也在积极地发掘中国传统思想中的他者伦理资源，但需要指出的是，他者伦理的提出应该是源出于现代西方，中国古代没有“他者伦理”这个概念，当代中国学者对于他者伦理的研究也是吸收和借鉴了西方思想的积极成果。因此，当我们研究他者伦理的时候，西方的他者伦理思想是我们无法绕开的一个重要环节，我们需要认真地面对和梳理西方的他者伦理思想。

在现代西方哲学史上，自从胡塞尔提出主体间性概念以来，作为“另一个我”的他者就逐渐受到人们的关注，从而慢慢地发展成为一股声势浩大的潮流。马丁·布伯的“我—你”思想、科耶夫反对唯我论、马塞尔和海德格尔的共在思想、萨特的为他思想、梅洛·庞蒂的“他人的世界”、列维纳斯超越的他者、德里达的“他者先于哲学”的思想、利科的“作为一个他者的自身”的思想等，构成了他者理论发展的绵延之链，并为这股潮流的发展壮大而推波助澜。不过在笔者看来，在这些尚未完全罗列的名单中，对于他者伦理发展具有突出贡献的当数两位犹太哲学家：马丁·布伯和列维纳斯。这不仅是因为他们作为犹太哲学家所遭遇的被压抑的他者的命运，而是因为他们在反思自身命运的过程中为他者理论的发展所做出的杰出贡献。著名的马丁·布伯研究专家弗里德曼这样评价马丁·布伯，“他的诗性哲学经典《我与你》被普遍看成是20世纪最有影响的著作之一。……他著名的对话哲学或‘我—你关系’哲学，对犹太及基督教神学和我们时代的宗教思想具有革命性的影响，并且它对美学、心理学及心理治疗、教育、语言传播、社会学和社会思想具有越来越大的影响。”① 不过，在笔者看来，马丁·布伯的《我与你》之所以产生如此重大的影响，其原因在于他深入地反思了自我与他者之间的关系问题，从而使将如何对待他者的问题第一次清晰地摆在人们面前，促使人们去反思与回答。如果说马丁·布伯第一次向人们清晰地提出了他者的问题，唤起人们对于他者问题的关注，那么列维纳斯的重要性则在于：他将他者问题提高到了一个无与伦比的“第一哲学”或形而上学的重要地位，“列维纳斯的伦理学在当代所具有的重要性源于它给予他者性（otherness）问题的关键地位；这使得列维纳斯的反思在他自己兴趣圈子之外的领域获得了回应，比如女性主义、人类学、后殖民研究和同性恋理论中”②。正是基于二者在他者伦理思想发展史上的特殊地位，我们需要了解一下他们的他者伦理思想。

第一节 马丁·布伯的我—你思想

由于马丁·布伯的著述非常丰厚，体系非常宏大，论述的问题非常众

① 转引自［德］马丁·布伯：《论犹太教》，刘杰等译，山东大学出版社2002年版，译序第16页。

② ［英］柯林·戴维斯：《列维纳斯》，李瑞华译，江苏人民出版社2006年版，第2—3页。

多，所以，人们经常会赋予他诸如对话哲学家家、他者哲学家、宗教哲学家、教育学家等不同称号。不过笔者以为，还是称其为哲学人类学家更加适合，因为这符合于他对哲学、时代问题的一种理论自觉。康德将哲学的范围归结为以下几个问题：我能知道什么？我应该做什么？我能希望什么？人是什么？认为这四个问题分别对应的是形而上学、伦理学、宗教学和人类学，而且前三个问题最终都要归结为最后一个问题，“从根本意义上说，所有这些都可以看作人类学，因为前三个问题与后一问题相关”①。马丁·布伯通过康德的论述，敏锐地意识到“哲学人类学将是基本的哲学学科”②。在接受了康德的启发之后，马丁·布伯又转而研究哲学的历史发展，从而对其所生活的时代与人类学之间的关系作出了自己的判断，“我们的时代，这一特别的人类无家和孤独的时代，这一重新提出人类学问题的时代”③，“只是在我们的时代，人类学问题才达到成熟，才开始被作为独立的哲学问题来认识和对待”④。正是基于对哲学本身的认识和理解，以及对于现代哲学本身的发展趋势的判断，马丁·布伯将自己研究的重心放在哲学人类学上，从而使自己的哲学研究呈现出人类学的自觉和特点。

人类学（anthropology）这个词的最早记录是1593年由哈维开始使用，1594年卡斯曼开始以《心理人类学》来为自己的著作命名，19世纪人类学逐渐发展成为一门学科，20世纪开始引起人们的普遍关注。⑤从人类学这个词的构成上来看，它来源于古希腊语anthropos和logos，意为关于人类的话语或逻辑，这也就是说，人类学就是研究人类本身的。正是缘此之故，与马丁·布伯基本上属于同一个时代的著名的人类学家马林诺夫斯基，一方面将人类学定位为研究人本身显得略显迟疑，“将‘人的研究’（study of man）用作这种学术人类学（Academic Anthropology）的标签，纵然不是荒谬，也

---

① ［德］马丁·布伯：《人与人》，张健、韦海英译，作家出版社1992年版，第172页。

② ［德］马丁·布伯：《人与人》，张健、韦海英译，作家出版社1992年版，第173页。

③ ［德］马丁·布伯：《人与人》，张健、韦海英译，作家出版社1992年版，第191页。

④ ［德］马丁·布伯：《人与人》，张健、韦海英译，作家出版社1992年版，第219页。

⑤ 参见［英］雷蒙·威廉斯：《关键词——文化与社会的词汇》，刘建基译，生活·读书·新知三联书店2005年版，第13—16页；［英］肯尼思·麦克利什：《人类思想的主要观点——形成世界的观念》，查常平等译，新华出版社2004年版，第62—65页。

肯定略显狂妄”，另一方面又明确地将人类学看作研究人的科学，“人类学，作为广义的人的科学”①。像牛津词典等工具书中就明确地将人类学界定为研究人种、尤其是起源、发展、习俗和信仰的学问，从而将人类学的研究对象限定在人身上。显然，马丁·布伯接受了人们对于人类学研究对象的限定，他同样把回答人是什么或对人的认识与理解看作人类学的根本问题。譬如，马勒伯朗士在著作中说，“所有人类知识中，人的知识最值得研究。但是，在我们的已有知识当中，这种知识并非耕耘最多，也不最为发达。多数人完全忽视了它，即便在那些从事于这种知识的人当中也很少有人献身于它，更少有人取得成功”，马丁·布伯不仅引证了这段文字，而且给予其以正面的积极评价，认为“他在书中提出了真正的人类学问题”②。可见在他心目中，“真正的人类学问题”就是康德所说的“人是什么”的问题，“哲学人类学唯一关注的是认识人本身”③，而这也正是他直接以“人是什么”作为书名的原因之所在。

实际上，自从苏格拉底重提德尔斐神庙的箴言“认识你自己”以来，人们对于人是什么的问题的探讨就从未停止过，康德的贡献只是在于他把这个问题明确地归结为哲学的根本问题，从而将人类学置于根本哲学学科的地位。然而问题在于，即使是明确提出“人是什么”的康德，也没有对于这个问题给出令人满意的回答，“很明显，康德自己的人类学，包括他自己发表的和那些在他死后很久才出版的众多的关于人的讲座，绝对都没有达到他对哲学人类学的要求”，“可以肯定，康德在其人类学中既没回答也没允诺要回答他所交给人类学的这一问题——什么是人？应当说，他所讲的不是他所要求的人类学，而是另一种人类学，从哲学史上说，是一种早期的人类学，一种仍然牵缠于十七、十八世纪、不加批判的‘人的科学’的人类学。”④康

① ［英］B. 马林诺斯基：《科学的文化理论》，黄建波等译，中央民族大学出版社 1999 年版，第 28 页。

② ［德］马丁·布伯：《人与人》，张健、韦海英译，作家出版社 1992 年版，第 172 页。

③ ［德］马丁·布伯：《人与人》，张健、韦海英译，作家出版社 1992 年版，第 178 页。

④ ［德］马丁·布伯：《人与人》，张健、韦海英译，作家出版社 1992 年版，第 173、175 页。

德只是研究了个人主义、感官、想象力、做梦、感情、欲望、气质等，这些虽然与人密切相关，但这都不能真正决定人之为人。所以，对于康德来说，“什么是人的问题却根本未被提及。由什么是人的问题同时带给我们的问题，诸如人在宇宙中的特殊地位、其与命运的联系、其与物的世界的关系、其对同类的理解、其作为知道必定要死的在者的生存，以及他对与充满其生命的秘密的一切平常和不平常的相遇之态度，等等——这些问题无一被认真地触及过，人的整体(wholeness) 尚未进入这种人类学”①。虽然康德自身没有对于这个问题给出令人满意的回答，但是他毕竟提出了哲学人类学的问题，从而使得后人必须认真地面对、思索和回答这个问题。

在现代社会中，对于人是什么的认识，主要有两类：个人主义的认识和集体主义的认识。这两种认识虽然从表面上看截然相反，相互对立，但是却有着共同的社会根源。这是因为现代人不再被豢养于城邦等团体之中，而是已经被从自然、国家、社会当中剥离出来，处于“被抛”状态，成了无家可归之人，从而使人成了斯宾诺莎所说的没有通向外界门窗的“单子”或克尔凯郭尔所说的“单独者”，所以人们感觉到自己就是一个臃余物，就是这个世界的弃儿，人在喧嚣嘈杂的世界中却要遗世独立、孑然独处。个人主义和集体主义正是出于对自身地位的一种危机意识而产生出来的应对策略。个人主义者在面对世界的遗弃时，不是怨天尤人，而是以一种强者的心态积极面对之，认为世界的遗弃恰恰给予人一个自我主宰的机会，从而使人成了世界上独一无二的个体，从而将自我从他者中超拔出来，避免了海德格尔所说的此在沉沦为常人。然而问题在于，个人主义带有想象的成分，实际上他是以想象来面对现实，一旦美好的想象遭遇残酷的现实，想象的美景就会在无情的现实面前灰飞烟灭。因此，面对个人主义的疲弱无力，人们又转身逃入集体主义之中，希望通过置身于一个巨大的组织结构之中而摆脱其孤独无依的命运。在集体中，集体承担着保护个人的责任，个人把一切纷争都交给了集体去处理，个人要做的就是使自身与集体保持高度一致，从而使自己适合于集体的“普遍意志”。集体建立在个人退化的基础上，在集体中，个人就像

① ［德］马丁·布伯：《人与人》，张健、韦海英译，作家出版社 1992 年版，第 173 页。

木材一样被捆扎起来，平庸地拥挤在一起，最高的权力被归于集体，系于它的个人受到集体权力的支配。实际上，集体并没有帮助人们克服被抛所造成的孤独，而是这种孤独被压抑着，从而让人们对它变得麻木不仁。因此，对于马丁·布伯来说，这两种认识都无法回答人是什么的问题，“如果说个人主义理解的只是人的一部分，那么集体主义则仅将人理解为一个部分，二者均未达到人的全体，未达到完整的人。个人主义看到的是只处于与他自身关系中的人，而集体主义则全然不见人，只见到‘社会’。在前者，人的面目遭到扭曲；在后者，人则被戴上了假面”①。

对于马丁·布伯来说，个人主义与集体主义，要么将目光专注于内，要么将目光倾注于外，但都没有真正地关注人的真实的存在（实存），从而无法回答人是什么的问题。为了回答人是什么的问题，马丁·布伯告诉我们，“正宗的哲学人类学必须知道，不只存在着一个人类，而且还有民族；不仅有一个人类心灵，而且有诸种类型和特征；不只有人类的生命，还有生命之诸阶段。只有系统把握这些以及所有其它区别，只有认识在每一个特殊实在之内以及在他们之间发挥力量的动力，而且只有从众人中之个体不断提供新证据中，哲学人类学才可以洞见人的整体。……正如它必须再三地在人类之内做出区分，以达到坚实的理解，它也必须极其严肃地把人置于自然之中，必须将他与其他物体、其他生物、其他有意识者相比较，以确定他可靠的特殊位置。只有通过区分和比较这双重方式，它才能达到完整、现实的人。”②从马丁·布伯的论述中我们可以看出，人是个整体，人是“完整、现实的人”，个人主义与集体主义的失误恰恰就在于，它们都只抓住了整体的人的某个部分、某个方面，而与人的整体失之交臂。因此，哲学人类学的问题实际上就是人这个特殊整体和特殊结构的问题，要理解人是什么，就必须回到整体的人、现实的人。首先，在现实中，不存在类似于克尔凯郭尔所说的单独者和海德格尔所说的孤独的存在。人不是一个抽象孤立的存在者，人生活在自然、社会之中，会与周围的人或物发生联系，因此，“人的本质不是在

---

① ［德］马丁·布伯：《人与人》，张健、韦海英译，作家出版社 1992 年版，第 271—272 页。

② ［德］马丁·布伯：《人与人》，张健、韦海英译，作家出版社 1992 年版，第 177 页。

孤立的个体中寻找，因为一个人与其同代及社会的联结都具有其本质：如果我们欲认识人的本质，就必须认识这些联结实际指什么”①。这种“联结”实际上就是自我与他者之间的关系。不过人们或许会觉得，当我们置身于集体之中的时候，我们就已经在自我与他者之间建立起了联结或关系，但有时在集体当中，个人并不真实地存在，自我与他者有可能被压抑为集体的部分，代表的是集体而非自身，因此，自我与他者之间的关系也就无从谈起。因此，对于马丁·布伯来说，理解这个“之间”的“联结”或“关系”对于理解人是什么这个问题至关重要，“‘之间’这种实在在当代其端倪已露，它为后代的人生选择指出了一条超越个人主义和集体主义之路，这里真正的第三个选择被揭出来，对这一选择的认识将有助于再造真正之人，建立真正的团体”②。

在现实生活中，人们一般认为，这种之间的关系实际上有很多，如人与自然、人与社会、人与自身之间的关系，就是在人与人之间也有夫妻、父子、上级与下级等各种各样的关系，像马丁·布伯也曾指出人所具有的三重有活力的关系：人对世界及众物的关系；人对人的关系；人对存在之秘密的关系。但需要指出的是，虽然现实中这种“之间”的关系种类繁多，但它未必真正算得上马丁·布伯所说的这种真正意义上的“之间”关系。马丁·布伯说：“人类实存的根本事实乃是人与人（Man with man）。人类世界之特征首先就是：某事是发生在此存在与另一存在之间，相似者无处可寻。语言仅是其符号和媒介，精神的一切成果皆由它激励所获得，人由它造就而为人……。它扎根于一个转向另一特殊存在的在者，以与另一存在在一个二者所共有但又超出各自特殊范围的领域相交流。我把这一领域称为‘之间’（Between）的领域。”③ 在这里，马丁·布伯说得抽象而又玄秘，让人很难一下子抓住其所表达的重点之所在，远没有他在另一个地方表述得清楚，即“给所发生事件划分范围的既非个人亦非社会，而是一个第三者的魔杖。于主观者之彼面，于主观者之此面，在狭窄的山脊上，‘我’与‘你’相遇，

① ［德］马丁·布伯：《人与人》，张健、韦海英译，作家出版社 1992 年版，第 223 页。

② ［德］马丁·布伯：《人与人》，张健、韦海英译，作家出版社 1992 年版，第 277 页。

③ ［德］马丁·布伯：《人与人》，张健、韦海英译，作家出版社 1992 年版，第 275 页。

这里就是‘之间’之领域”①。用最为直接、简洁明了的方式来表达，这个“之间”就是“我”与“你”的相遇，就是存在于我与你之间的真正关系。

按照马丁·布伯的说法，这种“之间”的关系是一种两个主体之间的对话关系，因为对话就是发生在两个主体之间的，并必须以两个主体的共同存在、相互趋近并致力于维护这种相互关系为前提，“对话的生命并不局限于人们的相互交往；而是像其自己所显示的那样，是人们的相互关系，这种关系仅表现在他们的交往中”②。对话关系最大的特点是主体之间的直接性、平等性、交互性，它必须以“我”与“你”共同存在并且以“你”独立于“我”为前提，否则“之间”就会消失，我与你之间的对话就变成了独白。然而问题在于，在现实生活中，这个“之间”并不总是存在。对话是依赖于语言的，虽然这种语言可以是有声的语言，也可以是无声的语言，但它们都是我们所说出的语言。当我们在面对他者的时候，我们可以有不同的言说方式，我们既可以言说我—你，也可以言说我—它，而这种不同的言说方式也就决定了人与人之间的关系之有无。

无论是古希腊时代有限地用精神来主宰肉体，还是中世纪彻底地用信仰来否定肉体，实际上也从另一个方面间接地承认了人的感性肉体的存在。马丁·布伯由于受到近代人道主义思想的影响，更加重视人的感性经验，因此，他并不像理性主义者那样彻底地否定人的感性经验，而是认为感性乃是人性之一极，从而赋予感性经验以一定的地位。既然人是一个感性肉体的存在，那么人就必然要利用外部世界来满足自己的感性需求，因此，“对于他，周围的在者不过是具有不同用途的工具，为了完成他之事业所需要利用的工具”③。一旦他者变成了满足我之需要的手段和工具，那么他者就失去了其独立性。当我把他者经验为满足自我需要的工具和手段的时候，我就会把他者当作从属于自我的附庸，就会不顾他者自身，完全按照自己的需要对他者进行征服与改造。因此，在征服改造他者的过程中，我们的目光是完全向内看的，紧

---

① ［德］马丁·布伯：《人与人》，张健、韦海英译，作家出版社1992年版，第277页。

② ［德］马丁·布伯：《人与人》，张健、韦海英译，作家出版社1992年版，第19页。

③ ［德］马丁·布伯：《我与你》，陈维纲译，生活·读书·新知三联书店1986年版，第89页。

紧盯在自我需要的满足上，即使我们偶尔也会抬起眼睛看看在我之外的他者，那也完全是出于满足内在自我的需要。一旦他者被改造成了我们所使用的手段和工具，真正变成了我们所使用的桌椅，变成了我们所享用的菜肴等，那么他者就彻底地失去了其自性，变成了“我的”，消融在自我之中，成了个体自我身体的延伸，甚至是甚至在某种意义上成为了我的身体的一部分。

当然在我们捕获、利用他者之前，他者不但没有被融入自我之中，甚至与自我保持着遥远的距离，因为，自我在将他者用于满足自己需要的手段和工具之前，总会与他者拉开距离，对他者进行观察，以确定他者的利用价值。譬如，科学技术带有强烈的实用性特征，现代人就受到了这种科技实用性的影响，导致现代人总是希望将自己从世界当中超拔出来，立身于世界之外来看待这个世界，而这也就是后来第一颗人造卫星上天之后，人们欢呼人类“朝着摆脱地球对人的束缚迈出了第一步”的原因之所在。① 为了经验地利用世界，人之所以要与世界拉开距离，那是因为唯有如此，人们才能更加理性地看待这个世界，才能更加准确地把握世界的客观规律性，从而更加高效地利用这个世界。因此，在这种客观的观察之中，为了避免出现“不识庐山真面目，只缘身在此山中”的尴尬，自我必须从世界之中、从他者之中摆脱出来，在自我与世界、与他者之间划出一条不可逾越的鸿沟。科学之所以成为科学，其中一个非常重要的原因就是因为它摆脱了人的主观性，变得高度的客观化、形式化。在科学家的眼中，任何事物都不再是一个完整的、鲜活的事物，而可以被抽象成一系列的数字、符号的不同组合。在这种自我与他者的关系之中，自我与他者之间缺乏根本的临近，而是彼此彻底割裂，因而在自我与他者之间的关系根本就没有建立起来，“经验者滞留在世界之外。经验‘在他之中’，而非位于他和世界之间”②。当然，这种悬隔并非是贯彻始终的，“分离的目的是经验、利用，而经验与利用之目的‘生存’”③，一旦

① ［美］汉娜·阿伦特：《人的境况》，王寅丽译，上海人民出版社 2009 年版，前言第 1 页。

② ［德］马丁·布伯：《我与你》，陈维纲译，生活·读书·新知三联书店 1986 年版，第 20 页。

③ ［德］马丁·布伯：《我与你》，陈维纲译，生活·读书·新知三联书店 1986 年版，第 83 页。

由经验或观察进到利用，那么就会由分离走向合一。但是，不管是哪一种，自我与他者始终都不存在所谓“之间”的对话关系，因为自我与他者要么彼此悬隔，要么就摄他归我。

马丁·布伯把这种自我与他者之间的关系称为“我—它”关系，认为这是人与人之间的一种非本质关系，“我感觉某物，我知觉某物，我想象某物，我意欲某物，我体味某物，我思想某物，——凡此种种绝对不构成人生。凡此种种皆是‘它’之国度的根基”①，“经验与功用造就人与‘它’之世界的基本关系。经验不断重构世界，利用把世界引入多样目的，即哺育、赈济、配置人生。随着‘它’之世界的扩展，人之经验能力与利用能力也持续增长。”② 虽然，这对于人类的生存来说，“我—它”关系是必需的，但这种关系毕竟是一种非本质关系，它无法维持人之为人所必需的“之间”的关系，“此能力乃是阻碍，因为经验物、利用物之能力的传授通常以减损关系伟力为代价，而人仅能凭借关系力量方可生存于精神”③。因此，人类不能始终停留在“我—它”原初词上，居住在“我—它”关系之中，人类必须要诵出“我—你”这个原初词，进入到了“我—你”关系之中，唯有这样，人才能借助关系力量摆脱物质而生存于精神，从而实现柏拉图所说的从动物性向神性的超越。

“我—你”关系与“我—它”关系之间的差别不仅仅是表述上的差别，而是自我与他者之关系的根本变化，“原初词‘我—你’可被消解成‘我’与‘你’，然而‘我’与‘你’之机械组合并不能构成‘我—你’，因为‘我—你’本质上先在于‘我’。而‘我—它’却发端于‘我’与‘它’之组合，因为‘它’在本性上后在于‘我’”④。从这儿我们就能看出，在“我—它”关系中，

---

① ［德］马丁·布伯：《我与你》，陈维纲译，生活·读书·新知三联书店 1986 年版，第 18 页。

② ［德］马丁·布伯：《我与你》，陈维纲译，生活·读书·新知三联书店 1986 年版，第 56 页。

③ ［德］马丁·布伯：《我与你》，陈维纲译，生活·读书·新知三联书店 1986 年版，第 57 页。

④ ［德］马丁·布伯：《我与你》，陈维纲译，生活·读书·新知三联书店 1986 年版，第 38 页。

自我乃是关系之中心，他者不过是自我的从属与附庸，正是在我的主宰之下，我与他者构成了利用与被利用的关系。“我—你”关系却与此不同，在其中自我丧失了对他者的主导权，自我与他者在我—你关系面前乃是平等的主体，不是自我与他者决定了这个“之间”的关系，反而是这个“之间”的关系决定了自我与他者，自我与他者都是从这个“之间”的关系中获得了自身的本质规定性，也就是马丁·布伯所说的“人格”，“人格之存在依赖于他进入与其他人格的关系”①。

与“我—它”关系相比，“我—你”关系具有两个非常重要的特性：第一，是直接性，“与‘你’的关系直接无间”②。正如前文所言，在“我—它”关系中，自我与他者之间的关系是带着实用的目的的，因此自我与他者是赫然有间的，因此自我必须站在世界之外，站在他者之外。然而在“我—你”关系之中，我不带有任何的目的意图、欲望祈求和先知预见，已经超越了概念体系、天赋良知、梦幻想象等中介，与你直接地在现时相遇。在相遇中，我与你不期而遇，没有任何实用意图作用于其间，因而相遇中的你不是被蒙上了外在形式的、片面的你，而是一个真实的、完整的你，我与你都毫无保留地投身于“我—你”关系之中，“一切中介皆为阻碍。仅在中介坍塌崩毁之处，相遇始会出现”③。第二，是相互性，“关系是相互的。我的‘你’作用我，正如我影响他。我的学生铸造我，我的业绩抟塑我”④。在“我—它”关系中，实际上，作用是单向的，因为我是站立在世界之外的捕获者、利用者，因此在此世界中的他者只能受到自我的征服与改造，却丝毫不能影响自我。但是，在“我—你”关系中，我并非站立于世界之外，而是就在世界之中，而你就是世界。无论这个你是自然、是人或是精神，你都是一个完满自足的实

① ［德］马丁·布伯：《我与你》，陈维纲译，生活·读书·新知三联书店1986年版，第83页。

② ［德］马丁·布伯：《我与你》，陈维纲译，生活·读书·新知三联书店1986年版，第27页。

③ ［德］马丁·布伯：《我与你》，陈维纲译，生活·读书·新知三联书店1986年版，第27页。

④ ［德］马丁·布伯：《我与你》，陈维纲译，生活·读书·新知三联书店1986年版，第31页。

在，我不能命令你、利用你，而只能面对你，与你相互面对，凝神观照，心灵相通，“形象鉴临我。我无从经验她，描述她，而只可实现她。她在与我相遇者之神妙容光中绚灿流辉，比经验世界之一切明澈更为澄明，故尔我能观照她。……把我和她相沟通的乃是真切实在的关系：她影响我，恰如我作用她”①。为了说明“我—你”关系，马丁·布伯以树为例。当我们带着特定的目的来对树木进行观察分析的时候，我与树的关系就是“我—它”关系；如果我们抛弃了一切目的，让发自真心本性的意志和慈悲情怀来主宰自己，无所为而为地对树进行凝神观照，那么，我们就能进入到物我两忘、物我不分的关系之中，从而领会树木生命之整体，并让自己为这种整体所震撼，从而承担起对于生命之责任，我们与树的关系就是“我—你”关系。

“我—你”关系突破了“我—它”关系的分离性和同一性，使得自我与他者这种“之间”的关系得以保存延续。“我—你”关系的直接性就意味着，自我不再是站在他者之外来观察、分析他者，而是要临近他者，从而让自我与他者进入关系之中。由于受到相互性的限制，“我—你”之间的关系又防止了他者被自我吞没，从而使关系最终消失的可能性。因为在相互性当中，这种作用、影响并非单方的，而是相互的，这也就意味着你与我之间是平等的，你既不能消灭我，我也不能消灭你，我与你相即不离。正是因为“我—你”关系的这两种特性，保证了它真正是一种“之间”的关系，从而保证了人之为人，并真正解决了人是什么的问题，“因为人实存，而且只有通过与‘你’的关系，‘我’才实存。人的哲学科学包括人类学和社会学，这门科学必须以对‘与人相关的人’的思考作为起点。……当我们趋于将人看作彼此永恒的相遇，则我们就会渐近问题的答案。这个问题就是：人是什么”②。

马丁·布伯长期以来都被当作一个宗教哲学家来对待，因而被视作现代德国最著名的宗教哲学家，是宗教存在主义的重要代表，享有20世纪“具

① ［德］马丁·布伯：《我与你》，陈维纲译，生活·读书·新知三联书店1986年版，第25页。

② ［德］马丁·布伯：《人与人》，张健、韦海英译，作家出版社1992年版，第278页。

有最深厚宗教信仰的哲学家之一”的盛誉。① 不过马丁·布伯对于他者理论的贡献却是不容小觑的。譬如，在他者理论中的一个非常重要的思想——自我与他者共在，这个思想虽然后来因为海德格尔 1927 年出版了《存在与时间》而广为人知，但是马丁·布伯早在 1923 年出版的《我与你》对于此思想就已经有所论述。列维纳斯所展开的自我与他者相遇思想、自我与他者面对面的思想，是他者理论发展中一道亮丽的风景线，但是这个思想在《我与你》中也已经出现端倪。诸如这样的事例还有很多，像我们所耳熟能详的对话理论等，我们就不一一论述了。笔者觉得马丁·布伯对于他者伦理最为重要的贡献在于，他第一次以专著的形式，以“我—它”、“我—你”的方式详尽地论述了自我与他者之间关系的两种样态，并在臧否之间为人们指出了自我与他者相处之道，使得他者问题第一次清晰地展现在我们面前，从而推动了人们对于他者问题的关注，促进了他者理论的发展。正是基于此，列维纳斯对于马丁·布伯的思想给予了非常高的评价，“布伯所开启的图景是如此丰富，而且时至今日仍然如此新颖”，因此“没有什么能够遏抑对他的敬意”②。

虽然马丁·布伯的他者思想对于后来他者理论的发展起到了非常重要的推动作用，从而赢得了人们对他的高度赞誉，但是，实际上，人们并没有全盘接受他的思想，即使是那些追随者之中，也不乏对他批评的声音，像列维纳斯就是其中之一。列维纳斯一方面拼命地汲取马丁·布伯思想中的营养，将马丁·布伯的相遇、面对面、对话等相关思想纳入自己的哲学体系之中，另一方面又对马丁·布伯的“我—你”理论提出了严厉的批评。第一，马丁·布伯的“我—你”关系在本质上是一种对话关系，在其中语言具有非常重要的地位，而马丁·布伯认为最原初的言说方式是“诵出”、“讲出”、“说出”原初词“我—你”或“我—它”。但在列维纳斯看来，最本原的语言不是“说出”，而是“回应”或“承担责任”，“在我自己的分析中，临近他者

① 转引自［德］马丁·布伯的《论犹太教》，刘杰等译，山东大学出版社 2002 年版，代译序第 3 页。

② Levinas, *Outside the Subject*, Translated by Michael B.Smith, London: The Athlone Press, 1993, pp.41–42.

的方式并不原初地存在于我向他者言说，而是我对他或她的责任。这是原初的伦理关系”①。第二，马丁·布伯所倡扬的“我—你”关系是一种交互性的关系，也就是胡塞尔所说的主体间性关系。这种交互性本身就意味着自我与他者之间处于一种绝对平等关系，这与过去的“我—它”所代表的主客体关系相比，是一种进步，但在列维纳斯看来，这种进步仍然不够。回应和承担责任就像耶稣走向十字架一样，是一种纯粹的付出和被动性，我们就像一个被劫持的人质，我们既要承担我应当承担的义务，但我们也要承担本不属于我的责任，因此，我并不要求与他者之间的平等，而是承认他者的优先性，所以在自我与他者之间存在着一种不对称性，“他者作为他者，总是穷人和赤贫者（但与此同时又是我的主人），这种关系因此是不对称的”②，就像我们在与别人相遇时会说“您先请”一样，“那么在这儿，与布伯的我—你相反，并不存在原初的平等。伦理的不平等性：服从他者，原初的仆人：‘第一人称宾格’而非‘主格’”③。第三，马丁·布伯的思想可以概括为宗教存在主义，他在自己的著作中也反复提到“实存”、“存在”的概念。譬如他说，“诵出原初词也就诵出了在”④，实际上就是将人理解为存在，“真实的实存，即与自己的存在有关的实在的人，只有在与他与之有关的存在之本质的联系中才能理解”⑤。缘此之故，尽管马丁·布伯与海德格尔之间多有扞格，但是他们都主张自我与他者“共在”。不过在列维纳斯看来，这种存在哲学本身就是一种主体性哲学，不可能真正实现自我与他者的共在，“在—此，不就是已经占据了别人的位置了吗？此在的此就已经是一个伦理问题了”⑥。正是因为

① Levinas, *Outside the Subject*, Translated by Michael B.Smith, London: The Athlone Press, 1993, pp.43–44.

② Levinas, *Proper Names*, Translated by Michael B. Smith, London: The Athlone Press, 1996, p.38.

③ Levinas, *Outside the Subject*, Translated by Michael B. Smith, London: The Athlone Press, 1993, p.44.

④ ［德］马丁·布伯：《我与你》，陈维纲译，生活·读书·新知三联书店 1986 年版，第 17 页。

⑤ ［德］马丁·布伯：《人与人》，张健、韦海英译，作家出版社 1992 年版，第 227 页。

⑥ Levinas, *Outside the Subject*, Translated by Michael B. Smith, London: The Athlone Press, 1993, p.48.

列维纳斯对于布伯的“我—你”思想仍然存在着不满，所以他在向布伯表达“敬意”的同时，仍然不惜冒着“失礼”的危险，要求在扬弃其思想的基础上进行新的建构。

第二节　列维纳斯的他者思想

虽然在列维纳斯之前，像胡塞尔、柯亨、马丁·布伯、舍勒、罗森茨威格、科耶夫、马塞尔、萨特等人都已经对他者问题有所论述，而且他们的论述各具特色，都在他者思想发展史上留下了浓墨重彩的一笔，但他们始终无法掩盖列维纳斯为他者思想发展所作出的杰出贡献，不能撼动列维纳斯在他者伦理学发展史上执牛耳的特殊地位。法国当代的著名哲学家、列维纳斯的同代人德里达就曾经对列维纳斯的学说做出这样的论断，“人们可以自信地预言，未来数个世纪的阅读会将其作为任务。超越了法国和欧洲，在如此众多的著作和语言中，在所有的翻译、课程、沙龙和会议等等中，我们已经看到了无数的迹象，这种思想的回响将会改变我们时代哲学反思和反思哲学的进程，将会改变我们规定哲学根据伦理学，根据另外一种有关伦理学、责任、正义和国家等的思想，根据另外一种有关他者的思想来进行反思的进程。这种思想比那些新潮的思想都要新颖，因为它是被他者面容的绝对优先性所规定的”①。在这里，德里达主要阐述的是列维纳斯的他者思想对于哲学所产生的重要影响，但这种概括是远不能充分表明列维纳斯在现实中的影响力。实际上，列维纳斯的贡献远非仅限于哲学，列维纳斯有关他者的思考已经突破了哲学的阈限而扩展到了社会生活的方方面面，就像著名的列维纳斯研究专家柯林·戴维斯所言：“近年来，在法语和英语世界中，对列维纳斯著作的兴趣明显在增长。尽管过去四十年间列维纳斯的关切几乎没有改变，但法国哲学的发展以及它在英美大学里引起的反响，使得他的著作在神学、

① Jacques Derrida, *Adieu to Emmanuel Levinas*, Translated by Pascale-Anne Brault and Michael Naas, Stanford California: Stanford University Press, 1999, pp.3-4.

社会学、人类学、文学批评与理论等各种领域内，以及在哲学自身之中，几乎都成为必不可少的参考文献。这一现象的根源乃在于它对伦理问题始终不懈的探求”，“列维纳斯的伦理学在当代所具有的重要性源于它给予他者性问题的关键地位；这使得列维纳斯的反思在他自己兴趣圈子之外的领域获得了回应，比如女性主义、人类学、后殖民研究和同性恋理论中”①。

列维纳斯对于他者问题的思考之所以能引起人们的强烈共鸣，不仅是因为他的分析切中了时代的脉搏，也不仅是因为他的分析之精致独到，更是因为他的思想中蕴含了其独特的人生经历，寄托了其爱恨情仇。列维纳斯 1906 年出生，逝于 1995 年，其生命基本上与 20 世纪相伴始终。20 世纪上半叶是一个风云激荡、战争的硝烟肆虐蔓延的年代，列维纳斯的犹太人身份不仅使他过着东奔西走、颠沛流离的生活，并最终被关进战俘营而丧失人生自由，而且使他饱尝丧亲之痛。在第二次世界大战期间，他的亲人中除了妻子和孩子由于布朗肖的救助而幸免于难之外，其余的人都在纳粹大屠杀中而悲惨丧生。这种特殊的人生经历使得他特别关注人与人之间的关系问题，力图将他者从过去主客体关系中的受奴役地位上解放出来。当然，列维纳斯对于他者问题的思考离不开海德格尔。海德格尔不仅曾经是列维纳斯的授业恩师，而且也曾经是列维纳斯心目中的学术偶像，但是在第二次世界大战期间，海德格尔与纳粹的短暂合作彻底破坏了他在列维纳斯心目中的形象，“人们可以原谅许多德国人，但有些德国人却无法获得原谅。海德格尔就很难获得原谅”②，“我很后悔，在希特勒时代，在达沃斯时曾经对海德格尔一方产生好感”③。

列维纳斯对于海德格尔的批评是与对整个西方哲学、对整个西方哲学发展的历史的反思联系在一起的。尽管人们普遍认为，海德格尔的存在论是对整个西方哲学的反动，他通过追问“为什么在者在而在却不在”与整个西方

---

① ［英］柯林·戴维斯：《列维纳斯》，李瑞华译，江苏人民出版社 2006 年版，第 2—3 页。

② Levinas, *Nine Talmudic Readings*,Translated by Annette Aronowicz, Bloomington & Indianapolis: Indiana University Press 1990, p.25.

③ ［日］港道隆：《列维纳斯：法外的思想》，张杰、李勇华译，河北教育出版社 2002 年版，第 33 页。

哲学分道扬镳，但在列维纳斯看来，海德格尔对于西方哲学传统的超越是有限的，甚至仍然没有从西方传统哲学的泥沼中挣脱出来——因为存在论本质上就是本体论。一方面，在西文当中，存在论和本体论都是用 Ontology 来表示；另一方面，西方的本体论所追问的“一”就是存在，像巴门尼德早就说过，存在是至大无外的大一，世间万有都统一于存在之中。存在论与本体论之间的这种同一关系，就决定了存在论也是在追求统一，存在论本身就是一种同一哲学。虽然海德格尔的存在论也像马丁·布伯一样，强调自我与他者的共在，“世界向来已经总是我和他人共同分有的世界。此在的世界是共同世界。‘在之中’就是与他人共同存在。他人的在世界之内的自在存在就是共同此在”①，但是海德格尔更加强调此在的根本性、优先性，“同其它一切存在者相比，此在具有几层优先地位。……它是使一切存在论在存在者层次上及存在论上都得以可能的条件”②。“此在”到底是什么呢？海德格尔明确地给出了答案，此在就是我，“此在就是我自己一向所是的那个存在者；【此在的】存在一向是我的此在”③。一旦自我变成了存在论的基础，存在论变成了基础存在论，那么，在海德格尔的存在论中，自我只会眼睛向内看，并不会转向他者，人们必然会无视他者的存在，“因为每一此在都从它本身而具有存在之领会，从而就是同此在发生关联。于是对他人的存在关联变成了一种投射，把自己对自己本身的存在投射‘到一个他人之中’去。他人就是自我的一个复本”④。一旦他者变成了我的“复本”，那么也就意味着他者失去了其独立性与尊严，变成了自我的附庸，任由自我征服与改造。因此，在列维纳斯看来，他者不可能通过存在论获得自身的尊严和地位，我们不能寄希望于存在论来改变他者在现代社会中被奴役与压迫的命运；相反，我们

① ［德］海德格尔：《存在与时间》，陈嘉映、王庆节译，生活·读书·新知三联书店 1987 年版，第 138 页。

② ［德］海德格尔：《存在与时间》，陈嘉映、王庆节译，生活·读书·新知三联书店 1987 年版，第 16 页。

③ ［德］海德格尔：《存在与时间》，陈嘉映、王庆节译，生活·读书·新知三联书店 1987 年版，第 132 页。

④ ［德］海德格尔：《存在与时间》，陈嘉映、王庆节译，生活·读书·新知三联书店 1987 年版，第 145 页。

要想改变他者的命运，就必须走出自我，走出基础存在论，不再无视他者的存在，而是直接面对他者，与他者面对面。

虽然马丁·布伯也讲自我与他者的“相遇”，但是马丁·布伯所重点强调的是相遇所造成的对话关系，而对“面对面”（face to face）当中的“脸”“面”（face，visage）缺少分析，忽略了其中的深层意蕴，而列维纳斯对此则尤为重视。

著名的列维纳斯专家柯亨曾评价海德格尔是乡村哲学家，列维纳斯是城镇哲学家。乡村人烟稀少，更主要的是面对自身，所有海德格尔是林中路上漫步的孤独者，只能在此在当中体会着天地人神的合一。城镇则是一个人员密集的场所，不管我们是否愿意与他者碰面，只要我们一走出家门，就会与他者相遇，与他者面对面。虽然，在现实中我们可能会由于某些特殊的原因看见某人会绕道而行，避免与其直接相遇或与其直接面对面，但实际上我们已经与其相遇、与其面对面了，只是我们故作姿态，视而不见罢了（但这并不能抹杀我们已经与其面对面的事实）。对于普通人来说，脸面就是一个事物而已，但是对于列维纳斯来说，脸面却要复杂得多。中国人说，“人要脸，树要皮”，“打人不打脸”，可见脸面并不仅仅是一个物质器官。因此，脸面不是僵死的物质，否则脸面就与面具无别。脸面与面具的一个重要的差别，就在于脸面具有表达性的功能，“脸是一个作为存在者的存在者的呈现、存在者个体的呈现。脸既不揭露，也不遮掩存在者。超越了各种规定形式的解蔽和遮蔽，脸就是呈现，就是实体、就是处于自身之中事物的存在”①。人们常说，有些人把喜怒哀乐都写在脸上，这就是对于脸面表达性功能的形象生动的表达。列维纳斯高度重视的就是脸面的这种表达性。

正是脸面所具有的这种表达功能，导致他者在与自我面对面的过程中，他者就将自己所有内在的一切都一览无遗地呈现在了我的面前。一旦他者把自己毫无保留地呈现在我的面前的时候，他者实际上对于我而言，就变得赤身裸体，一无所有，他者失去了自我保护的能力，因此，列维纳斯把与我面

① Levinas, *Freedom and Command, Collected Philosophical Papers*, Translated by AlphonsoLingis, Dordrecht: Martinus Nijhoff Publishers, 1987, p.20.

对面的他者形象地称为寡妇、孤儿，并用赤贫、贫弱来形容他者的处境。当他者作为一个贫弱者与我面对面的时候，我就是一个强者，而且是一个将其置于贫弱地位的强者，因此，他者已经把自己的生死存亡、将自己的命运托付给我，他者吁求我放弃对他的迫害，“汝勿犯杀”①，并吁求我对他的保护责任。因为他者正是因为面对我而将自身置于贫弱的地位，而我与他相比又是一个强者，所以，我对于他者负有保护的责任。当然，人们或许会说，我们具有自由选择的权利，因为按照现代的自由观念，我们既可以对他者的吁求充耳不闻，也可以积极地回应他者的吁求，既可以选择为他者负责，也可以选择不对他者负责。在这里，回应与负责是同一的——因为在西文当中，二者本身就是同根同源的，都以 respond 为词根，所以，列维纳斯就强调，“你对脸的反应就是一种回应。不仅仅是一种回应，而是一种责任。这两个词（reponse，responsabilite）密切相关。”② 问题在于，面对他者的吁求，我们失去了选择的权利，我必须回应他者，对他者负责，在此，责任是第一位的。

之所以责任是第一位的，主要基于两个方面的原因：第一，我在他者的脸面中遭遇死亡。正如前文所言，脸面具有表达性，因而脸面不是面具，然而问题在于，脸面始终存在着丧失表达性而变成面具的危险，一旦脸面停止了表达性，脸面就变成了面具，而这就是死亡，“垂死，从言语上来理解，从对他人之垂死的观察来理解，意味着这些运动的一种停止，意味着某人最终归结为可分解的某物——一种静止不动。没有变化，却只有毁灭，一种存在的终结，那些满是意义符号的运动的停止”③。按照列维纳斯的理解，死亡总是他者的死亡，因为当我们在此谈论死亡的时候，我们就未曾经历死亡，正像伊壁鸠鲁所说的那样，当我在此时，死亡就不在此，所以死亡与自我之间具有外在性，我们所面对的总是他者的死亡。正是死亡对于自我的这

① Levinas, *Totality and Infinity*, The Hague: Martinus Nijhoff Publishers, 1979, p.199.

② ［法］勒维纳斯：《道德的悖论：与勒维纳斯的一次访谈》，载童庆炳编《文化与诗学》（第一辑），上海人民出版社 2004 年版，第 199 页。

③ ［法］勒维纳斯：《上帝·死亡和时间》，余中先译，生活·读书·新知三联书店 1997 年版，第 4 页。

种外在性，导致死亡之于自我是完全陌生之物，因此自我对于死亡始终充满着畏惧之心，我们总是想逃避死亡，总想长命百岁，而不愿寿终正寝。正因如此，历史上才有了寻找长生不老之药的种种传说。然而问题在于，长生不老的愿望总是落空，死亡总是会落到人们的头上，因此我们每天都在目睹着他者的死亡。人的生命只有一次，人死不能复生，因此，当我面对他者的时候，就像孟子所说的那样，“见其生，不忍见其死”（《孟子·梁惠王上》），我们就对他者的生死存亡负起责任来。如果我们认为自己是自由的，具有放弃救助他者的自由权利，而他者又因为我的视而不见而真的死亡了，那么我们就会遭受良心的谴责，仿佛自我就是杀害他者的凶手，“应该在死亡中想到任何与谋害有关的事：任何的死亡都是谋害，都是夭折，幸存者有其责任”[①]。正是为了避免良心的谴责，我们必须承担起对他者的责任，即使我们没有救助他者的法定义务。

第二，为他者负责，乃是与生俱来的责任。对于中国人来说，“人之初，性本善”，人天生就有德性，就有为他者负责的意识，“天生德于予”（《论语·述而》）。这个“天”虽然具有价值性、人格性，但是更主要的是一种自然性，“天何言哉！四时行焉，百物生焉，天何言哉！”（《论语·阳货》）但是在西方则不同，西方具有深厚的宗教传统，而对于犹太人列维纳斯来说，其宗教传统更为深厚，犹太教已经融入了其血液之中，他不仅著述了《来到观念中的上帝》、《塔木德四讲》等大量的宗教著作，即使在非宗教性作品中也流露出浓郁的宗教气息。犹太教的经典是《塔木德》，而《塔木德》与基督教经典《圣经》之间虽然有所区别，但又具有紧密的内在联系，“《塔木德》不是《圣经》的简单的延伸。它愿意作为《圣经》意义的第二层次；它以批判性的和完全自觉的理性精神摄取《圣经》的各种含义”，“从形式的方面来看，《塔木德》运用《圣经》资料阐述其智慧”[②]。当我们打开《圣经》的时候，以色列人作为上帝的选民，是被上帝选定来为人类负责的，他们不仅要为自己的过错负责，而且也要承担不是自己的责任，甚至要像耶稣

① ［法］勒维纳斯：《上帝·死亡和时间》，余中先译，生活·读书·新知三联书店 1997 版，第 79 页。

② ［法］勒维纳斯：《塔木德四讲》，关宝艳译，商务印书馆 2002 年版，第 7—8 页。

那样为了救赎他者的罪孽而勇敢地走向十字架，“以色列本应教导，从我到我自己终极的内在，在于时时刻刻都为所有的他人负责，我是所有他人的人质。我能够为非我所犯的过错负责，也能够承受不是我的苦难”。① 同时，更为重要的是，以色列人作为上帝的选民，是唯一的、不可替代的，他们必须自己承担责任，而不能将责任转嫁给他者，所以，按照犹太教的教导，列维纳斯认为自我可以让渡自己所享有的权利，但是不能让渡自己所应承担的责任，我们必须为他者承担责任，哪怕这种责任要以自我付出生命为代价。

当自我面对他者的时候，他者就由自我奴役的对象变成了自我为之负责的对象。他者之所以受到自我的奴役，乃是因为他者与自我是同一的，他者乃是以自我为原型的，他者是自我的复本，是另外一个我，他者必须与自我保持同一，接受自我的征服与改造。这种自我与他者之间的关系就决定了，在现实中，他者要么变成自我的附庸，要么与自我对抗到底，最终会被自我通过暴力手段加以消灭，而这也是现实生活中存在着大量的屠杀、战争等暴力手段的原因之所在（而这也就是德里达用《暴力与形而上学》作为标题来概括列维纳斯思想的原因之所在）。当自我为他者负责的时候，他者就不再是认识的对象、同一化的对象，而是我欲望（desire）的对象，自我欲望他者。欲望的典型形态乃是爱欲（Eros），在爱欲中，我们并不希求对于他者的认识或占有，而是通过爱将我们引向不可知之物，沉浸在爱河中的男女是盲目的，说的就是这个意思，因为人们并不是要去认识对方，而是被对方的神秘性所吸引，“无限性不是认知的‘客体’，而是可欲的，它引起欲望，也就是说，它能够被每时每刻其思多于所思的思想所达到”②。列维纳斯这样说，不仅表明自我放弃了对于他者的认识和理解，而且也指出了他者本身是自我所不能认识和理解的，因为他者是一种绝对的无限性，而自我作为此时此地的存在乃是有限的，无限超越于有限之外，作为无限的他者别于作为此时此地存在的自我。所以，有限的自我永远也不可能真正地认识和理解无限

---

① ［法］勒维纳斯：《塔木德四讲》，关宝艳译，商务印书馆 2005 年版，第 121 页。

② Levinas, *Totality and Infinity*, Translated by Alphonso Lingis, Martinus Nijhoff Publishers and Duquesne University Press, 1979, p.62.

的他者，他者对于自我来说是一个永远也解不开的谜团，“这种他者寻求我的认可，但又要保持其神秘的身份，蔑视求助于理解力和明晰性的方式，这种显示自身但又不愿现身的方式，我们称之为谜团”①。在现实中，我们根本无法触及谜团自身，而是有关这个谜团的一些蛛丝马迹（踪迹），我们为这些踪迹所吸引，从而始终为这个谜团尽心竭力。然而问题在于，由于留下踪迹的他者又不断地擦拭其所留下的踪迹，从而通达其自身的道路无法被再现出来，所以我们的所作所为不仅无法解开谜团，丝毫不能降低谜团的神秘性，反而谜团显得更加神秘，这个谜团就像是一个雪球，随着我们不断地滚动变得越来越大。因此，对于自我来说，我们不是要去破解他者的谜团，而是要被他者的谜团所吸引而不断地走向他者，从而使自我超越自身，走向绝对的善。

从前面的分析中我们可以看出，列维纳斯汲取了包括马丁·布伯在内的思想家的相关成果，像相遇、责任、回应等思想都在自己的著作中得到了体现，从而使自己的思想与整个学术思想发展之间存在着一种承续关系，与其他思想家一道积极投身于现实问题的反思，同时也是对于其他思想家所做反思的一个积极回应，从而将自己置身于世界的学术潮流之中。不过值得注意的是，列维纳斯并没有让自己在潮流的裹挟之下身不由己、不由自主，从而让自己变成了一个随波逐流者，跟在别人的后面亦步亦趋，而是要成为时代的弄潮儿，要矗立潮头，独领风骚，不让自己被潮流所裹挟、所淹没。因此，无论是现象学大师胡塞尔、宗教神学家马丁·布伯，还是存在主义旗手海德格尔，虽然他们都是列维纳斯思想的重要来源，但是他们都没有成为列维纳斯进行思想创造的滞碍，他们最终都被列维纳斯扬弃和超越。

不论是胡塞尔的主体间性理论，马丁·布伯的我—你理论，还是海德格尔的共在理论，实际都涉及了自我与他者之间的关系，但是这种关系都没有从自我的阴影中完全摆脱出来，而且也没有被置于根本的地位，而列维纳斯却在这一点上实现了根本性的突破。列维纳斯说，“伦理不是哲学的一个分

① Levinas，*Enigma and Phenomenon, Emmanual Levinas Basic Philosophical Writings*, Bloomington and Indianapolis: Indiana University Press, 1996, p.70.

支，而是第一哲学”①，“第一哲学是伦理学”②。这也就是说，列维纳斯不再像其前辈们那样将本体论或存在论作为哲学的根本，而是更加突出伦理学在哲学中的基础地位。不过需要指出的是，伦理学是研究人伦之理的学问，讲人伦就离不开关系，所以，自我与他者之间的关系乃是伦理学需要研究的核心问题，或者说伦理学就是与他者的关系问题，“伦理学是与他人、与下一来者（其临近不应该跟空间意义上的一种相邻关系相混淆）的关系”③。这样一来，列维纳斯实际上不再是像传统哲学聚焦于世界的本原、本体，不再聚焦于同一世界的自我，而是开始将自我与他者之间的关系作为哲学的根本问题，从而哲学不再沉迷于自我，而是开始关注他者，关注他者的独特性。

列维纳斯对于他者的关注，不仅是停留在理论上，而且要落实到现实中，我们真正承担起为他者的责任，而且这种责任还不是现代社会中伴随享受权利而来的义务，而是一种无端的责任，因而列维纳斯把自我形象地比喻为被他者劫持的“人质”，不再关注自己的生死存亡，而是全身心地为他者负责。列维纳斯对于为他者责任的强调，实际上不仅颠覆了过去人们对于权利与义务关系的认识，实际上也从根本上颠覆了自我与他者之间的关系的认识，从而将自我与他者之间的关系推向了一个新的阶段。在古代社会中，自我实际上居于世界的中心地位，他者是被当作自我的从属与附庸。在现代社会中，随着人权意识的觉醒，人们更加关注自我与他者之间的平等关系，“作为一种具体的社会和政治的要求，平等是拉开现代社会序幕的一系列重大革命的产儿”④。像胡塞尔的主体性理论、马丁·布伯和海德格尔的共在理论实际上都是这股平等潮流中的一个部分，都是强调自我与他者之间的平等关系。自我与他者之间的平等关系代替自我对他者的奴役关系，虽然应该说

---

① Levinas, *Totality and Infinity*, Translated by Alphonso Lingis, Martinus Nijhoff Publishers and Duquesne University Press, 1979, p.304.

② Levinas, *Ethics and Inifinity*, Translated by Richard A. Cohen, Pitesburgh: Duquesne University Press, 1985, p.77.

③ ［法］勒维纳斯：《上帝·死亡和时间》，余中先译，生活·读书·新知三联书店 1997 年版，第 158 页。

④ ［美］亚历克斯·卡里尼克斯：《平等》，徐朝友译，江苏人民出版社 2003 年版，第 25 页。

是历史发展中的一个巨大进步，但是在列维纳斯看来，这并不足以使自我由对他者的压迫与奴役而走向对他者的关爱，并不足以使自我与他者的关系由冲突走向和谐。因此，列维纳斯的我为他者负责、他者优先的思想，实际上就将自我与他者的地位，从自我高于他者、自我与他者平等变革为他者高于自我，从而开辟了自我与他者关系的新篇章。

虽然列维纳斯的他者伦理思想是他者思想史上的一个重要发展，是西方他者思想发展的一个新高度，但是我们也要清楚地看到，列维纳斯的他者伦理思想毕竟是西方的他者伦理思想，它植根于西方的文化传统之中，具有鲜明的西方特色，而这尤其是表现在其宗教文化背景之上。列维纳斯把自我能够为他者负责的根源归结于上帝的选民身份上，归结于人类与上帝的缔约上。这种思想，一方面在一个“上帝死了”、宗教没落的时代里，难以令人信服，另一方面，对于中国人来说，本身就缺少西方那种浓烈的宗教情怀，缺少上帝那样的超越的人格神。因此，他者伦理思想很难简单地被移植到中国来，因此，在中国讲他者伦理，就必须要加入中国的文化元素，使其与中国文化之间化学反应，只有这样，它才能与中国的文化有机地结合在一起，才能在中国的文化土壤上生根发芽、开花结果。

第二章
他者伦理的中国思想资源

虽然“他者伦理”作为一个词、作为一个学术思想和学术流派，首先出现在西方，而且现在研究他者伦理也主要是以西方作为研究对象或理论的基点，但这并不意味着：中国伦理在此毫无作为，更不会所有建树。

实际上，现代社会是一个风云际会的社会，各种文化、各种思想观念在此平台上互相撞击、交锋。文化、思想撞击交锋的结果并不会像潮水冲刷沙滩那样，在此平台上不留下任何痕迹。毋宁说，文化、思想的交锋更像是不同食材之间的碰撞与融合，虽然，在一道美味佳肴之中，可能某种食材的分量及其味道占据了主导地位，但是，其他食材同样也会为成就这道美味佳肴做出了不可磨灭的贡献，而且，在其中也会留下自己独特的韵味。同样，他者伦理作为一个有待完成的学术理论，中国作为一个文化大国、思想大国，理应在这道美味佳肴中注入中国的元素，使其中透露出中国味道。更为重要的是，他者伦理建构中吸纳中国元素，这并不是要强行将中国传统文化嫁接于西方文化之上，而是因为在中国传统文化当中也确实蕴含着他者伦理的元素，虽然中国思想家们没有使用这个名词，但他们在内在精神实质上具有共通之处。譬如在中国古代非常发达的群己之辩、人己之辩，其中就包含了自我与他者关系以及自我与他者如何相处的问题，而这与他者伦理所寻求的自我与他者如何正确相处是相通的。正是中国传统文化与他者伦理的这种相通性，决定了中国传统文化在他者伦理的建构中可以大有作为。

中国思想文化源远流长，学派纷呈，大家辈出，因此我们要想穷尽中国传统文化中有关他者伦理的思想资源，远非本著所能完成，因此，在这里，我们将以儒家与道家为代表，来论述中国伦理文化中能为他者伦理建构提供的思想资源。之所以在诸子百家中选择儒家与道家，是因为后来其他诸家要么中绝，像墨家、名家等，要么转入幕后，像法家、阴阳家等，唯有儒家和道家在中国历史上始终作为主流思想而被广为尊奉。冯友兰在《新原道》中曾用“极高明而道中庸”来概括中国哲学和中国哲学精神，“中国哲学有一个主要底传统，有一个思想的主流。这个传统就是求一种最高底境界。……这种境界以及这种哲学，我们说它是‘极高明而道中庸’”①。而这里“高明”是以道家为代表，“中庸”是以儒家为代表的。因此，冯友兰用“极高明而道中庸”来概括中国哲学和中国哲学精神，实际上就是以儒道两家作为中国哲学的代表。当然，以儒道两家来概括中国传统思想文化中的他者伦理资源，未免挂一漏万，但是这也是不得已而为之的权宜之计，但愿以后能有机会专门就此进行著述。

第一节　儒家的仁爱伦理

伦理道德总是与他者、社会联系在一起，因为伦理道德首先是人的伦理道德，不是其他动物或植物的道德，而人总是处于他者之间，处于社会之中。这就像马克思所说的：“人的本质不是单个人所固有的抽象物，在其现实性上，它是一切社会关系的总和。”② 其次，既然伦理道德是人的伦理道德，伦理道德涉及人与人之间的关系，或者像列维纳斯所说的是“与他人、与下一来者的关系”③，那么伦理道德就不能离开他者，就不能离开社会而存在，“道德是随群体生活而生的，因为只有在群体中，无私和奉献才会有意义”④。

① 冯友兰：《贞元六书》，华东师范大学出版社 1996 年版，第 706—707 页。

② 《马克思恩格斯选集》第 1 卷，人民出版社 1995 年版，第 56 页。

③ ［法］勒维纳斯：《上帝·死亡和时间》，余中先译，生活·读书·新知三联书店 1997 年版，第 158 页。

④ ［法］爱弥尔·涂尔干：《社会学与哲学》，梁栋译，上海人民出版社 2002 年版，第 56 页。

正是由于伦理道德与他者、与社会之间的这种密切联系，所以我们不能也无法脱离他者、脱离社会来讲伦理、讲道德。不过需要注意的是，我们这样说，并不意味着每个道德主体都是自觉地立身于社会之中来讲伦理道德的，实际上很多人是为了讲伦理道德而迫不得已进入社会之中的，这也就是说，他们本来是立身于他者、社会之外的，只是为了讲伦理道德才走近他者、进入社会的，像马克思说“人的本质不是单个人所固有的抽象物”，实际上就是对于西方将人从社会当中剥离出来理解人的做法的一种批判。在西方的基督教传统当中，上帝构成了人类的原型，因为按照《圣经》的说法，人是上帝按照自己的形象创造出来的，“神说：‘我们要照着我们的形像，按着我们的样式造人，使他们管理海里的鱼、空中的鸟、地上的牲畜和全地，并地上的一切爬虫。’神就照着自己的形像造人，乃是照着他的形像造男造女”（《圣经・创世记》1:26—27）。正是因为上帝按照自己的形像创造了人，而上帝是生活在天国而非尘世之中，所以，人也希望能和原型一样超越这个尘俗的世界，从而站立生活于世界之外。这也正是西方人建构通天塔梦想的思想根源，这也是西方人在第一颗人造卫星上天之后而高呼人类迈出了摆脱地球束缚的第一步的原因之所在。人们总是希望像上帝一样站在他者之外，站在社会之外，甚至是站在世界之外，成为一个旁观者、审视者。即使人们需要回到世界之中，与他者建立伦理道德关系，那么，这也不过是像上帝一样，是一个高高在上的施恩者，他者必须成为我驯服的臣民，否则他者将会受到我严厉的惩罚，“你们要谨守遵行我一切的律例、典章，免得我领你们去住的那地把你们吐出。我在你们面前所逐出的国民，你们不可随从他们的风俗，因为他们行了这一切的事，所以我厌恶他们”（《圣经・利未记》22：22）。这种立足于个体基础上的伦理道德，极有可能演变成霍布斯所说的“一个人对所有人的战争”。

儒家讲伦理道德与西方就有所不同，认为人始终是站在他者之中、社会之中，人们始终没有脱离他者和社会。自鸦片战争以后，虽然随着“欧风美雨驰而东”的影响，中国人的自我意识开始逐渐加强，一代代思想家都开始为打破束缚自我的牢笼而创榛劈莽，前驱先路，为自我的觉醒与解放而奔走呼号。但是，值得注意的是，他们对于自我的高扬并不是像西方那样为了个人的权利。实际上，在近代中国，虽然个人意识觉醒，但是权利意识依然淡薄，他们唤醒自我意识，是与社会的改造和进步联系在一起的。像在中国近代历史上提出"众人之宰，非道非极，自名曰我"，从而"在中国哲学史上，突出地把'我'作为世界第一原理提出来"的龚自珍，他并不是要从世界、社会中摆脱出来，而是要创造出一个新的社会、新的世界，更适合自我与他者生活于其中的社会、世界，所以，他要造天造地，"天地，人所造，众人自造"①。鸦片战争刚刚爆发，龚自珍就离世了，因此他的自我解放的思想主要是出于对于时代变化的敏锐嗅觉，不像梁启超、章太炎、陈独秀、李大钊等后来者那样，更多地受到西方思想的影响。不过这些后来者，对于自我的强调始终与"中国向何处去"的时代问题联系在一起，这也就是说，突出自我是希望通过自我思想的解放，帮助人们释放出更大的创造力，建设强大的祖国，从而在弱肉强食的生存竞争中以达到救亡图存的目的，因此，与西方个人主义试图摆脱社会的束缚截然殊途，中国的思想家始终自觉地将自我与社会、国家、民族前途的命运牢牢地结合在一起。譬如梁启超说："中国数千年之腐败，其祸极于今日，推其大原，皆必自奴隶性来；不除此性，中国万不能立于世界之林"②；李大钊说："东西文明之融合，政俗特质之变革，自赖先觉者之尽力，然非可期成于旦夕也。惟吾民于此，诚当自觉，自觉之义，即在改进立国之精神，求一可爱之国而爱之，不宜因其国家之不足爱，遂致断念于国家而不爱。更不宜以吾民从未享有可爱之国家，遂乃自暴自弃，以侪于无国之民，自居为无建可爱之国之能力者也。大国家之成，由人创造，宇宙之大，自我主宰，宇宙之间，而容有我，同类之人，而克造国。我则何独不然？吾人苟不自薄，惟有本其自觉力，黾勉奋进，以向所志，何时得达，不遑问也"③。从上述引文中可以看出，不论是主张"除心奴"的改良派思想家梁启超，还是主张"宇宙即我，我即宇宙"的革命派思想家李大钊，都没有将自我与中国社会相剥离，而是主动地将自我嵌入中国社会之

① 冯契：《中国近代哲学的革命进程》，上海人民出版社 1989 年版，第 34 页。

② 梁启超：《致南海夫子大人书》，转引自冯契：《中国近代哲学的革命进程》，上海人民出版社 1989 年版，第 153 页。

③ 《李大钊选集》，人民出版社 1959 年版，第 29 页。

中，与中国、与他人同呼吸、共命运。

近现代思想家对于国家民族命运的关注，他们所体现出的“先天下之忧而忧，后天下之乐而乐”的忧国忧民的意识，不仅是时代使然，而且是渊源有自，实际上，在中国古代，儒家学者们就已经表现出对于社会群体承担责任的高度自觉意识，不仅主动地将自己纳入到社会群体之中，而且主动地承担起对于社会群体的责任。

孔子生当乱世，朝代更迭，战争频仍，礼崩乐坏，人心不古，孔子却怀着淑世的情怀，“知其不可而为之”，试图救黎民百姓于水深火热之中，为修复周礼，为推行仁政而东奔西走，从而自觉地承担起对社会、对他者的责任，“仁以为己任，不亦重乎？死而后已，不亦远乎？”（《论语·泰伯》）孔子为了实现自己的理想抱负，呕心沥血，历经磨难，但是却无法得到世人的理解，像长沮、桀溺就嘲笑孔子是做无用功，认为天下的罪恶就像肆虐的洪水一样到处蔓延，凭借孔子的一己之力如何能够阻止呢？因此如其“知其不可而为之”，还不如退隐江湖，过着逍遥自在的生活。孔子对于此建议的回答则是，“鸟兽不可与同群，吾非斯人之徒与而谁与？天下有道，丘不与易也”（《论语·微子》）。孔子即使过着恓恓惶惶、“累累若丧家之犬”的生活，“饭疏食饮水，曲肱而枕之”，生活如此艰苦，但孔子却并不以此为苦，反而以此为乐，“乐亦在其中矣”（《论语·述而》）。而这其中的重要原因就在于，孔子主动地把自己置于群体之中，认为人只有在群体之中才能成其为人，人之为人就必须对群体承担责任。当然，群体有大小之别，所以孔子对于群体责任的承担是近取诸身，从自身、从家庭做起，修身、齐家、治国、平天下。后来，孟子正是受到孔子的这一思想的影响，认为仁爱要采取推扩原则，要推己及人，“老吾老以及人之老，幼吾幼以及人之幼”（《孟子·梁惠王上》），从而肯定了自我对于他者、对于整个社会的责任。不过这种责任的承担不是泛化的，必须建立在家庭的基础上，这也就是孔子所说的“君子务本，本立而道生。孝弟也者，其为仁之本与！”（《论语·学而》）如果脱离了家庭这个根本，那么伦理道德就会流于形式，沦为虚情假意。因此，当墨家主张兼爱天下、爱无差等的时候，孟子更是言辞激烈地斥责其“无父无君，是禽兽也”（《孟子·滕文公下》）。实际上，孟子对于杨朱、墨翟的批判，不仅是不同学派之间的思想观念的碰撞交锋，反映了他们之间的思想分歧，同样也反映了孟子的高度社会责任感，因为在孟子看来，正是杨朱墨翟之言充塞天下，导致大道不彰，人心紊乱，从而成为危及人民生活的祸患之源，所以，他正是站在人民百姓的立场上思考问题，才要予以辩驳，“杨墨之道不息，孔子之道不著，是邪说诬民，充塞仁义也。仁义充塞，则率兽食人，人将相食。吾为此惧，闲先圣之道，距杨墨，放淫辞，邪说者不得作”（《孟子·滕文公下》）。

虽然，孔子与孟子也论及了人与人之间、个体与群体之间的关系，在他们思想中也蕴含着大量关于这个问题的深入思考，但是他们对此进行直接论述的却很少，远不如荀子对于这个问题的论述那样直接、丰富。荀子不仅认为人必须生活在群体之中，“人生不能无群”（《荀子·礼论》），而且直接将“能群”作为人区分于动物、超越于动物之上的一个重要的标志：人类力量没有牛大，跑得没有马快，却能够服牛乘马，役使自然万物，就是因为人能够借助于群体的力量，“人能群，彼不能群也”（《荀子·王制》）。而且荀子已经深刻地认识到，群的建立与巩固必须要以差异性为基础，如果没有分工，没有差别，就无法建立起一个群体，即使勉强建立起来了，那么这个群体也是不稳固的，所以荀子说，“人何以能群？曰：分”（《荀子·王制》）。这个“分”不仅是分工之分、分配之分，更是分别之分，是指人群之中要有辈分、次序上面的分别、差异，不能无父无君。既然群体中存在着差异性，那么群体内部就会产生矛盾与冲突，一旦矛盾冲突超过了一定的限度，就会导致群体走向解体，因此，为了防止群体因矛盾冲突走向解体，就必须通过礼义来规范人们的言行举止，化解人们之间的矛盾冲突，使人们承认彼此之间的差异，服从群体内部的分工，并能够主动地相互协作，从而保证群体的稳定、繁荣发展，“分何以能行？曰义。故义以分则和，和则一，一则多力，多力则强，强则胜物，故宫室可得而居也。故序四时，裁万物，兼利天下，无它故也，得之分、义也”（《荀子·王制》）。这也就是说，礼义的产生从根本上是服务于群的，是为了人们能够“明分使群”，化解由于无限制地追求欲望的满足而导致群体内部产生的矛盾冲突，从而使群体内部秩序井然。因此，李泽厚说，“在荀子看来，‘礼’起于人群之间的分享（首要当然是事物的分享），只有这样才能免于无序的争夺。可见，第一，人必须生存在群体之中。第二，既然如此，如果没有一定的规矩尺度来确定各种等差制度，这个群体也就无法维持，而这就是‘礼’”①。

先秦儒家思想家重视他者、重视群体的思想观念经过长期的历史沉淀，逐渐形成了中华民族一个优良的历史传统。人们始终自觉地将小我置于社会群体之中，用大我来涵容、融化小我。这种自觉意识催生了中国人对于他者、对于群体的奉献精神甚至献身精神，“先天下之忧而忧，后天下之乐而乐”，“居庙堂之高则忧其民，处江湖之远则忧其君”，“苟利国家生死以，岂因祸福趋避之”。在中国历史上，也确实涌现出了不计其数的为了他人、国家、民族的利益而英勇赴义的英雄人物，他们就像一颗颗微小的水滴，虽然非常渺小，但正是他们汇成了一条中华民族为民请命、为民护航的光荣的历史潮流，正是他们折射出了中华儿女公而忘私的优良美德。

虽然儒家与西方近代的一些思想家都非常重视将自我置于群体之中，都非常重视自我与他者之间的关联，但是，儒家不像马丁·布伯、列维纳斯那样，从宗教出发来为自我关爱他者提供理论支援，而是以中国人特有的方式来为此提供理论基础。概括起来，主要有五种：天赋说、情感说、模仿说、刺激说和生存说。虽然这五种学说在历史都有其代表，都具有自身的合理性，但在笔者看来，情感说更加符合原始儒家的本来面目。

儒家伦理思想的核心是“仁”，一般人们根据孔子讲“天生德于予”（《论语·述而》），根据“孟子道性善”（《孟子·滕文公上》），孟子讲“良知良能”，就轻易地得出结论：儒家是先天性善论，或者说，儒家认为伦理道德是人的一种天赋。对于人性的问题，孔子讲得并不多，因此，子贡有“夫子之言性与天道，不可得而闻也”之叹（《论语·公冶长》）。后来孟子对于人性问题就讲得比较频繁了，并且还与告子展开了有关人性问题的争论，从而对于人性问题展开系统全面的论述。因此，要了解儒家仁爱伦理的人性基础，我们有必要以孟子为主体展开论述。

虽然“孟子道性善”，但这并不意味着孟子是先天性善论者，认为人一

① 李泽厚：《中国思想史论》（上），安徽文艺出版社 1999 年版，第 114 页。

生下来就是道德高尚之人，就会积极主动地为他者承担道德责任，先天性善论恰恰是孟子要对其展开批评的观点。孟子说，“天下之言性也，则故而已矣”（《孟子·离娄下》），“故，谓已往之事。当时言性者，多据往事为说”[①]，往事就是一种既成事实，这也就是朱熹将“故”解释为“已然之迹”的原因之所在。既然人性被当成了一种既成事实，那么，我们就可以说人性是本善的。从这段引文我们可以看出，孟子显然认为自己所持的观点与普通人的观点不同，他对普通人所持的观点持一种批评的态度，孟子不会像人们通常所做的那样，将人性看作“故”，以“故”论“性”。因此，孟子并不主张人性先天本善。实际上，孟子的性善论是认为：人一生下来，就具备了成为道德高尚之人的倾向性和可能性，就具备了成为道德高尚之人的基础。伦理道德就像一株作物，就像一棵参天大树，但是，它们并非生来如此，而是由种子、胚胎发育生长起来的，没有种子、胚胎，那么它就成了无本之木。种子、胚胎是一种发端，“端”在古代是“耑”，是一个象形字，“上像其形，下像其根”，上面是种子的萌芽，下面是种子的根须，萌芽虽然幼小、脆弱，随时都有夭折的危险，但是对于生物的发展来说却至关重要，它为生物的发育生长提供了基础和可能性。伦理道德同样如此，人生下来必然会有道德的萌芽，否则人就不可能无缘无故地成长为道德之人。对于孟子的观点，告子提出了质疑：人性无所谓善恶，如果非要说人性本善，那就无异于犯了将杞柳混同为桮棬的错误。孟子则针锋相对地指出，杞柳虽然不等于桮棬，但是杞柳之所以能做成桮棬，我们之所以选择杞柳来做桮棬，恰恰是其本性使然，“子能顺杞柳智性而以为桮棬乎？将戕贼杞柳而后为桮棬也？”（《孟子·告子上》）这也就是说，人性虽然不是纯然至善的，不是天生就是伦理道德，但是在人性之中一定具有伦理道德的基础、种子、胚胎。

在孟子看来，这种我们能够仁义地对待他者的种子、胚胎就是人类天生的道德情感，就是“不忍人之心”，就是恻隐慈仁之心。孟子之所以能够断定人有不忍之心，是来自于经验的观察。在日常生活中，我们看到一个孩子在井边玩耍，一失足就要掉到井里，这时候，人们正常的反应就是伸手去拉

---

① 焦循：《孟子正义》，中华书局 1987 年版，第 585 页。

孩子，阻止孩子滑落到井里。人们这么做的原因，并不是出于一种理性的算计，“非所以内交于孺子之父母也，非所以要誉于乡党朋友也，非恶其声而然也”（《孟子·公孙丑上》），而是出于一种质朴的道德情感，出于一种良知良能——不忍人之心，不忍心看到一个鲜活的生命在自己的面前消逝，“见其生，不忍见其死”（《孟子·梁惠王上》）。当然，孟子这里所讲的是一种普遍的情况，因为他所讲的是一个普通人、正常人所作出的正常反应，那么，这种情况是否具有普适性，是否能够达到一个普遍的结论，就像孟子由此所推知的“人皆有不忍人之心”呢？（《孟子·公孙丑上》）这种经验上的推论当然是存在着漏洞的，因为经验事实始终具有特殊性，不过孟子为了解决这个问题，又从反面举了一个例子。齐宣王这个人是一个暴君，道德败坏，就连他自己也承认自己具有“好货”、“好勇”、“好色”等诸多毛病，并因此认为自己不可能行仁政，但是孟子从其“以羊易牛”这样一个举动当中，分析出齐宣王同样具有不忍之心——“见其生，不忍见其死”，可见即使那些所谓的道德败坏之人都有不忍之心，那么，不忍之心就是所有人都具有的。既然所有人都有良知良能，都有不忍人之心，那么，只要人们能够扩充这种不忍之心，自我就会道德地对待他者，与他者和谐地相处，“人皆有所不忍，达之于其所忍，仁也；人皆有所不为，达之于其所为，义也”（《孟子·尽心下》）。

当然，儒家所讲的仁爱与西方人所讲的爱有所不同，西方人的爱是以爱情为基础的。像柏拉图在《会饮篇》和《斐多篇》中都将爱与爱情联系起来，而这种爱情是成人的，这也就是说，西方人所理解的人乃是成年人，他们享有恋爱的自由与权利，但是这种观点最大的问题就是割裂了人的发展阶段，以成年阶段来代替抹杀了人生发展的各个阶段。对于儒家而言，人生要经历一个漫长的发展过程，而这个过程是有起点的，这也就是，孩提阶段是人类发展的第一个阶段，因此，后来的仁爱之心、不忍之心都是孩提阶段某种情感生长发育的结果。孟子就说，为什么说每个人都有不忍人之心，为什么每个人都会成长为仁义之人，是因为每个人一生下来就表现出了这样一种道德的萌芽，“孩提之童无不知爱其亲者；及其长也，无不知敬其兄也。亲亲，仁也；敬长，义也”（《孟子·尽心上》）。这也就是说，仁义这棵参天大树，是爱亲敬长的萌芽发育生长的结果；或者说就是对于父母兄弟爱敬等自然情感的推扩，“老吾老以及人之老，幼吾幼以及人之幼”（《孟子·梁惠王上》），而且这种推扩要突破一切情感厚薄、人己之分、人禽之别的藩篱，“以其所爱及其所不爱”（《孟子·尽心下》），从而最终达到遍爱一切他者的程度，“亲亲而仁民，仁民而爱物”。孟子的这种思想实际上是源自于孔子的，孔子的得意弟子有子就曾经说过，“孝弟也者，其为仁之本与”（《论语·学而》）。这里的“孝弟”，一般人们将其理解为一种行为，之所以孝弟能够成为仁本，是因为这种行为具有典范意义。在笔者看来，每种行为都有其特殊的现实背景，因此如果我们脱离这种特殊的现实背景而强行加以推扩，就必然会有形式化和暴力化的风险，要么沦为愚孝，要么沦为在上者压制乃至残杀在下者的工具。不过情感却具有共通性，所谓“人同此心，心同此理”，唯有情同理同，人们才能具有同情心。因此，“孝弟”更为关键的意义在于其情感意义，也就是孟子所说的“爱敬”之情。实际上，孔子自己就强调了这一点。当子游向孔子询问孝道的时候，孔子就明确地否定了孝的表面的行为意义，仅仅只有侍奉父母的行为是不够，更为重要的是这种行为背后要爱敬的情感作为支撑，否则行为就流为表面的形式，“今之孝者，是谓能养。至于犬马，皆能有养。不敬，何以别乎？”（《论语·为政》）因此，孝弟之所以能够成为仁义的根本，是因为这种行为背后有一种爱敬的纯朴情感作为支撑。

由此可见，对于儒家来说，我们之所以能够伦理道德地对待他者，能够仁爱他者，与他者友好和谐的相处，是因为我们一生下来就具有道德的情感根基。虽然这种根基还很微弱，随时都有夭折的危险，但只要我们能够倍加呵护，加以扩充村养，那么，它一定就能够成长为参天大树，我们就一定能够在此情感的支配下做到仁民爱物，伦理道德地对待他者。

第二节　道家的自然伦理

在中国，儒家与道家是两个古老的学术流派，而且这两个学术流派不仅对于中国思想文化的发展产生了至关重要的影响，而且也深刻地影响着人们的日用常行，人们日常生活中的为人处世、待人接物无不带有儒道两家的深刻烙印。二者之间之所以在中国的历史上“并行而不悖、并育而不相害”，互相支援，互相生发，是因为在某种程度上具有互补性，如：儒家思想偏重于人道，道家思想偏重于天道；儒家思想更加具有世俗性，道家思想更加具有超越性；儒家思想更加侧重于进取性，道家思想更加侧重于顺应性，如此等等，不一而足，因此在中国的历史上，不仅是儒道两家在中国历史上长期并行不悖，而且就是在个人身上也会和谐地共生共存，当人们人生志得意满的时候就会信奉“天行健，君子以自强不息”的训诫，当人们人生陷入低谷的时候，则会以“得者，时也；失者，顺也”来安慰自己，从而做到“安时而处顺，哀乐不能入”（《庄子·大宗师》），度过人生中的困难时期。

既然道家思想与儒家思想之间存在着互补性，那么道家思想与儒家思想之间就必然存在着差异性，甚至是对立性，因为相反者才能相成。确实在中国历史上，虽然具有诸多有关儒家学说的创立者孔子曾经问道于老子的记述，但是孔子与老子毕竟分属两个不同的学术流派，而且两派之间还是多有抵牾，像儒家的代表人物孟子就将道家学术斥为“淫词邪说”，并以排拒道家学说为己任；道家的代表人物庄子则对孔子多有嘲讽，将其视作一个“四体不勤，五谷不分”的“伪君子”，虽然学道不精，但却妄图标榜仁义以干世事，最终落得个四处碰壁的下场。正是因为道家与儒家之间的这种对立与冲突，从而使得道家与儒家走上了不同的伦理发展方向，走上了自然伦理的道路。

由于在汉代以后，儒家学术取得了独尊的地位，儒家的伦理道德成为了统治意识形态，儒家伦理成为了人们处理日常生活行为权威性的规范系统，所以，人们逐渐地就把儒家的伦理道德看作标准的伦理道德形态，将仁义礼智、三纲五常、三从四德这些当作伦理道德的代名词，从而将非儒家的相关思想都看作是非伦理道德的，甚至是反伦理道德的。更为重要的是，道家学者在自己的著作中对于仁义礼智之类的伦理道德还多有批评。譬如，老子就对儒家所标举的仁义礼智展开了激烈的批评，认为它们是社会争端的发源地，是社会混乱的始作俑者，“夫礼者，忠信之薄，而乱之首”（《老子·三十八章》）。因此，世俗道德的流行恰恰是社会走向道德沦丧的标志，“大道废，有仁义；智慧出，有大伪；六亲不和，有孝慈；国家混乱，有君臣”（《老子·十八章》），“故失‘道’而后‘德’，失‘德’而后仁，失仁而后义，失义而后礼”，因此，为了防止社会走向混乱，人们应该“不德”：“绝圣弃智”、“绝仁弃义”（《老子·十九章》）。后来，庄子对于儒家的批评更加激烈，他不仅经常在自己的言谈中将孔子表述为一个浅薄无知之人，而且认为儒家的仁义道德根本就是对于人性的违逆，从而搅扰了社会的风气，“屈折礼乐，呴俞仁义，以慰天下之心者，此失其常然也”，“有虞氏招仁义以挠天下也，天下莫不奔命于仁义，是非以仁义易其性与？故尝试论之，自三代以下者，天下莫不以物易其性矣。小人则以身殉利，士则以身殉名，大夫则以身殉家，圣人则以身殉天下。故此数子者，事业不同，名声异号，其于伤性以身为殉，一也”（《庄子·骈拇》）。因此，为了使天下归于平静，就必须抛弃仁义，“掊击圣人，纵舍盗贼，而天下始治矣。……圣人已死，则大盗不起，天下平无故矣”，否则，社会就将继续处于混乱之中，因为儒家标举的仁义道德恰恰是盗贼所信奉的，或者说，儒家的伦理道德是盗贼服务的，“圣人不死，大盗不止。虽重圣人而治天下，则是重利盗跖也”（《庄子·胠箧》）。

从上面的引述中，我们可以看出，道家确实容易给人们留下一种反伦理道德的印象，因此，很多学者据此得出结论，认为道家是不讲伦理道德的。像蔡元培就直接说老子轻视道德，“老子所见，道德本不足重，且正因道德之崇尚，而足征世界之浇漓，苟循其本，未有不爽然自失者。何则？道德者，由相对之不道德而发生”①。像冯友兰在自己的哲学史著作中始终没有辟出专门章节来讨论道家的伦理道德问题，也是与此有关，因为冯友兰确信道家的哲学乃是自私的“为我之学”，他们关心的只是自我，而不会关心他人。所以，伦理道德与他们乃是不相关的。实际上，这种对于道家伦理的认识具有一定的局限性。首先，道家所批判的伦理道德乃是时人所推崇的伦理

① 蔡元培：《中国伦理学史》，商务印书馆 1999 年版，第 23 页。

道德，也就是为儒家所提倡的、所要在现实生活中大力加以恢复的传统的伦理道德，他们认为这种伦理道德乃是一种虚伪的伦理道德，强行在社会中推行这种伦理道德，不但不能带来社会的和谐，反而会导致社会走向争斗，走向混乱。其次，虽然道家对于以儒家为代表的伦理道德思想提出了严厉的批判，但是这并不意味着道家就反对伦理道德本身。实际上，道家学者也经常强调伦理道德。像老子就强调要“尊道贵德”，“‘道’生之，‘德’畜之，物形之，势成之。是以万物莫不尊‘道’而贵‘德’”（《老子・五十一章》），而庄子同样也强调道德的重要性，“德者，成和之修也”，“德有所长，形有所忘”（《庄子・德充符》）。正是因为他们意识到道德的重要性，所以他们始终强调人们要达到“上德”、“至德”的伦理道德境界。最后，道家所讲的伦理道德当然不是、不同于儒家的伦理道德，但是我们并不能因此而否定道家同样重视伦理道德的问题。伦理道德涉及自我与他者之间如何和谐相处的问题，自我与他者之间和谐相处乃是伦理道德追求的一个目标，俗话说，条条大路通罗马，能够为我们达到这个目标提供路径的，都应该被纳入到伦理道德的范围之中，而不能用一条道路否定了其他道路的存在，就像在伦理学大家族中，功利主义伦理学与德性论伦理学、目的论伦理学与义务论伦理学其间虽然存在着差异甚至是对立，但是我们承认它们都是伦理学。因此，从这三个方面来看，道家仍然是讲伦理道德的，只不过他们提供了一种不同形态的伦理道德——自然伦理。

“道”构成了中国传统文化当中的一个核心范畴，坐而论道是中国文人的一个共同特点，不仅道家要讲道，儒家也要讲道，像孔子就说“吾道一以贯之”（《论语・里仁》），而且在中国几千年的历史发展中形成了连绵不绝的道统。不过儒家所讲的“道”乃是社会之道，乃是人道，乃是通过对现实社会人生加以总结提升，形而上学化后而形成的伦理道德规范，从而反过来指导社会人生。道家所讲之道乃是天道，与儒家的人道思想相对立，道家认为儒家所推崇的仁爱原则是与天道相违背的，是一种强作妄为、天道无亲，“天地不仁，以万物为刍狗；圣人不仁，以百姓为刍狗”（《老子・五章》）。道家之所以认为儒家的人道违反天道，是因为儒家颠倒了天人之间的关系，以人为取代了天然，这是“以人灭天”、“以故灭命”。道家认为，唯有天道才是世界的统一原理和运行发展法则，"'道'生一，一生二，二生三，三生万物"（《老子·四十二章》），"夫道，有情有信，无为无形；可传而不可受，可得而不可见；自本自根，未有天地，自古以固存；神鬼神帝，生天生地；在太极之上而不为高，在六极之下而不为深，先天地生而不为久，长于上古而不为老"（《庄子·大宗师》）。道家所讲的"天"乃是自然之天，所以，天道就是自然之道，"道之尊，德之贵，夫莫之命而常自然"（《老子·五十一章》）。道家从自然当中概括总结出形上之道，以之作为世界的统一和发展原理，并用其来指导社会人生，"人法地，地法天，天法道，道法自然"（《老子·二十五章》）。所以，道家学者强调人们要在尊重自然规律，顺应自然的同时，在为人处世上也要效法自然，以自然为师，"顺物之自然而无容私"（《庄子·应帝王》），"辅万物之自然而不敢为"（《老子·六十四章》）。因此，对于道家来说，天道或自然之道乃是自我与他者相处之道，我与他者之间的伦理关系受到自然之道的指导和制约。

从儒家人道的视角来看，人与人之间是差异性的，是不平等的，因为人"有分"，人与人之间具有亲疏之别、贵贱之等，所以，在伦理道德上就要区别对待，"事父母，能竭其力；事君，能致其身；与朋友交，言而有信"（《论语·学而》）。虽然儒家讲推扩，要将对于父母兄弟的孝悌扩而充之，做到"老吾老以及人之老，幼吾幼以及人之幼"（《孟子·梁惠王上》）。但是这种对于亲人的情感必然会随着推扩过程的推移而逐渐减弱，从而在对待他者的方式上不可能完全保持一致，必然会出现差异。也正因如此，孟子才会对墨家"爱无差等"的思想提出了严厉的批评，"无父无君，是禽兽也"（《孟子·滕文公下》）。然而道家从天道、自然的视角出发来看待世间万物，认为世间万有都是高度平等，高度同一的，"万物一齐"，不存在高低贵贱之分，"莛与楹，厉与西施，恢诡谲怪，道通为一。其分也，成也；其成也，毁也。凡物无成与毁，复通为一"（《庄子·齐物论》）。道家之所以强调世间万物的高度平等、齐一，是因为道家认为，世间万物都是秉道而生的，自然万物的产生与发展都符合自然之道。这也就是说，世间万物的产生与发展在外在表现形态上虽然存在着千差万别，但内在地都符合其自然本性。像现在人们都希望自己像仙鹤一样拥有一双修长的美腿，而不愿意像鸭子一样拥有一双粗短的丑腿，但是在道家看来，仙鹤与野鸭的双腿虽有长短之别，但是我们却不必纠结于二者腿的长短，因为它们都是自然本性使然，“彼至正者，不失其性命之情。故合者不为骈，而枝者不为跂；长者不为有余，短者不为不足。是故凫胫虽短，续之则忧；鹤胫虽长，断之则悲。故性长非所断，性短非所续，无所去忧也”（《庄子·骈拇》）。正是因为事物之间的差异是本性使然，所以，我们没有必要因为这种差别来对事物人为地进行高低贵贱的区分，使得事物之间出现所谓的高低等级，从而使得人们违反自然本性进行人为造作，我们要做的则是让事物各适其性。野鸭没有必要羡慕仙鹤的长腿，麻雀也没有必要羡慕鲲鹏一飞冲天，它们只要顺应自己的自然本性就能自在地生活。因为本性乃是规定生活方式的内在根据，“道行之而成，物谓之而然。有自也而可，有自也而不可。有自也而然，有自也而不然。恶乎然？然于然。恶乎不然？不然于不然。恶乎可？可于可。恶乎不可？不可于不可。物固有所然，物固有所可。无物不然，无物不可”（《庄子·齐物论》）。

正是因为世界上每个人、每个事物都是自适其性的，所以，在这个世界上，自我与他者之间、他者与他者之间都是齐一的，都是平等的，自我与他者之间、他者与他者之间不应该存在高低贵贱之分，也不应该存在亲疏之别，“万物一齐，孰短孰长？”“以道观之，物无贵贱”（《庄子·秋水》）“至仁无亲”（《庄子·天运》）。道家有关齐一、和同的论述，容易让我们想起西方的同一性思想。在西方，他者之所以会受到自我的奴役，在很大程度上就与这种同一性思想相关。西方的同一是一种绝对的、没有差异的同一，从而使得他者必须接受同一标准的删削与裁剪，他者因此丧失了自性。西方从古希腊时代开始，人们就渴望同一，而惧怕差异，因此，雅典城邦时期的悲喜剧中就充斥着大量男女同一的内容，作家们认为，管理家务与统治城邦之间是类似的甚至是相同的，所以，女人应该同男人一样走进公共世界，管理城邦事务，城邦与家庭应该融为一体，个体与集体、个人与个人都应该达到高度同一，“普拉克萨果拉把家庭与城邦杂糅在一起。再也没有什么个人领域，也没有‘白痴’（idiocy）了。随着屋墙的倒塌，你的和我的再也没有什么分别。有的只是‘我们的’。更甚的是，不仅公有财产，还有公有父母。所有适龄男人都是父亲，所有适龄女人都是母亲”[①]。然而，现实远比思想更为精彩，作家们的同一化思想无法抹杀多样化的生活，世界永远无法被彻底地同一，“普拉克萨果拉的计划彻底无力摧毁公共与个人，尤其是美与丑之间的界限，于是，她没能创建一个完全统一的城邦，这让观众们仍然为舞台上的荒诞和下流发笑，但不确定任何城邦的政治生活都会试图抹去男性女性、城邦个人之间的差异”[②]。古希腊时代悲喜剧中的同一性尝试只是给人们留下了欢笑和思考，但是现代社会中将这种同一化的企图搬进了社会现实，并为了实现了这种同一进行了惨绝人寰的血腥杀戮，则给人们留下了无尽的伤痛和痛苦的记忆，需要我们为之警醒。

道家的齐一与西方所追求的同一则截然不同，道家所讲的齐一不是对于差异性的抹杀，而是对于差异性的肯定，承认这种千差万别中间具有同样的合理性，从而使得这种差异性的存在能够得到有效的辩护。对于道家来说，这种“齐”乃是不“齐”之“齐”，这种“一”乃是不“一”之“一”。“天下没有两片同样的树叶”，在这个世界上，不可能存在两个同样的事物或个人，这些事物和个人之间虽然存在着这样那样的差别，但是它们并不因此就存在着高低贵贱之别，因为他们本身都贯穿着道，都秉道而生。既然瓦砾、粪便这些被人们视为卑贱之物当中尚且有“道”，那么，就不用说那些被人们视为高级存在的有生之物，更何况是被人们奉为“天地之精华，万物之灵长”的人类呢？因此，不论是“上食埃土，下饮黄泉”的蚯蚓，还是餐风饮露的仙人；不论是掠过树梢的燕雀，还是搏击长空的鲲鹏；不论是鼻孔朝天、发髻划地的畸人，还是号称具有沉鱼落雁之貌的西施，他们都是高度齐一的，因为他们都是自适其性的，他们无须效法他者就能够自由自在地生活，“天下有常然。常然者，曲者不以钩，直者不以绳，圆者不以规，方者不以矩，附离不以胶漆，约束不以绳索。故天下诱然皆生而不知其所以生，同焉皆得而不知其所以得。故古今不二，不可亏也”（《庄子·骈拇》）。

---

① ［美］萨克森豪斯：《惧怕差异——古希腊思想中政治科学的诞生》，曹聪译，华夏出版社 2010 年版，第 13 页。

② ［美］萨克森豪斯：《惧怕差异——古希腊思想中政治科学的诞生》，曹聪译，华夏出版社 2010 年版，第 13 页。

正是因为每个人、每个事物都是自适其性的，所以如果我们非要像世俗所做的那样，将仁义道德、功名利禄强加到他者头上，那么这就是对于他者自然本性的违逆和伤害，“夫小惑易方，大惑易性。何以知其然邪？有虞氏招仁义以挠天下也，天下莫不奔命于仁义，是非以仁义易其性与？故尝试论之，自三代以下者，天下莫不以物易其性矣。小人则以身殉利，士则以身殉名，大夫则以身殉家，圣人则以身殉天下。故此数子者，事业不同，名声异号，其于伤性以为殉，一也”（《庄子·骈拇》）。庄子是运用语言的大师，常常通过寓言这种通俗易懂的方式来形象化地阐述高深的哲理。从前，有一只大海鸟飞到了鲁国的郊外，鲁国的国君认为这是吉祥的象征，就举行了非常隆重的仪式，将这只大海鸟引到庙堂之中，供奉起来，每天为它演奏美妙的音乐，并用丰盛的宴席来款待它。然而问题在于，这只鸟却并没有因为鲁国国君的盛情款待而愉快地生活着，反而是成天闷闷不乐，神情忧伤，不吃不喝，不出三天，就气绝身亡。鲁国的国君为什么会事与愿违呢？就是因为他违背了海鸟的天性。按照鸟的天性，它应该在深山密林中栖息，在江河湖海中浮游，吃着鱼虾泥鳅，与同伴们自在地翱翔嬉戏，而鲁国的国君为其提供的则是为人所喜好的美乐、美酒、美食，而这些都不为海鸟所喜欢，“此以己养养鸟也，非以鸟养养鸟也”，所以，海鸟“眩视忧悲”、“三日而死”乃是必然的结果。鸟类如此，人类又何莫不然。因此，当我们将世俗的伦理道德强加到他者的头上，而这同样也是对他者本性的破坏，轻者伤身，重者伤性，那么我们又怎么能说我们的所作所为是伦理道德的呢？

既然世间万有都自适其性，那么我们就应该按照他者的本性来对待他者，要做到“复归于朴”，“返其初”。在老子看来，人类原初的状态，是一个“见素抱朴，少私寡欲”的小国寡民的状态，“使有什伯之器而不用；使民重死而不远徙。虽有舟舆，无所乘之；虽有甲兵，无所陈之。使民复结绳而用之。甘其食，美其服，乐其俗。邻国相望，鸡犬之声相闻，民至老死，不相往来”（《老子·八十章》）。在这种原初状态中，统治者无所作为，而人民百姓无知无识，无求无欲，一任自然本性而生活，没有任何的矫揉造作，强作妄为。在庄子看来，人类原初的状态是一个“同于禽兽居，族与万物并”的纯粹自然的状态，“古之人，在混芒之中，与一世而得淡漠焉。当是时也，阴阳和静，鬼神不扰，四时得节，万物不伤，群生不夭，人虽有知，无所用之，此之谓至一。当是时也，莫之为而常自然”（《庄子·缮性》）。不论是老子的小国寡民状态，还是庄子的自然状态，人们都是顺应自然本性而生活，从而人与人之间处于一种悠游自得的状态，然而历史的发展却处于下降之中，这种自然的道德状态不断地被破坏，失道、失德、失仁、失义成为人类历史发展的注脚，“逮德下衰，及燧人伏羲始为天下，是故顺而不一。德又下衰，及神农黄帝始为天下，是故安而不顺。德又下衰，及唐虞始为天下，兴治化之流，浇淳散朴，离道以为，险德而行，然后去性而从于心。心与心识知，而不足以定天下，然后附之以文，益之以博。文灭质，博溺心，然后民始惑乱，无以反其性情而复其初”（《庄子·缮性》）。正是因为人类原初的自适其性的状态乃是最为理想的生活状态，所以人类应该尊重他者的自然本性，绝圣弃智，复返其初，抛弃一切强加于人们身上的外在行为规范，从而让他者顺应自己的本性而生活，“不尚贤，使民不争；不贵难得之货，使民不为盗；不见可欲，使民心不乱。是以圣人之治，虚其心，实其腹，弱其志，强其骨。常使民无知无欲。使夫智者不敢为也”（《老子·三章》）。“绝圣弃知，大盗乃止；擿玉毁珠，小盗乃起；焚符破玺，而民朴鄙；掊斗折衡，而民不争；殚残天下之圣法，而民始可与论议”（《庄子·胠箧》）。

要想让他者按照自然本性而生活，那么，我们就首先要了解，在现实中，他者为什么不能按照自然本性而生活？他者之所以无法按照本性而生活，是因为我们人类具有自我中心主义的偏好，喜欢将自己凌驾于他者之上，将自己的好恶作为标准强加到他者头上，从而牢笼他者，强迫他者以从己，“世俗之人，皆喜人之同乎己而恶人之异于己也。同于己欲之，异于己而不欲者，以出乎众为心也”（《庄子·在宥》）。人们在这样做的时候，都会觉得自己是站在客观公正的立场上，认为自己是绝对真理的握有者，我们之所以违反他者的本性要求他者接受自我的标准，是因为我们本着对真理和对他者负责的态度，帮助他者改邪归正，弃暗投明。不过在庄子看来，这种有关真理与谬误、对与错或是与非的争论本身就是成问题的。是与非的判断必须要首先树立一个标准，这个标准不论是墨家的感觉经验，还是儒家的理性都不具有普遍性。人们喜欢美食、美色，对于美食、美色的判断依赖的是主观的感觉经验，但到底什么是美食、什么是美色呢？这就很难具有统一的标准：人喜欢吃牛羊肉，而鹿却偏爱绿草，蜈蚣痴迷于蛇，乌鸦却钟情于腐鼠；毛嫱、丽姬虽然是人们公认的美人，人们都想亲近她们，但是鸟儿看到它们却飞向高空，鱼儿看到它们却躲进水底，避之却唯恐不及。儒家的伦理道德是情理交融的，是人道原则与理性原则的高度统一，肯定每个人都具有理性，都能通过“能近取譬”、“推己及人”的方式来判断是非、善恶，但在道家看来，在这种是非、善恶的问题上，儒家的理性同样无能为力，“仁义之端，是非之途，樊然淆乱，吾恶能知其辩？”（《庄子·齐物论》）

虽然道家说是非、善恶本身是无辩的，但是在中国历史上，尤其是在先秦时代，各种辩论流行，而且按照墨家的说法，“辩”就必须有胜负之分，“俱无胜，是不辩也。辩也者，或谓之是，或谓之非，当者胜也”（《墨子·经说下》）。在道家看来，这种有关是非、善恶的辩论很难判断谁对谁错、谁胜谁负：一方面，通常人们所信奉的感觉或理性不值得信赖，另一方面我们无法找到一个仲裁者来对我们的争论进行裁判。假设我与他者进行辩论，而这个仲裁者偏向于我或他者中的任何一方，那么，这个仲裁者的裁判本身就有失公允；如果这个仲裁者的立场和观点既不同于自我，也不同于他者，那么他就不能对我与他者的观点进行是非的评判；如果这个仲裁者的立场既与我相同，又与他者相同，这本身就是矛盾，无法进行评判，“使同乎若者正之，既与若同矣，恶能正之？使同乎我者正之，既同乎我矣，恶能正之？使异乎我与若者正之，既异乎我与若矣，恶能正之？使同乎我与若者正之，既同乎我与若矣，恶能正之”？（《庄子·齐物论》）所以，我与他者之间的是非、善恶无法用一个统一的标准将其统一起来。

按照道家的观念，世界万物都是各适其性的，所以，万物一齐，世界上并不应该有是非彼此、长短大小的区别，“因其所大而大之，则万物莫不大；因其所小而小之，则万物莫不小”；“因其所有而有之，则万物莫不有；因其所无而无之，则万物莫不无”；“因其所然而然之，则万物莫不然；因其所非而非之，则万物莫不非”（《庄子·秋水》）。然而问题在于，在现实中，由于人们受到自我中心主义的影响，人们总是自以为是，将自己看作真理的握有者，喜欢用自己作为一个标准来套裁他者，同于己则是，异于己则非。庄子将这种现象称为“成心”，人们之所以“自是而相非”，都是由于这种“成心”在作怪，“夫随其成心而师之，谁独且无师乎？奚必知代而心自取者有之？愚者与有焉。未成乎心而有是非，是今日适越而昔至也。是以无有为有”（《庄子·齐物论》）。陈鼓应如是解释“成心”，值得借鉴，“成心：成见。‘成心’在齐物论是个很重要的观念，物论之所以自我中心，引发无数主观是是非非的争执，产生武断的态度与排他的现象，归根究底是由于‘成心’作祟”①。一旦人的自我膨胀，有了“成心”，那么人们就必然会攻击他者，“自是而相非”，就很难做到伦理地对待他者。因此，为了要真正做到道德地与他者相处，我们就必须抛弃“成心”，不以自我为中心，放弃是与非的争执，按照他者的自然之本性来对待他者，与他者和谐相处，“和之以是非而休乎天钧”（《庄子·齐物论》）。

庄子为解除前见和成心而通达自然大道、按照他者之自性来对待他者所准备的途径，就是心斋与坐忘。“若一志，无听之以耳而听之以心，无听之以心而听之以气！耳止于听，心止于符。气也者，虚而待物者也。唯道集虚。虚者，心斋也”（《庄子·人间世》）。心斋就是“虚心”，也就是将心中的充塞之物、遮蔽之物清除掉，让心灵变得空虚、空明起来，使得心中没有私心杂念，从而做到物来而顺应，顺物之自然而无容私。当然，心斋不是一蹴而就的，而是展开为一个过程。这个过程首先是清心寡欲，“不饮酒不茹腥数月”，从而消除感官的物质欲望，然后再通过“一志”来清除理性知识等等的影响。“一志”就是志意专一，也就是集中精神，使得心无杂念。就像扑蝉的老人那样“用志不分，乃凝于神”，将自己的全部精神精力都集中于蝉翼之上，任何外物都不能摇荡其心志，“虽天地之大，万物之多，而唯蜩翼之知。吾不反不侧，不以万物易蜩之翼”（《庄子·达生》）。有关心斋的具体过程，庄子借助梓庆之口说得更为详尽，“臣将为鐻，未尝敢以耗气也，必斋以静心。斋三日，而不敢怀庆赏爵禄；斋五日，不敢怀非誉巧拙；斋七日，辄然忘吾有四肢形体也。当是时也，无公朝，其巧专而外滑消”（《庄子·达生》）。一旦功名利禄，名誉地位，甚至是自己的身份地位都被从心中

① 陈鼓应：《庄子今注今译》，中华书局 1983 年版，第 50 页。

消除了，那么，我们的心灵就彻底地虚空了，从而为他者进入占据我的内心提供了空间，并为他者真实地展现自己提供了舞台，我不再要求他者必须符合我所提供的框架或标准，而是主动适应他者的本性，这也就是“心止于符”，“虚而待物”。

“心斋”是清除“成心”的一个重要步骤，是起点，但它不是终点，终点则是“坐忘”，因为道家不是为虚而虚的，而是为道而虚的，心斋之虚的目的最终是为了得道。“颜回曰：‘回益矣。’仲尼曰：‘何谓也？’曰：‘回忘礼乐矣。’曰：‘可矣，犹未也。’他日，复见，曰：‘回益矣。’曰：‘何谓也？’曰：‘回忘仁义矣。’曰：‘可矣，犹未也。’他日，复见，曰：‘回益矣。’曰：‘何谓也？’曰：‘回坐忘矣。’仲尼蹴然曰：‘何谓坐忘？’颜回曰：‘堕肢体，黜聪明，离形去知，同于大通，此谓坐忘。’仲尼曰：‘同则无好也，化则无常也。而果其贤乎！丘也请从而后也。’”（《庄子·大宗师》）从颜回的论述中，我们可以看出，“坐忘”之“忘”与“心斋”之“虚”一样，都是老子所说的“损之又损”，将附着在心灵上的一切外在之物，一切可能对心灵造成遮蔽的东西都要删削掉，从而使心灵保持婴儿般的纯朴状态。但是需要指出的，这个“忘”并不是一切皆忘，而是有所忘，有所不忘，否则就是真的遗忘了，而不是道家所讲的坐忘，“故德有所常，而形有所忘。人不忘其所忘，而忘其所不忘，此谓诚忘”（《庄子·德充符》）。坐忘之“忘”应该是“得鱼忘筌，得意忘言”之“忘”，因为它是与“得”相伴而生的，是“忘”中有所“得”，“得”中有所“忘”，从而达到了“忘”与“得”的辩证统一，因此，“忘”要指向“得”，而这个所得者也就是不忘者，“吾服女也甚忘，女服吾也亦甚忘。虽然，女奚患焉？虽忘乎故吾，吾有不忘者存”（《庄子·田子方》）。这个所得者、“不忘者”就是自然之道，所以，庄子将坐忘最终指向“同于大通”、“大通”就是大道。一旦人们通过忘而达于自然之道，那么，人们就是消除了一切偏私，“无好”，“无常”，一切所作所为都顺应自然本性。就像梓庆削鐻一样，达到与自然合一的境界，“然后入山林，观天性，形躯至矣，然后成见鐻，然后加手焉。不然则已。则以天合天，器之所以疑神者，其是与”（《庄子·达生》）。

道家的“损”与“忘”实际上是对于自我的破除，从而让我们如其所是地顺应他者的自然本性来对他者。道家这种对待他者的方式为我们提供了一条不同于儒家的道路，儒家是站在自我的立场上，按照社会的客观标准和自己的主观判断，勇敢地承担起对于他者所应承担的责任。而道家所则站在自然或他者本性的立场上，要求我们放弃自己的主观选择，顺应他者的本性来对待他者，从而达到一种自然无为的交往状态。虽然二者道路不同，终点不同，但是他们都为我们与他者相处提供了有益的借鉴，需要我们去加以批判吸收。

第三章
哲学根基：从同一到差异

哲学作为“时代精神的精华”，它不仅是对社会现实的反映，而且为人们在现实中的行动提供了指南，因此，人们的思想观念在哲学当中得到了集中的体现。正是缘此之故，哲学构成了文化的核心内容，决定了人们立身行事的方式，人们要想认识特定的时代、特定民族、特定人群的文化特点，就有必要去了解特定时代、特定民族、特定人群所奉行的哲学，从中探询他们的思想观念、行为方式。自我与他者如何相处的问题虽然是具有高度实践性的问题，但是它离不开哲学的指导，自我与他者相处的方式同样也会反映在人们的哲学思想观念，我们要想解决自我无法与他者友好相处、自我不能伦理道德地对待他者的问题，我们不能仅仅简单地去分析自我与他者相处的方式方法出了什么问题，还需要去分析在指导人们立身处世的哲学思想观念上出了什么问题。只有解决了这种指导思想上的问题，其他的问题就会纲举目张，解决起来就会容易得多。

当然，在世界上，每个时代、每个民族、每个国家都具有不同的哲学，甚至是在同一个时代、同一个民族、同一个国家都会有各种各样不同的哲学，我们很难以一种哲学思潮、哲学流派将其简单地概括起来。虽然在人类历史上，哲学的思潮流派、思想观念层出不穷，但是它们却呈现出某种共同的特征，那就是哲学基本上都是以本体论作为“第一哲学”，而伦理学则被当作哲学的一个分支学科。在这种本体论哲学中，人们习惯于采取一种同一化的思维模式，将纷繁多样的世界化约、还原为本体之“一”，从而抹杀了世间万物的多样性，抹平了他者与自我之间的差异性，而这也就为自我将他者当作“另外一个我”，并以强力手段强迫他者与自我保持同一埋下了伏笔。

因此，要想自我伦理地对待他者，从而实现自我与他者友好和谐地相处，我们首先要反思传统哲学，思考世界到底能否被同一化的问题。

第一节 本体论与同一化

今天，当我们讲伦理学的时候，都是将其作为哲学的一个分支学科来看待的，而且将这门学科的形成主要看作是西方的贡献。西方的亚里士多德在人类历史上率先完成了一系列的伦理学著作：《尼各马科伦理学》、《欧台谟伦理学》和《大伦理学》，从而为伦理学这门学科的发展奠定了坚实的基础。虽然中国的孔子、孟子等贤哲都对人伦日用展开了详尽的论述，具有非常丰富的伦理思想，但是却没有写出一部严格意义上的系统化的伦理学著作，而这在某种程度上影响了人们对于中国传统伦理的认知，尤其是西方人对于中国传统伦理的认知。譬如，在中国的历史上，孔子对于塑造中华民族的文化性格可谓是居功至伟，而黑格尔却对他评价非常之低，认为他只不过是进行了一些世俗的道德提示，“孔子只是一个实际的世间智者，在他那里思辨的哲学是一点也没有的——只有一些善良的、老练的、道德的教训，从里面我们不能获得什么特殊的东西。……我们根据他的原著可以断言：为了保持孔子的名声，假使他的书从来不曾有过翻译，那倒是更好的事”[①]。黑格尔对于孔子的评价，后来几乎成了西方人对于中国文化的共识，像杜威后来就继承了这一论调，认为中国哲学偏重于伦理人生，没有什么高超的思想。直到20世纪下半叶，随着西方的没落、“亚洲四小龙”的迅速崛起和中国改革开放后所呈现出的快速发展势头，这种状况才有所转变，西方人开始关注对于中国传统文化的研究，开始重视探讨中国的伦理思想对于协调人与自然、人与人、国与国之间关系的重要作用。过去西方人之所以如此轻视中国伦理、中国哲学的一个重要原因，就是因为他们站在西方哲学原型的基础上，认为

① ［德］黑格尔：《哲学史讲演录》第一卷，贺麟、王太庆译，商务印书馆1959年版，第119—120页。

中国的伦理学和哲学不符合西方所建构起来的学科型相，所以，它们不能算是严格的伦理学和哲学。当然，一方面我们要批判这样一种西方中心论的思维模式，伦理学和哲学可以有不同的表现形式，可以具有不同的民族特色，我们大可不必将西方的学科型相作为唯一的学科标准来判断中国有无伦理学和哲学；另一方面，我们也确实应该承认，中国伦理学与西方伦理学之间存在着非常明显的而且重要的差别。这种差别就在于：中国的伦理学构成了中国哲学的核心，像儒家哲学就是围绕着“仁”而展开的；西方的伦理学不过是哲学的一个构成部分，本体论构成了哲学的核心，唯有本体论才是第一哲学，伦理学等其他哲学的分支学科都是以本体论为基础的。

本体论是我们对于西方哲学中 ontology 一词的翻译，对于这个词也出现了是论、存有论、存在论等等不同的翻译，近年来随着海德格尔哲学所刮起的存在论旋风，存在论的翻译比较流行。海德格尔曾经在自己的著作中说过，整个一部西方哲学的发展史实际上就是一部存在的遗忘史，因为人们一直都追问“在者”而遗忘了存在本身，所以，他的工作就是将被人们所遗忘的存在重新凸显出来，“西方哲学最先的和决定性的发展是古希腊时代。对存在者整体本身的发问真正肇端于希腊人。在那个时代，人们称存在者为 φύσις，希腊文里在者这个基本词习惯于译为‘自然’。在拉丁文中，这个译名，即 natura 的真正意思为‘出生’、‘诞生’，……今天的人们然通过这些观念和概念来讲解西方哲学的开端”①。不论海德格尔对于哲学史的反思是否属实，也不论海德格尔在存在与存在者之间的区分是否必要，但是他都已经用自己的方式告诉人们，西方哲学自古希腊时代以来就是本体论的、存在论的。也正因为如此，在西方，形而上学有时就被等同于本体论，二者可以交换使用，“作为形而上学的一般性的或理论性的部分，作为关于‘是’的一般理论，本体论常常用以指整个形而上学”②。

虽然我们可以将本体论的源头追溯至古希腊时代，但是真正对本体论做出界定，则是非常晚近的事情，直到 18 世纪，德国哲学家沃尔夫才对本体

① ［德］海德格尔：《形而上学导论》，熊伟、王庆节译，商务印书馆 1996 年版，第 15 页。

② ［英］尼古拉斯·布宁、余纪元：《西方哲学英汉对照辞典》，人民出版社 2001 年版，第 708 页。

论概念给出了自己的定义，按照黑格尔的转述，大致如下："本体论，论述各种关于'有'的抽象的、完全普遍的哲学范畴，认为'有'是唯一的、善的；其中出现了唯一者、偶性、实体、因果、现象等范畴；这是抽象的形而上学。"① 这个"有"也可以被译为是、存在等。从黑格尔的转述中我们可以看到，本体论将"有"看作"一"，从而将"有"提升为最高的、最普遍的哲学范畴，从而赋予"有"以最大的抽象性。既然"有"是"一"，那么，"有"就是至大无外的"大一"，或者说是"大全"，世间万物最终都可以说出于"一"而归之于"一"。出于"一"，就说明本体构成了世间万物的本原，"在古希腊罗马哲学中，本体论的研究主要是探究世界的本原或基质"，万事万物出于"一"而又归于"一"，这就说明本体构成了万事万物最为本质的规定性，因此，本体论"在西方哲学史中，指关于存在及其本质和规律的学说"②。不管这个"一"在名称上到底是有、是，还是存在，本体始终都是"一"，本体论都要研究"一"与"多"的关系，都是要摄"多"归"一"。"多"实际上代表着世界的多样性、差异性。世间万物本来是多种多样、丰富多彩的，世界上没有两片完全相同的树叶。人与人之间也会因为成长的环境、所受的教育、人生经历等各种各样的差异，在这个世界上，从外在到内在，没有两个完全相同的人。即使是那些各种外在条件极其相似的孪生兄弟姐妹，他们在言行举止、兴趣爱好等方面，同样也会呈现出各种各样的差异。然而问题在于，本体论不能陷入"多"的汪洋大海之中，如果我们肯定"多"，那么我们就会被"多"弃得应接不暇、眼花缭乱，我们就会在多样性面前无所适从，手足无措，从而最终让我们对于这个世界的认识是头绪万千，可谓是"剪不断，理还乱"。因此，要想认识这个世界，把握这个世界，我们就不能纠缠于一个个具体的事物，就不能被一个个具体的事物蒙蔽了双眼，我们必须跳出具体事物的包围圈，站立于世间万物之外、之上，只有这样，我们才能避免"不识庐山真面目，只缘身在此山中"的尴尬。这也就是说，我们在

---

① ［德］黑格尔：《哲学史讲演录》第四卷，贺麟、王太庆译，商务印书馆 1978 年版，第 189 页。

② 《中国大百科全书·哲学卷》，中国大百科全书出版社 1987 年，转引自俞宣孟《本体论研究》，上海人民出版社 1999 年版，第 20 页。

本体论中所把握的不再是一个个具体的事物，而是事物的整体；我们在本体论中所把握的不再是众多的事物，而是一个事物；我们在本体论中所把握的不再是各种各样的形式，而是统一的本质。虽然事物在外形上多种多样，但在本质上都是同一的，我们最终都可以将纷繁多样的事物还原为同一的本质。因此本体论实际上就是还原论，或者说化约论。按照本体论的观念，世界上的一切都可以还原为"一"、化约为有、是或存在。在这种本体论面前，"多"变成了"一"，各种各样的难以数计的事物最终都变成了有、是或存在。当我们将世间万物都称为有、是或存在，将"多"变成"一"的时候，这也就意味着世间万物都变得同一化了，本体变成世间万物之根之源，世间万物在本体面前都失去了独立性、个性，变成了本体的衍生物、派生物，其生死存亡都依赖于本体。

因为受到柏拉图和黑格尔的高度推崇，而他们又是西方本体论哲学发展史上具有非常重要地位的哲学家，所以，学术界普遍地将巴门尼德哲学看作西方本体论哲学的发端。巴门尼德在哲学上的一个重要贡献就在于他提出"存在"和"存在是一"的观念，"'一'总是拥有存在，而'存在'也总是拥有一"①。在巴门尼德看来，前人任用感觉来为世界寻找本源的做法是完全错误的，"茫然的眼睛、轰鸣的耳朵和舌头"只能让你获得对于世界的意见，而无法帮助我们掌握世界的真理，我们只有运用理智才能获得与真理照面的机会，才能把握世界的本质。巴门尼德说："在我看来存在者是一个共同体，我就从这里开始；因为我将重新回到这里。"②将存在者同一为一个共同体的是什么呢？就是存在，因为在这个世界上的一切都能被归结于存在，"存在者存在，它不可能不存在"③，即使是那些不存在者，当我们说它不存在的时候，它就已经存在了，或者说，我们就已经将其纳入存在的范围之中，对其

① ［古希腊］柏拉图：《柏拉图全集》第二卷，王晓朝译，人民出版社2003年版，第778页。

② 北京大学哲学系外国哲学史教研室编译：《西方哲学原著选读》（上），商务印书馆1981年版，第31页。

③ 北京大学哲学系外国哲学史教研室编译：《西方哲学原著选读》（上），商务印书馆1981年版，第31页。

进行存在论的思考了。因此，存在就是无所不包的，“存在者不是产生出来的，也不能消灭，因为它是完全的、不动的、无止境的。它既非过去存在，亦非将来存在，因为它整个在现在，是个连续的一”①。既然存在是至大无外、无所不包、永恒不动的大一，那么它就不能以其他事物为根基，由其他事物产生出来。反过来，在存在这个大一面前，其他任何事物都必须以存在为根基，出于存在而又入于存在，而这也就是巴门尼德说“我从这里开始”而又将“重新回到这里”的原因之所在。既然万事万物都出于存在而又入于存在，都可以归结为存在这个“大一”，那么，世界万物都是高度同一化的，世界万物在本质上都是高度同一的，世界万物尽管披着形色各异的外衣，但都可以被还原为存在，被化约为“一”，世界万物也就因此而被抹杀了差异性，我与他者并无本质性的差别。

按照怀特海的说法，一部西方哲学史不过是柏拉图哲学的注脚而已，而西方哲学又将本体论提升为第一哲学，由此可知，柏拉图必然会高度重视本体论。柏拉图继承了巴门尼德有关真理之路、意见之路的思想，他不仅区分了二者之间认识渠道上的差异，而且区分了二者现实来源上的差异。在柏拉图看来，我们通过眼睛和耳朵等感觉器官所获得的之所以是意见，而通过理性所获得的之所以是真理，不仅因为眼睛和耳朵这些感觉器官本身只能获得表象，而不能像理性那样深入本质，而且因为感官所接触的对象本身就是一个变动不居的非真实的世界。柏拉图将感觉世界比喻为洞壁中的影像，如果我们终身面壁而不曾回头瞥向洞外的世界，我们就会以为洞壁上的世界是一个真实的世界；一旦我们回过头来，我们就会发现，洞壁上的世界是一个非真实的世界，它不过是外部世界的投影，唯有外部世界才是真实的世界。对于柏拉图来说，这个外部的世界乃是理念的世界，而感官所接触的世界不过是理念世界的分有和模仿，因此，人类要想获得真理，就不能只去关注可见的现象世界，而要领会理念世界。当然在理念世界当中，也存在着不同等级的理念，像作为数理对象的理念和作为哲理对

① 北京大学哲学系外国哲学史教研室编译：《西方哲学原著选读》（上），商务印书馆 1981 年版，第 32 页。

象的理念。在柏拉图看来，作为哲学对象的理念才是最高最后的理念，而这个最高最后的理念乃是善的理念，善乃是一切事物模仿的对象，“善的型乃是可知世界中最后看到的东西，也是最难看到的东西，一旦善的型被我们看见了，它一定会向我们指出下述结论：它确实就是一切正义的、美好的事物的原因，它在可见世界中产生光，是光的创造者，而它本身在可知世界里就是真理和理性的真正源泉，凡是在私人生活或公共生活中合乎理性地行事的人，一定看见过善的型”①。这样一来，柏拉图实际上就用理念代替了巴门尼德的存在，而将其作为“一”来统摄杂多，因而柏拉图的本体论是理念论。当柏拉图将可见世界中的万事万物看作意见对象，而将理念看作一切事物原型的时候，实际上就已经否定了丰富多彩的大千世界的真实性，而唯有抽象的理念世界才是最真实的世界，从而就将具体世界之“多”同一于抽象之“一”。因此，列维纳斯评价柏拉图的理念论：“从柏拉图到胡塞尔，关于意识的著作，都是对理念的回忆，这种回忆是存在之同一性的最后活力，或者，至少，是本体论的标准程序。（正是在对理念的回忆中，同一性被产生出来，或者被重构出来）”② 后来亚里士多德提出四因说，并将善作为最高最后的目的，虽与柏拉图有所差异，但也可以看作是柏拉图本体论的发展。

尽管在中世纪，哲学已经沦为宗教神学的婢女，但是本体论并未有所衰减，而是继续存在，如将世间万物统一于神意，为上帝的存在提供本体论证明。当然，对于本体论来说，其发展的顶峰还是黑格尔的哲学。从整个现代西方哲学发展进程来看，现代哲学之父笛卡尔将“我”之“思”或者说我的理性作为哲学绝对的开端，并为世界万物确立一个可靠的本原。笛卡尔的这一做法受到了休谟的质疑，这也就是感觉能否给予客观实在、主观能否见之客观的问题，或者说主观的认识如何与客观的世界达到统一、科学知识何以可能的问题。休谟将康德从独断论的迷梦中惊醒过来，康德开始试图回答和

---

① ［古希腊］柏拉图：《柏拉图全集》第二卷，王晓朝译，人民出版社 2003 年版，第 514 页。

② ［法］勒维纳斯：《上帝·死亡和时间》，生活·读书·新知三联书店 1997 年版，第 154 页。

解决休谟问题。不过康德并没有回到用本体来统一世界和知识的传统思路，而是将世界分为现象界和物自体两个部分，认为理性只能在科学知识的范围内才能切实有效，一旦追问物自体就会导致二律背反。因而对于康德来说，他虽然保持了本体的至高无上的地位，但他的本体又只是虚悬一格，只能成为一种人们心目中的信仰，而无法统一整个世界，更不能为人所认知，从而使得本体论的大厦摇摇欲坠。正是在这个关键时刻，黑格尔横空出世，挽狂澜于既倒，扶大厦之将倾，推出了起自己的精神现象学，从而建立起融贯主观与客观、经验与理性的本体论。马克思在《1844 年经济学哲学手稿》中指出："因为黑格尔的《哲学全书》以逻辑学，以纯粹的思辨的思想开始，而以绝对知识，以自我意识的、理解自身的哲学的或绝对的即超人的抽象精神而结束，所以整整一部《哲学全书》不过是哲学精神的展开本质，是哲学精神的自我对象化；而哲学精神不过是在它的自我异化内部通过思维理解即抽象地理解自身的、异化的宇宙精神。"① 马克思深刻地洞见了黑格尔精神现象学的本质，实际上，黑格尔将哲学乃至整个世界都看作是精神通过异化的方式出离自身而化为世间万物，最后而又回归自身的过程。正是基于此，叶秀山觉得将黑格尔的精神现象学称为"精神显像学"更为贴切。因此，在黑格尔那里，一切都变成了绝对精展现自身的一个中介，成为绝对精神发展完善自身的一个片段和环节，世界万物最终都在绝对精神的大旗下得到了同一，因此而失去了其本来面目。

哲学作为时代精神的精华，必然与时代联系在一起，来源于时代实践而又反作用于时代实践，这也就是说，哲学一方面是对社会实践的总结，另一方面又会反过来指导社会实践。既然，从整个西方历史的发展历程来看，哲学都一直处于本体论的支配之下，本体论一直都是作为第一哲学而存在的，那么，本体论的同一化思维就不可能仅仅存在于哲学的反思中，它同样也会渗透于社会生活的各个方面。亚里士多德在《形而上学》中写道："古今来人们开始哲理探索，都应起于对自然万物的惊异；他们先是惊异于种种迷惑的现象，逐渐积累一点一滴的解释，对一些较重大的问题，例如

① 《马克思恩格斯全集》第 3 卷，人民出版社 2002 年版，第 317 页。

日月与星的运行以及宇宙之创生，作成说明。”①“惊异”就是惊惧于差异。哲学的起源就是人们惊惧于日常生活中令人眼花缭乱、应接不暇的各种事物和现象，这些事物和现象不仅不同于我们自身，而且也不同于我们以往所了解的一切，从而让我们总是感到手足无措，无法从容应对。正是为了消除自身的恐惧，使得世界显得整齐有序，为了便于掌握世界的统一原理和发展原理，我们希望将世界变得同一化，唯有这样，我们才能面对丰富多彩的世界而不至于感到千头万绪如一团乱麻，而能够做到纲举目张、轻松应对。亚里士多德关于哲学起源的论述，为我们生动形象地展示了哲学同一化诉求的现实生活根基。既然如此，我们必然能从现实生活中发现同一化的明显印痕。

在人类社会的初期，人们的关注点主要在自然世界，人们通过神话的方式来为世界建立起同一性，以便人们能够在四季变迁、日月更替、阴晴变化当中把握住世界，《神谱》就以神话的方式猜想了世界的同一性，而这种同一来源于神力的衍生，“赫西俄德用神话和诗勾画了‘一’——存在于时间中某个特定时刻，与‘多’——我们日常生活中的世界——之间的关系”，“他们的任务就是通过简单化、条理化我们亲身经历的世界，从而克服这种多样性，并且让人们能够理解这个世界。现在，创生说与认识论的答案都归结于一个元素，一切都来源于此，这个元素仍旧被当作周围世界的统一”②。随着社会生产的发展，人们对于自然的认识逐渐达到了一个新的程度。这时，人们不再从神出发来寻找世界的同一性，而是从自然本身来寻找世界的同一性。其典型的表现形态，就是自然哲学家们认为，世界万物都是以水、火、土、气、数、无定者等作为基质，正是这些元素之间不同的排列组合构成了世界万物。虽然世间万物形态各异，但都可以还原为这些基本元素，从而赋予世界以同一的规律性，也即逻各斯。因此，西方人一直都在试图认识世界的统一原理，也即认识世界的逻各斯。在逻各斯当中，一切都开始变得同一化，因为逻各斯本身就是“多”中之“一”，就是变中的不变。即使像赫拉

① ［古希腊］亚里士多德：《形而上学》，吴寿彭译，商务印书馆1959年版，第5页。

② ［美］萨克森豪斯：《惧怕差异：古希腊思想中政治科学的诞生》，曹聪译，华夏出版社2010年版，第26—27页。

克利特这样高度推崇运动变化、承认矛盾斗争的哲学家，同样也要承认逻各斯的统一性，“如果你们不是听了我的话，而是听了我的道（即逻各斯——引者注），那么，承认‘一切是一’就是智慧的”①，因此，他的主要任务也是寻找隐藏在世界当中的逻各斯。

在苏格拉底看来，这种对于自然世界的研究和探讨是愚蠢的，因为我们无法利用有关自然的知识为人类创造出风雨雷电、不同的时令以及人们想要的任何东西来，人类应该将目光转向人类自身，研究诸如伦理、国家政制等与人类密切相关的人类事务，如虔敬、正义、政治家的风度、好的政府、统治者的品格等，“凡是精通于这些问题的人就是有价值配受尊重的人，至于那些不懂这些问题的人，可以正当地把他们看为并不比奴隶强多少”②。从此以后，古希腊时代的思想家们将目光由指向外部的自然界而转向了人类自身，与人类自身密切相关的事务成了人们关注的对象。对于人来说，最重要的事务就是如何处理人与人之间的关系，这可以包括政治关系、经济关系等多方面的关系，虽然由人与人的关系还可以衍生出诸如人与自然关系等其他关系，但最重要的还是人与人之间的关系。当然，在不同的年代中，人与人之间的关系是不同的，像在现代西方，人与人之间的关系是两个独立的个体之间的关系，但是在古希腊时代，人不是作为孤立的个体而是城邦整体中的一分子——城邦民而存在的，这也就是说，古希腊时代人与人之间的关系是城邦整体中的城邦民之间的关系，因此，我们不能脱离城邦来谈论人，更不能脱离城邦来谈论人与人之间的关系。如果按照列维纳斯的说法，那么伦理学就是“与他人、与下一来者的关系”③。如欧绪弗洛的父亲杀了一名雇工，欧绪弗洛准备将自己的父亲告上法庭，对于这样一种在普通人开来有些离经叛道的行为，苏格拉底不但没有阻止，反而给予极高的评价：“天哪，欧绪弗洛！普通民众肯定不会深明大义。我想，任何普通人都不会认为控告自己

① ［古希腊］北京大学哲学系外国哲学史教研室编译：《西方哲学原著选读》（上），商务印书馆1981年版，第22—23页。

② ［古希腊］色诺芬：《回忆苏格拉底》，吴永泉译，商务印书馆1984年版，第5页。

③ ［法］勒维纳斯：《上帝·死亡和时间》，生活·读书·新知三联书店1997年版，第158页。

的父亲是对的，而只有那些拥有极高智慧的人才会这样想。”① 欧绪弗洛对于自己这样一种常人所无法理解的行为进行了解释：“所谓虔敬就是像我现在所做的这种事，起诉杀人犯或偷窃圣物的窃贼，或者任何类似的罪犯，无论犯罪的是你的父母，还是其他任何人。……宙斯把他自己的父亲(克洛诺斯)用铁链捆绑起来，因为他不公正地吞食了他的其他儿子，而克洛诺斯也曾由于同样的理由阉割了他的父亲（乌拉诺斯)。” ② 欧绪弗洛这种做法所反映出来的，实际上就是超越个人作为家庭成员所存在的差异性，而将人们转为同一的城邦民，希望用法律作为父亲、儿子乃至神的同一的行为标准。尽管苏格拉底对于这样一种用同一来消解繁多的做法并不完全赞同，认为在这个纷繁芜杂的世界上运用一个同一的抽象原则来处理一切关系并不适当，但是他自己还是运用自己的死亡证明了抽象同一原则的神圣性和不可侵犯性。

后来柏拉图虽然对于城邦民做出了哲学王、军人、农夫和手艺人的区分，认为这些人从身体的构造到具备的品质方面都存在着差异性，但是，这并不意味着每一个城邦民都是个性鲜明的个体。首先，从每个群体的内部来看，像军人都要求勇敢，农夫和手艺人都要求节制，这实际上就抹杀了军人内部以及农夫和手艺人内部所存在的人与人之间的差别，从而将所有的军人、所有的农夫、所有的手艺人都看作是高度同一的。更为重要的是，在哲学王、军人、农夫和手艺人之间虽然存在着差异性，虽然这种差异性本身构成了人生的起点，但却并没有构成人生的过程和终点，在人生的途中，就像所有人都将走向死亡，所有人都必将走向同一化。因为，在一个城邦至上的时代里，人们所关注的并不是个人，而是由个人构成的整体，“在建立我们的城邦时，我们关注的并不是个人的幸福，而是作为整体的城邦所可能得到的最大幸福。……因此我们的首要任务是确定一个幸福城邦的模型，我们不能把城邦中的某一类人划出来确定他们的幸福，而要把城邦作为一个整体来考虑”③。在这样一个城邦整体中，所有的城邦民实际上都成了建构理想城邦的砖石，而这些砖石之间虽然存在着形状以及摆放位置上的差异，但都是高

① ［古希腊］柏拉图：《柏拉图全集》第一卷，人民出版社 2002 年版，第 235 页。

② ［古希腊］柏拉图：《柏拉图全集》第一卷，人民出版社 2002 年版，第 237 页。

③ ［古希腊］柏拉图：《柏拉图全集》第二卷，人民出版社 2003 年版，第 390 页。

度同一化的，他们之间没有本质性的区别。因此，为维护城邦整体服务的城邦伦理虽然在具体的伦理条目上呈现出多样化的样态，但是其最终的目标并不是每个人的生活、每个人的幸福，而是建构起一个理想的城邦，而是追求城邦的幸福，个人始终被淹没在城邦整体之中。以一统多、摄多归一，实际上就变成了以整体来抹平个体、以同一来代替差异。

在中世纪，国的概念发生了变化，宗教神学开始用天上的国替代了地上的国，所以，基督教神学所强调的不再是地上的城邦，而是远离尘世的天国。虽然在古希腊时代，人们向往理念世界，认为可见的感觉世界具有不稳定的特点，但毕竟还是认为，人由于拖着可朽的身体还是应该在尘世中生活，不过要从尘世生活中瞥见理念世界的光芒。而在中世纪的基督教神学中，尘世生活则被彻底地否定了。人们经常会被尘世的名缰利锁所束缚，在欲海中沉浮而不能自拔，基督教告诉人们，尘世中的一切都是虚幻不实的。普通人贪恋尘世的荣华富贵，希望赚取更多的金钱，过上所谓幸福的生活，但尘世中的财富会朽坏，会变质，同时更为重要的是，如果人们过分迷恋尘世的财富，反而会因此而疏离上帝，“人所尊贵的，是神看为可憎恶的”（《路加福音》16：15），“凡为自己集财的，在神面前却不富足”（《路加福音》12：21）。就像《路加福音》中的财主和拉撒路一样，二人身后过着与尘世截然不同的生活，财主在尘世当中过着穷奢极欲的生活，但在阴间里遭受火焰的炙烤，极其痛苦；拉撒路在尘世备受贫穷疾病的折磨，备受财主的欺凌，而死后却躺在亚伯拉罕的怀里享福，而且这种痛苦和幸福与尘世转瞬即逝的痛苦和幸福不同，它们是永恒的痛苦和幸福。所以，我们没有必要为尘世的功名利禄而牵肠挂肚、劳精伤神，我们要看破尘世的荣华富贵，乐善好施，“你们要变卖所有的周济人，为自己预备不坏的钱囊，用不尽的财宝在天上，就是贼不能近、虫不能蛀的地方”（《路加福音》12：33—34）。非但如此，就连人们最为看重的血缘亲情也遭到了基督教的彻底否定，“人到我这里来，若不爱我胜过爱自己的父母、妻子、儿女、弟兄、姐妹和自己的性命，就不能作我的门徒”（《路加福音》14：26）。相反，“凡为我的名撇下房屋或是兄弟、姐妹、父亲、母亲（有古卷添“妻子”）、儿女、田地的，必要得着百倍，并且承受永生”（《马太福音》19：29）。在这种一扬一抑之间，就可以明确地看出基督教对于天国的肯定与对于尘世的否定。既然尘世被彻底地否定了，尘世当中的一切都变成了虚无，那么尘世中的所有他者对于我来说都是同一的，不存在亲疏远近和贫富贵贱的差别，从而导致整个世界都在虚幻当中被彻底地同一化了。

由于现代是作为古代尤其是中世纪的扬弃，所以，现代社会彻底地逆转了人与国的关系，人们不再仅仅将自身当作是国家的一个组成部分或构成要素，而主要将国家看作个人展示自身的舞台，因而，在现代社会中，人所展示出来的是一个原子式的个人。虽然，在这样一种国家观念中，本体论所体现的同一化的思维方式也有所体现，但远比不上在现代科学中体现得那么直观明显。对于宗教神话而言，必须将世间万物乃至世界本身人格化，否则，我们与它们交往就没有任何意义，但对于科学而言，这既不可能也没有必要。科学所追求的是对于世界的客观认识，从而把握世界的统一原理，而这个原理具有最高的客观性、抽象性和普遍性。要做到这一点，我们首先必须要有关于世界统一性的信念，这就像基督教相信上帝存在一样，是科学中的最高信仰，否则，一切科学的探究就无从谈起。其次，我们需要逻辑学与数学，因为二者能够让我们摆脱具体事物、现象的限制而上升到纯粹客观、抽象、普遍的科学法则。怀特海曾经高度评价数学在现代社会中的重要地位，“纯粹数学这门科学在近代的发展可以说是人类性灵最富于创造性的产物”①。怀特海之所以赋予数学以如此之高的地位，是因为事物在数学中显示出一种不通过理性就无法看到的抽象关系，因为数学完全摆脱了特殊事例以及任何一类的特殊实有，而只在完全抽象的领域里活动。数学之所以能做到这一点，是因为数学是对于事物作量化分析，将所有的对象都简化为纯粹的数量关系，并对它们进行数量分析，从而将事物的质排除在外。这不仅使得现象可以重复，而且使得所有事物变得同一，真正使得科学知识变成了真理，使得科学的真理变得“放之四海而皆准”，从而获得了最大的普遍性。不过也正是在这种高度的抽象化、普遍化当中，人们失去了他的个性和特质，这在现代医学当中得到了最为生动直观的体现，当我们进入医院的时

① ［英］A. N. 怀特海：《科学与近代世界》，何钦译，商务印书馆 1959 年版，第 20 页。

候，男女之别、主观感受不再受到医生的关注，医生只会关注你的各项生理指标的数值，最后根据这些指标来确定治疗方案，而不是考虑性别、个人主观好恶，所以，这典型地反映了在现代科学中人是高度同质化的，我们也因此而完全可以通过数量统计的方式对于人的未来行为和发展做出科学预测，而这也就是包括伦理学在内的人文科学都喜欢采用数字统计的原因之所在。

第二节　伦理学与差异性

在当今世界，同一化可以说已经成了人们惯常的思维模式，成了指导人们立身行事的指导观念，已经渗透于政治、经济、文化等社会生活的各个领域，成了人们处理人际关系的一项重要原则。在现代社会中，我们的言谈举止、我们的饮食口味、我们的穿戴打扮、我们待人接物的方式都是高度程序化、同一化的，否则就被看作粗野无礼、缺乏修养，以致人们发出感叹：在现代社会中没有例外情况的发生，就连惊诧也是经过精心装饰的。我相信，凡是看过《如此包装》这个小品的人对此都深有体会。然而问题在于，这种高度的同一化真的是合理的吗？这个问题值得我们深入地进行反思。

齐格蒙特·鲍曼曾经无比形象地说："现代国家是一种造园国（gardening state）。其姿态也是造园姿态。"① 鲍曼的思想是受到列维纳斯影响的，其《后现代伦理学》就明显具有列维纳斯思想的痕迹，因此，当他对现代的"造园国"和"造园姿态"进行批判的时候，实际上就是对于西方以本体论为基础的同一性哲学的批判。确实在现代社会中，造园成了一个普遍的社会现象，到处都在建造园林：城市要建成园林城市，企业要建成园林企业，学校也建成园林学校，小区要建成园林小区，如此等等，不一而足。建造园林城市、园林小区等等，当然是好事，有利于给人们提供了一个舒适的生活工作环境，但是我们也必须关注这种现实操作中的背后思想支撑所引发的问题。"造

① ［英］齐格蒙特·鲍曼：《现代性与大屠杀》，邵迎生译，商务印书馆2003年版，第31页。

园”并不是对于原有自然景观的保护，而是按照园林设计者的设想对自然景观进行必要的改造，从而将其变成一座设计者心目中的园林。在园林建造过程中，所有事物都在园林设计者的心目中被同一化为建造园林的材料，一切都必须按照设计者的设计有条不紊地进行摆置，进行生长发育，从而最终将设计者心目中的理想园林在现实生活中呈现出来——就像公园中的一条幽径、一堆乱石、一片草地、一株野花、一棵大树，无不体现出设计者的巧妙构思、匠心独运。然而问题在于，这种园林设计真的是有百利而无一害吗？显然不是。当我们按照自己的设想在某个地方设计建造园林的时候，这也就意味着我们要在原来生长在某个地方的植物作出香花与毒草的区分：我们会将那些适合于我们设计需要的植物当作香花，让它继续在此生长；我们会将那些不适合我们设计需要的植物当作毒草，剥夺它们继续在此存在的权利，对其进行铲除。然而问题在于，这种对于毒草的判定是设计者按照自己的设计需求进行判定的，我们的判定并不符合自然的规律，而且这种我们的判定也仅仅是“我们的”判定，我们的判定除了园林设计的需要之外，我们并不能给出令人信服的自然生态上的理由（如果它们不应该在此存在，那么它们为什么过去一直在此存在呢？）。既然它们能够长期生长于此，就一定有其存在的合理性。不过，对于植物而言，在园林设计过程中，它们总是处于被动的地位，无法为自己存在的合法性进行辩护，只能接受被移植乃至铲除的命运。在一个“造园姿态”、造园活动大肆流行的时代里，植物如此，人又何莫不然呢？当我们想构建出一个园林国家、一个园林社会的时候，我们也就构建出一个园林化的秩序，所有的人都必须与我们所建构起来的秩序之网保持高度一致，在其中找到适合自己的位置；如果有人无法在其中找到自己的位置，那么，他就会被当作秩序的破坏者，要么对其进行改造，要么对其进行清除。这就是现代社会中对于他人否定性评价越来越多的一个重要原因，而这也显然有违“天生我才必有用”的传统思想，不利于个人的成长，不利于人们之间的团结友好，不利于社会的和谐稳定。因此，对于这种同一化的思维我们保持高度审慎的态度。

强调同一化的前提，就是相信世界本身就是高度同一性的。如果世界本身不是高度同一性的，那么也就没有理由运用同一化的思维模式来对世界进行同一化，将他者同一化。那么，现在的问题就在于，世界到底是同一性的，还是差异性的？当亚里士多德说哲学起源于惊异的时候，他就已经告诉人们，在现实生活中充斥着大量的与我们存在着差异性的事物，正是由于它们与我们之间存在着各种各样的差异，甚至是不可理解的巨大差异，才使得我们的内心充满着惊惧感。尽管哲学试图用同一化的思维方式使得世间万物还原为同一的本体，但是，我们应该承认，同一并不是世界本来的面貌，而是哲学乃至人类的追求。我们不能因为人类追求同一性，就将世界看作是同一性的。就像人们自古迄今都一直希望自己能够长命百岁、长生不老一样，这是人类的梦想和追求，而且我们也确实在延年益寿方面取得了一定的成效，但我们不能就因此而认为人就是长生不老的。与此相类，同一化虽然是人类的追求和梦想，但我们不能将其认作事物的本然。放眼世界，这个世界上的事物本身就是千差万别、种类繁多，即使是在同一种类内部也存在着这样那样的差别。譬如人，人不仅与无机界的事物存在差别，就是在有机界中，我们也与植物、动物存在差别，就是在人类内部，又存在着男人、女人或中国人、外国人的区别，同时在这些区分中我们又可以做出不同民族、不同肤色、不同兴趣爱好等方面的分别。就像人们常说的那样，在这个世界上不存在着两片完全相同的树叶，实际上，在这个世界上也不存在着两个完全按相同的事物，更不会存在另外一个与自我完全相同的他者。既然他者与自我截然不同，二者之间缺乏同一性，那么还有什么理由要求他者同一于自我呢？如果，我们一定要求他者与自我保持同一，强他者以从己，实际上就是对他者本性的一种破坏，是他者自性的迷失，我们在将他者变成“另外一个我”的时候，这就意味着他者自身的死亡。

实际上，更为重要的是，对于中国人来说，同一性违反了世界的统一原理和发展原理。早在两千多年前，齐景公向晏婴询问：“惟据与我和夫？”晏婴就已经明确地指出，“同”不符合世界的发展原理，是对于世界发展的阻碍，“和实生物，同则不继”，“和如羹焉，水、火、醯、醢、盐、梅，以烹鱼肉，燀之以薪，宰夫和之，齐之以味，济其不及，以泄其过。君臣亦然。君所谓可而有否焉，臣献其否以成其可；君所谓否而有可焉，臣献其可以去其否。是以政平而不干，民无争心。先王之济五味、和五声也，以平其心，成其政也。声亦如味，一气、二体、三类、四物、五声、六律、七音、八风、九歌，以相成也。清浊、大小、短长、疾徐、哀乐、刚柔、迟速、高下、出入、周疏，以相济也。君子听之，以平其心，心平德和。今据不然，君所谓可，据亦曰可；君所谓否，据亦曰否。若以水济水，谁能食之？若琴瑟之专一，谁能听之？同之不可也如是”①。从晏婴的论述中，我们可以看出，所谓同就是无差异性的同一，就像在水中加水，二者之间不会产生化学性的变化，不会推动新事物的出现，从而产生出新的事物。而和则是差异性的统一，也就是，将不同的事物放在一起，这些不同的事物在一起发生化学反应，就会产生出新的事物，就像高低不同的音符组合在一起，就会产生美妙的乐曲，不同的食材组合在一起，就会做出美味佳肴，不同观念的人在一起进行讨论，就会产生出新的思想观念，就会推动每个人思想的发展。也正因如此，孔子对于自己深爱的弟子颜回做出了批评，“回也，非助我者也”（《论语·先进》）。在孔子看来，颜回对于自己的学术思想从来都不提出反对意见，而是一味地表示赞同，认为这对于自己思想学说的发展和进德修业没有什么帮助，而那些对自己有帮助的恰恰是与自己的预想和预期截然不同者，这也就是所谓的“良药苦口利于病，忠言逆耳利于行”。因此，对于我们来说，追求的不是绝对性的同一，而是差异性的统一，这也就是“和而不同”，而这也是考量我们层次、境界高低的试金石，所谓“君子和而不同，小人同而不和”是也。在中国古代，即使是强调“道通为一”、“万物一齐”的道家，同样也承认世间万物存在着各种各样外在形式及生活习性上的差异，而且认为这种差异性都是其自然本性使然，因此，世间万物虽然形式各异，但又都是“自适其性”的。

既然世间万物是各各不同的，那么为什么人们还执意要将世间万物同一化呢？这也就是亚里士多德所说的“惊异”，是人们对于差异性的恐惧，因为这些异质性的事物逃出了我们的认知框架，不在我们的理解范围之内，所以，我们对它们感到异常恐惧。就像恐怖电影中从无边黑暗中所传来的沉重而单调的脚步声，我们既不知道他是谁，也不知他从何处来，也不知道他要

① 刘宝楠：《论语正义》，中华书局 1990 年版，第 546 页。

干什么，更不知道他要往何处去，在这种茫然无知中，我们感到异常的恐惧，这种恐惧既是对他者的恐惧，也是对于自己不能认知理解他者的恐惧。我们要消除这种恐惧，消除这种对于他者的无知，他者就不能是逃脱我的认知框架的外在的他者，而是适合于我的认知框架的、在我的认知框架之内的内在的他者。这也就是说，我们要将自身确立为全知全能的，或者说，我们要将自己确立为认知的中心，所有的他者都必须符合于我的认知框架，接受我的认知框架的同一化。像现代哲学之父笛卡尔说“我思故我在”，从而将“我思”作为哲学绝对自明的开端，就是这种自我中心论的典型体现。正是在这种自我中心论的指导之下，“宗教、自然观、社会、国家制度，一切都受到了最无情的批判；一切都必须在理性的法庭面前为自己的存在作辩护或者放弃存在的权利。思维着的知性成了衡量一切的唯一尺度”①。在这种我思或理性面前，一切都被自我化了，都被同一化了，“一切科学只不过是人类的智慧，而人类智慧从来就是独一的、仅仅相似于它自己的，不管它施用于怎样不同的对象；它不承认对象之间任何差异，犹如阳光不承认阳光普照下万物互相径庭”，“其他一切之所以值得重视，与其说是由于它们自己，不如说是由于它们对此良知或智慧多少有所贡献”②。

虽然这种将外在他者变得自我化，变得内在化，确实解决了他者与自我相异的问题，但是这种认识所认识的仅仅是内在的自我，而非他者本身，这也就是庄子所说的“成心”，或者孔子所说的“意必固我”。庄子批评以我为是、以他者为非，从而要求他者与我保持同一，从而做到以我之是非为是非的做法时说，“未成乎心，而有是非，是今日适越而昔至也，是以无有为有”。（《庄子·齐物论》）这种成心的作用就在于，我们习惯性地以我们的认识模式去认识他者，使他者与自我保持同一。这种从成心出发来认识他者的模式被庄子称作是“以物观之”和“以俗观之”，都不是从他者本身来认识他者的，而是从我和我所接受的立场来看待他者的，这样就导致我们不能如其所是地客观地认识他者。在这种成心支配下我们所认识的他者是

① 《马克思恩格斯选集》第 3 卷，人民出版社 1995 年版，第 355 页。

② ［法］笛卡尔：《探求真理的指导原则》，管震湖译，商务印书馆 1991 年版，第 1、2 页。

一个被我的成心所加工改造过的他者，或者说，我们所认识到的不过是我的成心而已，而与他者、与本然的大道无关，“井蛙不可以语于海者，拘于虚也；夏虫不可以语于冰者，笃于时也；曲士不可以语于道者，束于教也”，(《庄子·秋水》）因此，要反对这种成心，反对从自我出发来认识他者的做法，做到“至人无己”(《庄子·逍遥游》)。一旦我们做到虚心实腹，心中无我，那么我们就不会再戴着自我的有色眼镜去看待他者，就不会强他者以从己，要求他者与自我保持同一。孔子讲“毋意，毋必，毋固，毋我”，与庄子反对成心，讲“无己”名虽异而实同，都是要反对从自我出发来认识他者，不要将他者强行地看作另外一个我，而是要走进他者自身，如其所是地认识他者。

西方人之所以能够用自我来同一化所有的他者，是因为自我是永恒化的，自我虽然站在现在，但是这个现在既可以连接过去也可以走向未来，过去与未来都是在现在当中开出来的。像海德格尔的存在模式是“已经先于自身而存在于世（= 与万物共在）”[①]，“已经”表示的是时间上的过去；“先于自身而存在”乃是对于自身的一种筹划，因而它是指向未来的；而“共在”所表示的是在现实世界中与所遇见者共生共存，因而就是现在的处境。因而，海德格尔的存在模式是一种时间性的模式，而这也正是他将自己的著作命名为《存在与时间》的原因之所在。尽管海德格尔将自己的时间观念区别于传统的、流俗的时间观念，但最终也没能从传统的、流俗的时间观念中摆脱出来。因为他将时间同一于现在的做法最终使得时间失去了流动性，“这里有一种企望，即描绘出时间性，而又不让时刻的流逝、让时间的流动插入进来。烦于寻求一种原始的时间，它将不被定义为如江河一般流”，“海德格尔将从原始的时间出发，去演绎可衡量的时间”[②]。这也就是说，西方的存在论或本体论之所以能够将他者同一化为存在这个本体，是因为存在或作为此在的自我是站立于时间之流之外的，或者干脆说，在西方，时间失去了其流动

① ［法］勒维纳斯：《上帝·死亡和时间》，余中先译，生活·读书·新知三联书店 1997 年版，第 25 页。

② ［法］勒维纳斯：《上帝·死亡和时间》，余中先译，生活·读书·新知三联书店 1997 年版，第 25—26 页。

性变成了静止的时间，所以我们能将整个世界、一切他者都尽收眼底。

中国人说“上下四方曰宇，往古来今曰宙”，这就是中国人的宇宙观、世界观，世界是时间与空间的统一，世界不仅有空间上的方位，而且有时间上的流逝，因此，才有了孔子的感叹，“子在川上，曰：‘逝者如斯夫！不舍昼夜’”（《论语·子罕》）。中国人对于这种流动性具有非常深刻的体会，将这种流动性作为生命与世界的重要特性，所谓“生生之谓易”是也。当然，中国人对于流动、变易的高度重视，与中国的传统农业社会有关。农业的特点就是要顺时而为，所以中国人重视“参赞天地之化育”，注重对于自然世界的领会，中国人在春耕夏耘、秋收冬藏、日出而作、日落而息的劳动之中，感受到了万物的生灭、季节的消长、岁月的变迁。西方以游牧、航海作为主要的谋生手段，这就要求对于空间的方位具有精确的把握，而这也就使得几何学成为各种学科的基础，这也就是柏拉图学园的门上挂着“不懂几何者不准入内”的原因之所在。几何学是处理空间问题的，与空间密切相关。几何学被当作各种学科的基础，这就意味着，在西方，空间具有无与伦比的重要性。空间地位的无限提升导致了时间的空间化。这也就是说，西方古代的时间被看作是空间的变形，而其典型的表现就是时间需要通过事物在空间中的运动来衡量。譬如说，我们通过钟表来计时，实际上就是利用指针在钟表盘上的运动来表示时间。然而问题在于，空间上的方位不具有本质的规定性，或者说，是同质性的，它不过是一种空的形式，这种形式上的上下前后的位置排列是可以变化的，就像积木只是作为构成要素可以被进行不同空间方位的组合一样。这样一来，时间的空间化就意味着时间像空间一样，同样也是一种形式——像康德后来就说，时间与空间是用来综合感性材料的两种形式，可以说，就是继承了这种传统的时空观念。在这种空间化的时间当中，现在、过去与未来都变得同质化了，我们立足于现在，就可以回溯过去、预测未来。所以，此时此刻的我实际上可以将往古来今尽收眼底，那么，他者又如何能够逃脱出我的认识之外呢？一切他者都能够被我的认识模式所同一化，或者说，一切他者都将被同一化于我的认识模式，从而最终都将被同一于自我。

然而问题在于，自我真的能够站在现在就能够“观古今于须臾，抚四海于一瞬”吗？自我真的能够将他者同一化于自我吗？时间真的能够被空间化吗？时间真的是同质化的吗？实际上，从上文的分析中我们就可以看出，前两个问题是奠基在后两个问题基础上的，要想回答前两个问题，我们首先要来解答后两个问题。虽然我们在日常生活中经常会将时间与空间并列使用，但这并不意味着：二者就是同一的，时间可以被空间化。既然二者并列使用，就说明二者所指必然会有所差异，否则就可以用一个取代另一个，而不用多此一举了。中国人说“上下四方曰宇，往古来今曰宙”，“上下四方”是静态的，而“往古来今”则是动态的，说明时间不是静止不动的。实际上，就连将时间空间化的西方人也承认时间的动态性，如在亚里士多德所生活的年代，“最为流行的看法是把时间作为某种运动和变化”①。然而问题在于，西方人最终为了衡量时间而将时间数量化了，空间化了，“时间不是运动，而是运动得以计量的数目”②，从而使得时间变成了纯粹的空的形式，时间与实体的分离最终导致时间的同质化。虽然我们可以将空间中的物体搬进搬出，但是我们却没有办法清除时间中所发生的任何事件，它们不但永恒存在，而且也将持续发生影响。因此，就像柏格森所说的那样，时间是一条无底无岸的河流，它不但携带了上游流下来的水流，形成了一条连绵不绝的河流，而且它还在不断地吸纳新的支流的汇入，因而它是继承与创新的统一。所以，时间之流是刻刻流变、时时创新的，它不是一条均匀流淌的河流，我们绝对不能站在现在形式地回溯过去、推知将来。他者作为一个具体的存在者，作为一个实体，同样是处于时间之中的，没有人能够站在时间之流的岸边观看时间之流从我们身旁静静地流淌，没有任何一个事物能够摆脱时间之流的浸润与冲刷，所有的事物都置身于时间之流中，它们既背负着其全部的过去，而又处在不断的创新之中，这也就像赫拉克利特所说的那样，“万物皆流，无物常驻”。既然自我与他者都处于不断的流变与创新之中，我们又如何能够保持或保证自我与他者的恒久同一呢？

---

① ［古希腊］亚里士多德：《物理学》，徐开来译，中国人民大学出版社 2003 年版，第 111 页。

② ［古希腊］亚里士多德：《物理学》，徐开来译，中国人民大学出版社 2003 年版，第 114 页。

既然自我与他者都处于之间之流当中，那么时间并非仅仅是一个共时性的概念，而是一个历时性的概念，时间要经历过去、现在、未来这样不同的时间流逝，每一个存在者都要经历从出生到成长再到死亡这样一个发展的过程，我们如何能在这种时间的发展当中经历同一的自我与他者，同时又如何能保证他者与自我的高度同一呢？海德格尔继承了胡塞尔的内在时间意识现象学，通过将时间内在化，通过提前经历或领会死亡，从而在“向死而在”中达到生与死的统一，使得过去与未来在现在、使得诸多的存在者在此在的现时之领会中获得统一。然而，海德格尔在这里实际上就将死亡变成了终结，变成了虚无、空无，从而“向死而在”就变成了对于“为什么在者在而无却不在”的回答，死亡作为虚无，作为深渊就被纳入了存在之中，在存在之中被同一化了，死亡作为虚无，作为不存在，本身就是存在的一种方式，是另外一种存在。这样一来，由死亡所开启的未来被存在、此在和现在所同一化了。然而问题在于，死亡真的就是生命的终结、时间的终结，就是虚无吗？我们真的能够将死亡同一于自身吗？伊壁鸠鲁曾经说过：当你在时，死亡就不在；当死亡在时，你就不在，从而明确地道出了自我与死亡彼此外在的真理。虽然死亡作为一种潜在的可能性时时在威胁着我的存在，但当我在言说、领会死亡时，我与死亡就是一种彼此外在的关系。虽然我们都被死亡所威胁，我们都要直面死亡，等待死亡的垂临，但我们是“垂而不死”的。虽然这个世界上每天都有人在死去，但我却不在死亡名单中，至少此时此地我还倔强地活着，我仍然在此。因此，每一个此时此地的自我都没有亲身经历过死亡，我们对于死亡缺乏直接的经验，我们不能从自身的死亡中得出有关死亡问题的确切结论，我们对于死亡的所有理解都来自于二手的经验，都是对于他者死亡的总结。

正是因为死亡是他者的死亡，我们对于死亡缺乏直接的体会和感受，所以，死亡对于我们来说具有陌生性。死亡是否意味着生命的终结，是否意味着他者从有变成无，我们无法做出准确的回答。西方将死亡说成 die away，中国人将死亡说成离世、辞世，具有异曲同工之妙，都并未将死亡明确地界定为终结、虚无。Die away、离世、辞世表明：死亡的他者告别、离开了我们所生活的这个世界。告别、离开既是终点又是起点，既是结束也是出发，他者告别离开了这个世界要去往何处，前往何方呢？我们不知道。他者告别，离开了这个世界，是否到了另外一个世界？另外一个世界是什么模样呢？是否与我们所生活的世界存在着共同性呢？我们对于这些都一无所知，他者由死亡所开启的未来对于我们来说是彻底的陌生性。既然我们不能认识他者的死亡，我们同样也不能了解他者，所以，我们始终只能遭遇一个差异性的他者，而无法在认识中同一化的他者。

孔子曾经说过，“未知生，焉知死?”(《论语·先进》)那是否意味着反过来，如果我们认识了生就能认识死？是否我们能够通过生来认识他者呢？答案同样是否定的，我们对于他者的出生同样保持着一种异质性，我们无法通过出生来认识乃至同一化他者。孔子的弟子有子说，“孝弟也者，其为仁之本与”(《论语·学而》)，将父子关系作为一切社会关系的根本、原型，认为我们可以将处理父子关系的方式方法推扩到一切社会关系之中，这样一来，所有问题就能迎刃而解，社会就走向和谐。这种见解实际上是有现实生活基础的。在现实生活中，在所有的他者中，人们一般认为最有资格、最有可能加以同一化的当数我们的孩子。因为孩子是“我的”，我赋予了孩子以生命，将他（她）带到这个世界上来，我承担抚养教育他们的义务，所以，我对孩子也享有特权，可以使他们按照我们为其设定的轨道向前发展，我们可以将他们看作另外一个我，或者是自我生命的延伸。虽然这种世俗的说法确实具有一定的道理，孩子们的身上毕竟流淌着父母的血脉，是父母生命的延续，但就像列维纳斯所说的那样，这种说法还是不全面，它不能充分完整地表达父亲与孩子之间的关系，“父亲占有孩子并没有穷尽父子关系所成就的全部的意义，……我的孩子是个陌生人，他不仅是我的，因为他就是我。他是我不熟悉的我。他不是我的作品、创造物”①。首先，孩子的出生本身就是我们所不能规划和设计的，我们没有办法设计孩子的性别、长相、出生的日期，我们只能是怀着无限期待的心情等待孩子的降生。孩子出生以后，将会如何发展也是我们所不能完全加以设计规划的。虽然，中国的父母具有强

① Levinas, *Totality and Infinity*, The Hague: Martinus Nijhoff Publishers and Duquesne University Press, 1979, p.267.

烈的儿女心，希望能够为孩子规划未来，希望孩子按照自己所设计的轨道一步一步向前走，并为此了付出诸多心血。然而问题在于，孩子总是不会完全对于父母的规划言听计从，不仅会出现抵制等抗拒措施，甚至会走上与父母设计截然相反的道路。之所以会如此，是因为一个人的成长是诸多因素综合影响的结果，这些因素既有先天的，也有后天的，既有内在的，也有外在的，既有积极的，也有消极的，我们并不能保证孩子不受任何其他因素的影响而只接受父母的影响，这种诸多因素综合影响的结果必然会导致孩子与父母之间存在着差异性——而这也就是父母总是感觉孩子离经叛道、不理解父母苦心的原因之所在。实际上对于这种差异性，我们要放宽自己的心态，毕竟每个人都有自己的生活，都有自己的人生道路，也正因如此，世界才会如此丰富多彩。既然我们认为最具有同一性的父子关系尚且都不能保持同一，那么，我们还何以能要求所有的他者与自我保持同一呢？

人生就在生死之间，生与死都指向一种差异性，由于我们面对、遭遇的是他者的生死，这也就是说，他者与生死联系在一起，生死的差异性同样为他者染上了差异性的色彩，他者对于自我来说，是一种差异性的他者。对于中国人来说，这种差异性不仅是一种应然性的追求，而且也是一种实然性的状态。像儒家反对“同一”，强调“和而不同”就是对于差异性的一种肯定，从而将差异性作为一种世界的统一原理和发展原理。正是在这种差异性原理的基础上，儒家提出了“爱有差等”的思想观念。虽然儒家的社会理想是“人不独亲其亲，不独子其子，使老有所终，壮有所用，幼有所长，矜寡孤独废疾者皆有所养”的大同社会（《礼记·礼运》），但这种大同并非高度的同一化，而是差异性的统一，因为它是建立在“男有分，女有归”的基础上。“分”不仅是职分，而且也是辈分；“归”实际上就是归属，同样离不开区分的问题。“分”构成了中国传统伦理的重要前提，因为“伦者，辈也”，伦理就是要在不同辈分的人群中间作出区分，并根据这种区分制定出不同的待人接物的行为规范，从而指导人们如何立身行事，从而做到“长幼有序，上下有节”。实际上，这种差异性不仅体现在纵向上，也体现在横向的人际关系上，那就是“内外有别”。虽然儒家的伦理道德要求人们行絜矩之道、推己及人，“老吾老以及人之道，幼吾幼以及人之幼”，但是儒家并没有像西方古希腊时代那样简单地要求抹杀家庭内外的区别，甚至极端地要求用城邦整体取代分裂的家庭，而是肯定家庭的基础性，要求人们将对于家庭的情感向社会国家进行推扩蔓延，“齐家、治国、平天下”，从而就肯定了家庭的内外之别。家庭中的孝悌等仁义之道在向外推扩的过程中，不可能是如潮水般越往边界越会掀起更高的潮头，而是像水波一样，越往外缘波纹会越来越趋于平静。这也就是说，我们对于他人的爱会弱于对于家人的爱。也正因如此，孟子才会批评主张“爱无差等”的墨家“无父无君，是禽兽也”。

道家在这个问题上则有些麻烦，因为老子讲玄同物我，庄子讲万物一齐，似乎更近于同一而远离差异。不过，这需要进一步的分析。老子讲玄同物我，是指我与万物都一于道，天下万物出于道而又入于道。但是这种同一于道并非是无差异性的同一，而是相反者相成的包含差异性的辩证统一。按照老子的理解，“反者道之动”（《老子・四十章》），差异性反而构成了天道运行的法则和动力，道本身就是一种差异性的统一，“万物负阴而抱阳，冲气以为和”（《老子・四十章》），“有无相生，难易相成，长短相形，高下相盈，音声相和，前后相随，恒也”（《老子・二章》）。阴阳、有无、难易、长短、高下、前后不仅是差异性，而且是矛盾性，但是这种矛盾的双方并未相互排斥或者以先消灭对方而后快，反而是达到了有机统一，在对立统一中推动了世间万物的更新发展。虽然万物之间因有象、有对而有仇，但事物并未因此而“仇必仇到底”，而是最终在对立统一中达到“仇必和而解”，从而与儒家殊途同归，最终走向“和而不同”。与老子讲反、讲辩证统一不同，庄子更喜欢讲齐、讲道通为一，“万物一齐，孰短孰长”，“故为是举莛与楹，厉与西施，恢诡谲怪，道通为一”（《庄子・齐物论》）。小草径与大屋梁、厉和西施之间的差异不可以道里计，但是在庄子看来没有大小、美丑之间的差别，它们都是高度齐一的。这非常容易给人一种印象，庄子是高度同一化的，彻底地抹杀了世间万物之间的差异性，达到了“合异以为同”。这实际上只是一种表面的现象，我们不能被表面的现象所迷惑，我们不能因此就认为庄子反对差异性、追求同一性。庄子讲万物一齐，是“以道观之”的结果，这也就是从道出发来看待世间万物。由于时间万物莫不出于道而入于道，世间万物都秉道而生，万物之中莫不有道，道构成了所有事物的内在的本质规定性，所以，“以道观之”乃是“自其同者视之”，万物自然具有同一性。虽然万物都内含着道，从这个角度来说，事物具有共同性，但是每个事物所含之道又具有个体性、差异性，这也就是庄子所说的“散同以为异”（《庄子·则阳》）。就像仙鹤的腿非常修长，野鸭的腿很短，鲲鹏一飞冲天，燕雀只能飞到树梢，虽然这些都符合道，都“不失其性命之情”，但却存在着这样那样的差别。不过尽管存在这些差别，但是我们却没有必要为这些差别而苦恼，因为它们在道面前又是高度齐一的，如果人为地抹杀这些差异，反而是对道的违反，“是故凫胫虽短，续之则忧；鹤胫虽长，断之则悲”（《庄子·骈拇》）。这也就是说，在现实生活中，世间万物存在着各种各样的差异，而这些差异性又符合其自然本性，因此，我们所要做的，恰恰是要守护它们的自然本性而非抹杀差异而达到同一。

西方哲学由于受到本体论的影响，推崇还原性的思维方式，从而导致整个西方哲学追求存在向其自身同一性的回归，由于这种回归带有认识论的特征（这也就是普罗提诺所说的“知己则知其源”），所以，整个西方哲学呈现出强烈的唯我论特征，向存在的同一性的回归，也就是向自我同一性的回归。尽管在西方哲学本体论穹顶的遮覆之下，同一性犹如黑夜一般弥漫于西方哲学的广袤空间之中，但我们仍然偶尔能够瞥见丝丝微光在天空中忽隐忽现，为黑夜增添了一丝色彩，给长夜的褪去带来了一线希望。

例如，柏拉图作为本体论发展史上的一个重要环节，其对于整体性、同一性的思考达到了一个非常高的高度，但他并未将所有的一切都纳入到了认识的同一性之中，并不认为所有的事物都能够被同一性所涵盖，从而在无意之中在同一性之外仍然为差异性保留了自己的地盘：“每个灵魂都在追求善，把善作为自己全部行动的目标，人们直觉到它的真实存在，但对此又没有什么把握，无法恰当地理解它的本性，不能像对待其他事物一样对善建立起稳固的信念。”① 对于柏拉图来说，我们对于世界的认识和理解离不开理性之光，无论是洞壁上的感觉世界，还是洞壁之外的理念世界，实际上都与光

① ［古希腊］柏拉图：《国家篇》，载《柏拉图全集》第2卷，王晓朝译，人民出版社2003年版，第501页。

密切相关，正是“由于光的存在，世界才被给予我们，才能够被领会”[①]。而柏拉图这样一种光源隐喻最终成就了西方的“光的形而上学史”，“自柏拉图以来，无论光照来自可感知的太阳还是可理解的太阳，它都制约着、决定着一切存在。无论它们与领悟力之间相去多远，知、情、意都首先是经验、直觉、明视或力图变得清晰的视觉”[②]。人们正是通过理性之光，一切都在认识当中被理性之光所照亮，被理性还原为同一性，然而对于善来说，理性之光却失去了其照亮的能力，无法被同一进认识的框架之中，成为认识的对象，“当灵魂凝视着真理与实在所照耀的区域时，灵魂能够认识和理解，好像拥有理智似的，但当它转向那个黑暗的区域，那个有生有灭的世界时，物体便模糊起来，只能产生动荡不定的意见，又显得好像没有理智了”[③]。尽管善不能被理性之光所照亮，从而获得认识的同一性，但我们却不能因此而否定善，反而要更加推崇善的真实存在，“善本身不是本质，而是比本质更加尊严、更有威力的东西”[④]，虽然善不能从认识当中获得自身的同一性，但是认识的对象却是从善那里获得了自身的可知性、存在乃至本质。

正如前文所言，笛卡尔作为现代哲学之父，其在本体论哲学发展史上，“我思故我在”在两个方面推进了同一性：第一，他进一步巩固了理性的本体论地位，使得世间万物都必须接受理性的检验，与理性保持高度的同一性；第二，他使得理性论与唯我论实现了完美的结合，因为“思”乃是“我”之“思”，所以，世间万物同一于理性也就是同一于自我，从而使得本体论哲学、同一性哲学发展到了一个新的高度，从而使一切都在我的理性中获得了自身的同一性，“至于我心里那些关于天、地、光、热之类成千上万个东西的思想，我不用费多大力气就知道它们是从哪里来的，因为我既然看不出它们有什么地方我觉得比我高明，就满可以认为：如果它们是真的，那就是

① ［法］列维纳斯：《从存在到存在者》，吴蕙仪译，江苏教育出版社2006年版，第48页。

② ［法］列维纳斯：《从存在到存在者》，吴蕙仪译，江苏教育出版社2006年版，第47页。

③ ［古希腊］柏拉图：《国家篇》，《柏拉图全集》第2卷，王晓朝译，人民出版社2003年版，第507页。

④ ［古希腊］柏拉图：《国家篇》，《柏拉图全集》第2卷，王晓朝译，人民出版社2003年版，第507页。

沾了我的本性的光，因为我的本性是有几分完满的；如果它们不是真的，那是由于我凭空捏造，也就是说，它们之在我心里出现是由于我的毛病”①。从笛卡尔的论述中我们可以看出，笛卡尔已经将世间万物同一于自我，从而改变了传统哲学向外追逐同一性的致思方向，而将这种同一性彻底系缚于自我的理性。然而对于笛卡尔而言，始终存在着一个例外情况。俗话说，“金无足赤，人无完人”，在现实中，我们每个人都会存在着这样那样的缺陷，但是我们却从未停止追求完满的步伐，那么我们何以会有这种完满的观念呢？我们是否可以说，这种完满的观念就是由我产生、创造出来的呢？笛卡尔觉得这是不可能的，因为自我是不完满的，我们不能说完满的事物产生于不完满的事物，“说比较完满的产生于比较不完满的，说前者沾后者的光，其不通实在不下于说无中生有，所以我是不能凭自己捏造出这个观念的”②。既然我们不能无中生有地进行创造，不完满者又不能产生出完满者，那么，我们就只能承认，在我们之外一定有一个比我更完满者存在，正是它将完满的观念放到了我的心里，“既然我知道自己缺乏某一些完满，那我就不是单独存在的是者，必定有另外一个更完满的是者作为我的靠山，作为我所具有的一切的来源”③。当笛卡尔承认，在自我之外还有比我更完满者的时候，实际上，笛卡尔就在同一性上打开了一个缺口，承认在同一性之外还是有不能为自我理性所同一的差异性的他者存在。

在现代西方哲学史上，反对同一性，张扬差异性可以说成了一股潮流，柏格森、马丁·布伯、梅洛·庞蒂、德里达、鲍曼等都曾对此展开过论述，不过，列维纳斯在此方面的贡献尤为突出，正如德里达所言，列维纳斯的哲学“要求我们脱离希腊的逻各斯，脱离我们的同一性，也许是一般意义上的同一性”，“对于列维纳斯的思想来说，希腊的逻各斯已经喷发，表层土不是沉积在岩床上，而是环绕着一个更加古老的火山。这个思想不想借助于语言学，而是仅仅凭借保持对当下直接性的、埋葬在经验自身中的裸露性的忠

① ［法］笛卡尔：《谈谈方法》，王太庆译，商务印书馆 2000 年版，第 28—29 页。

② ［法］笛卡尔：《谈谈方法》，王太庆译，商务印书馆 2000 年版，第 29 页。

③ ［法］笛卡尔：《谈谈方法》，王太庆译，商务印书馆 2000 年版，第 29 页。

诚，从希腊的‘大写的同一’或‘大写的一’压迫下解放出来”[①]。在列维纳斯看来，西方的哲学自始就是将他者当作认识的对象，从而对他者展开抽象性的认识，不论是认识自然界还是认识人类自身，实际上，这都没有摆脱认识的范畴，他者都没有摆脱作为对象的命运。由于认识始终是我的认识，认识始终带有胡塞尔所说的意向性，所以认识始终无法摆脱本体论还原化倾向，始终没有办法摆脱唯我论的倾向，人们始终从自我出发来认识他者，从而将他者看作存在之一种，看作另外一个我，看作满足自我需要的手段与工具，我同一化、占有他者，从而始终与他者失之交臂，他者作为真正的他者并不存在。在列维纳斯看来，对于人类来说，最初的关系并非是一种认识的关系，而是一种相遇关系。在相遇当中，我与他者面对面，脸面抵抗着我的认识，脸面在给出自身的同时又隐藏着自身，所以，我们无法通过他者的脸达到认识他者的目标。如果我们强行地认识他者，那么他者的脸面就会僵化为没有生机与活力的面具，而这也就是他者的死亡，因此，当我在与他者的面对面的时候，他者之脸就在向我发出吁求，“汝勿犯杀”，从而他者通过柔弱的面貌强力地抗拒着我的同一化的企图。因此，对于列维纳斯来说，他者是一个绝对的、不能被自我、存在等任何形式所同一化，他者是绝对的他者，是纯粹的神秘性，我们不能通过任何形式和手段将其同一化于自我。正是缘此之故，列维纳斯认为即使历史上最具同一化强力的存在论、本体论也不能将其同一化于自身，他者是一种绝对的异质性，他者别于存在（otherwise than being）。为了铭刻这种他者的差异性，列维纳斯专门创造出一个词：他异性（alterity）。

传统的哲学将本体论置于“第一哲学”的地位，而本体论所追求的摄多归一，所推崇的是一种还原论、化约论的同一化的思维方式，这种思维方式所带来的就是一种简单粗暴地处理自我与他者之间关系的行为方式，从而引发了自我与他者之间的相互冲突，从而使得伦理道德在现代社会中遭遇了前所未有的危机，人们不愿意再以伦理道德的方式来对待他者，与他者交往。

---

① Jacques Derrida, *Writing and Difference*, trans by Alan Bass, Great Britain: The University of Chicago, 1978, pp.82-83.

因此，我们就必须要接受这种思维方式上走向差异性的转变，尊重差异性，从而与差异性的他者伦理道德地相处，从而将尊重差异性的伦理学置于“第一哲学”的地位，树立起一种新的哲学观念。

这种对于差异性的强调，对于伦理道德而言，具有至关重要的影响。在过去的同一化的思维方式当中，伦理道德是服从于整体性的，像古希腊时代的伦理是一种城邦伦理，像中国古代的伦理是一种家族伦理，在这种整体化的伦理当中，实际上每个人都在遵循一种角色伦理，这也就是说，我们每个人应该如何对待他者，并不是取决于自我或他者自身，而是取决于自我与他者在城邦或家族整体当中所具有的地位。这也就是说，在这种整体伦理当中，伦理实际上就是一种普遍化的同一化的伦理，它确立起来的是一种普遍化的同一化的伦理原则和规范，无论是谁处在这个位置上，实际上它都应该采取同样的行动，否则，就是对于伦理道德的违背，“不能说一个人采取了道德的观点，除非他准备将道德规则作为原则，而不是仅仅作为赞成的规则来对待。就是说，要根据一定的原则做事，而不是仅仅有目的地做事，仅仅瞄准一定的目标。此外，他必须根据为所有人设定的规则行动，而不能仅仅根据为他自己或者一些团体设定的规则行动”①。这也就是说，这种整体性的伦理实际上是服务于社会整体利益的，为了社会整体的利益，我们遵照理性的原则建立起了各种各样的伦理规范来制约人们的行为。然而问题在于，在这种高度理性的同一性当中，实际上就意味着他者的消亡，因为，当我决定该如何对待他者的时候，我们并不会考虑他者本身，而是首先考虑伦理规范，所以，我们并不会考虑他者的吁求，更不会考虑他者的需求，而是按照冰冷的法则来处理自我与他者之间的关系，决定自己该如何行事。这样一来，伦理道德实际上就变成了冰冷的教条，而缺乏人文关怀的气息，我们不会真正地关心他者。就像在日常生活中，当我们遭遇一个从来没有遇到过类似事件的全新的事件，我们没有相似的道德规范可以援引，而这个事件中的当事人又迫切地需要我们伸出援助之手。如果我们遵从同一化的思维模式，

① ［英］齐格蒙特·鲍曼：《后现代伦理学》，张成岗译，江苏人民出版社 2003 年版，第 76 页。

重视对于规范的遵守，那么，我们就极有可能将急需帮助的他者弃之不顾。如果我们承认每个他者都是一个差异性的他者，那么，我们就会承认同一化的道德原则和规范并不适用于所有的他者，我们不能因为整体性的利益而抹杀单个他者的利益，而是要从他者自身出发来决定该如何与他者相处，因此，对于每个他者来说，伦理的相处方式都是不同的，都是因人而异的。

实际上，伦理道德的前提就是差异性。因为伦理道德必然存在着谁讲伦理道德，以及对谁讲伦理道德的问题。像儒家说“仁者，爱人”，“己欲立而立人，己欲达而达人”，都是强调的是不同主体之间的关系。当然，这里所引用的主要是讲人与人之间的关系，实际上在儒家那里，伦理道德绝不仅仅存在于人与人之间，而且存在于人与世间万物之间，所以，儒家特别强调“仁者以其所爱及其所不爱”，强调“推恩及于禽兽”，做到“仁民而爱物”。而且更为重要的是，伦理道德中的自我与他者之间是存在着巨大差异性的，如果自我与他者是同一的，就像列维纳斯所说的那样，我们将他者看作满足自我需要的手段和工具，将他者看作可以被自我同一化的“另外一个我”，那么，我们所有的所谓关心爱护他者的伦理道德的行动就随之变成了自我的关爱，在这种自我关爱中有什么伦理道德可言呢？不但可能无所谓伦理道德可言，甚至有可能变成了有违伦理道德自私自利，而这也就像孔子所批评的“同而不和”。因此，存在着差异性的主体乃是伦理道德得以存在的物质前提。同样，从结果来说，就是这种前提在现实中的落实，我们通过关爱差异的他者，使得伦理道德在现实当中得以实现，使得他者摆脱了自我的束缚，真正作为他者在现实中有尊严地生活着。因此，对于伦理道德而言，始于差异而终于差异，伦理道德始终都与差异性交织在一起，都在维护着差异性。也正是缘于此，列维纳斯特别强调伦理的差异性，认为“伦理学是与他人、与下一来者的关系”①。

伦理对于差异性的重视，有助于能够解决本体论同一化所引发的自我对于他者的奴役与压迫的问题，从而有利于推动自我与他者之间的友好相处，

---

① ［法］勒维纳斯：《上帝·死亡和时间》，余中先译，生活·读书·新知三联书店 1997 年版，第 158 页。

实现社会的和谐，而这就为伦理学代替本体论成为“第一哲学”提供了必要性。同时，从伦理道德与哲学一致的超越性追求上，我们也能看到伦理学成为“第一哲学”的可能性。

在日常生活中，哲学（Philosophy）也被称作形而上学（Metaphysics），中国人说“形而上者谓之道，形而下者谓之器”，这就说明哲学所探讨的东西与日常生活中的东西是有差别的。因此，西方哲学自古及今就始终存在着两个世界的区分：在古代柏拉图那里有现象世界与理念世界的区分；在中世纪就有尘世与天国的区分；在康德那里就有现象界与物自身的区分。在这种区分当中，前者都是人们所生活于其中的、所熟知的世界，而后者都是与人类生活世界迥然不同的世界，都是有别于人类认知体系的世界，因此不能为人类的知识所同一化的差异性的世界。对于人类来说，重要任务不是去把握这个世界，而是敬畏这个世界，把这个世界当作人类追求的目标，对其进行超越。因此，在哲学中，“超越”具有非同寻常的意义，人类正是通过超越，为人类寻找安身立命之本，使得人类获得存在的意义。哲学的超越必须是无限的超越，超越的终结也就意味着哲学的死亡，超越的无限性也就意味着哲学要超越“向何方何处就不能被人类所同一化”这一点。正是因为这个原因，柏拉图在人类的同一性之外提出善的理念，基督教神学在人类之外树立一个绝对的上帝，柏拉图在人类的理性之外提出完美的上帝，康德在人类的理性认知之外提出物自身，从而不仅严格地限制了人类同一性的限度，同时也告诉人们，在人类之外还存在着与自我迥然不同的他者，他者不是被我们人类认识和把握的对象，我们只能向其超越，也正是在向其不断的超越中，赋予了人类生命以永恒的价值和意义。

实际上，伦理道德也是在追求一种超越，而且这种超越是达至一种不同于自身的差异性。人是一个自然的存在，人一生下来，就有各种各样的自然需求，饥而欲食，寒而欲衣，饱暖思淫欲，都是人类的一种自然天性，所谓“食色，性也”，说的就是这个道理。人类生来就有物质欲求，而且这种物质欲求随着其满足程度而不断提升，从而体现出人类物质欲望上的贪得无厌的特性。然而在特定的历史时期，物质财富的总量又是有限的，从而导致人类走向了你争我夺，走向了激烈的冲突，就像荀子所说的那样：“人生而有欲，欲而不得，则不能无求，求而无度量分界，则不能不争，争则乱，乱则穷。”（《荀子·礼论》）然而问题在于，在现实生活中，人类并不希望过这样一种你争我夺的生活，人们并不希望世界变成一个战场，而是希望生活在一个人人相亲相爱的社会中，这也就是孔子的大同理想、陶渊明的世外桃源千百年来能被人们广泛传颂、真诚向往的原因之所在。这也就是说，要做一个伦理道德的人，并不是人的自然本性使然，而是对于人的自然本性的一种超越。如果人类安于现状，安于做一个自然人，人就不会愿意成为一个讲伦理讲道德的人；人们之所以愿意讲伦理讲道德，就是因为人们对于自身现状的不满，人们试图超越现在的自我，因此人们在伦理道德中实现超越，实际上不是越向自身，而是越向一个不同于自身的他者，因此，人类在伦理道德的实践当中，都是以他者为榜样的，而不是以自身为榜样的。同样，我们在超越的过程中，实际上考虑也不是自身的利益，而是他者的利益，我们之所以对他者做出伦理道德的举动，实际上我们是被他者的处境所打动的，也正是在他者的引导之下，我对他者做出了仁义之举。因此，在伦理道德当中，我们不是自律的，而是他律的，我们的行为举止在某种程度上受到了他者的操控，我们不是将他者拉向自我，而是主动地向他者靠拢，设身处地地想他者之所想，急他者之所急，这也就是列维纳斯将道德的自我称作他者的“人质”的原因之所在。我们在某种程度上说，伦理道德的自我是“无我”的，他已经完全超越了自我，而走向了一个截然不同自身的他者，为他者负责。正是因为伦理道德的这种超越性的特征，使得它与哲学之间具有高度的内在一致性，因此，它足以担当起哲学超越的使命，所以，它理应成为“第一哲学”。而且唯有伦理学居于哲学的中心地位，差异性的他者才有可能摆脱被奴役被压迫的命运，人与人、人与自然万物之间才有可能由冲突走向和谐。

第四章
理论中心：从自我到他者

传统的哲学是以本体论作为“第一哲学”，从而使得伦理学处于一种边缘化的地位。虽然现代学者们经常会发出伦理学越来越被边缘化的感叹，但事实却是，伦理学在过去一直都是高度边缘化的，从来就没有得到过真正的重视，有关这点，我们从过去那些伦理学者的现实境遇就能窥一斑而见全豹。因为哲学是以本体论为中心的，而本体论强调的是同一化，而且更为重要的是，本体论的同一化不是同一于别的，而是同一于自我，像普罗提诺说“知己则知其源”、笛卡尔说“我思故我在”，实际上都有意无意地将他者还原为自我，使他者成为自我的附庸。这也就是说，与这种本体论哲学相伴而生的，乃是一种自我中心论，而在现代社会中，这种自我中心论慢慢地发展成了自我中心主义，因此列维纳斯认为，过去的一切哲学都是“自我学”。一旦人们以自我为中心，那么人们就必然会唯我独尊，自以为是，高度关注自我需要和感受，必然会将他者看作自我满足需要的手段和工具，要求他者与自我保持高度同一。为了达此目的，自我一方面就会对那些愿意同一于自我的他者进行征服与改造，使他者与自我达成同一；一方面对于那些拒绝同一于自我的他者进行镇压乃至消灭，从而使得自我与他者之间处于尖锐对立的状态。因此，在自我中心主义的棋盘中，他者始终不过是一颗任由自我摆布的棋子，他者不可能拥有自身的尊严，不可能得到自我的尊重，也不可能得到自我伦理道德地对待。因此，本体论哲学对于自我的高度强调，就决定了他者不可能真正存在，自我与他者之间就不可能拥有真正的伦理关系，伦理就不会真正地进入人们的视野当中。因此，要想将他者从自我的奴役与压迫下解放出来，自我与他者之间能够伦理地相互对待，那么，我们首先要做的就是打破自我中心论，实现世界中心的转移，确立他者的世界中心地位，从而像列维纳斯那样将伦理学置于“第一哲学”的中心地位，唯有如此，我们才会对他者怀着一颗敬畏之心，伦理地与他者相处，不会对他者滥用暴力。

第一节 角色：古代社会中的自我与他者

在现代社会，随着笛卡尔将自我确立为世界万物存在的根据开始，自我中心主义逐渐开始流行起来，人们慢慢习惯于站在自我的立场上来认识和对待这个世界，人们已经习惯于把世界看成“我的”世界，自我意识已经成为一个非常普遍的根本意识，因此，自我已经成了人们认识世界的一个基本预设，自我在世界当中处于绝对的中心位置。不过，需要指出的是，人类并不是从一开始的时候就具有明确的自我意识，人类的自我意识是在漫长的历史发展过程中慢慢形成发展起来的。

儿童作为人生发展的起始阶段，与人类的发展具有相似性。荣格作为心理发生学研究的大家，对于人类意识的发生发展展开了大量调查研究，他指出，在人类的最初阶段，人类是依靠直觉而生活的，也就是自己的自然本性而生活的。那时候，人类缺乏明确的意识，“只要我们浸润于自然中，我们仍然是处于潜意识状态里，而且我们也是活在不知问题为何物的本性安全环境里”①。正是因为最初的人类没有明确的问题意识，没有将人类从自然世界中区分出来，而是与自然紧密地结合在一起，依赖自然而生活，白天捡拾花果为食，黑夜栖息于枝丫之上、岩隙山洞之中，与虎狼为伴，与猪鹿为友，因此，此时的人们还缺乏区分物我的意识，“他们的生命观是综合的，不是分析的。生命没有被划分为类和亚类；它被看成是一个不中断的连续整体，容不得任何泾渭分明的区别”②。此时的人类就像庄子所说的那样，“同于禽

① ［瑞士］荣格：《现代灵魂的自我拯救》，黄奇铭译，工人出版社 1987 年版，第 150 页。

② ［德］卡西尔：《人论》，甘阳译，上海译文出版社 1985 年版，第 104 页。

兽居，族与万物并”（《庄子·马蹄》）。

随着各种自然灾害的发生，人类慢慢感觉到自身似乎被自然遗弃了，人类不能再依靠自身的自然本性而生活，人们需要通过发挥自身的主观能动性去解决所面对的问题，才能在自然界中生存繁衍下来，“如此一来，我们势将被迫去诉诸昔日当许多自然事件发生时，我们极为信服的决定和解决方法。因此，每一问题的到来皆会扩大意识的范围”①。由于意识“一定是建立在两者和两者以上的心灵内涵之间关系上的”，所以，意识必然会建立起物我之间的关系，这时人们就有了一些初步的自我意识。之所以说它是“初步的”，只是因为人们只是将他者从我的世界中划分出来，从而使得他者与自我分离开来，但是人们并未开始对于自我的认知，“此一自我——和初期的内涵系统——便是意识中的一种物体，因此，小孩子最初说话时都用第三人称”②。后来随着生产力的发展，人类在自然中的主动性越来越强，人类越来越感受到自身的力量，人类就开始逐渐地产生出有关自我的观念，这就像小孩子“当自我内涵亦产生出属于自己之力量时（很可能由于练习而造成的），主观感或‘有我’感才产生。显然这该是小孩子开始以第一人称在谈论自己的时候了”③。实际上，当初小孩子说出的自我不是第一人称单数，而是第一人称复数形式——我们。与此相应，原始社会中的人类所形成的乃是群体自我意识。这时人们虽然对于自然仍有比较严重的依赖感，但是人们不再将自己与自然融为一体，而是主动地将自我的命运与氏族部落的兴衰紧密地联系在一起，与部落同呼吸、共命运。直到生产力的发展导致社会分工和私有财产的出现，人们才真正产生出自我意识，人们不仅要将自己与自然世界区别开来，而且要将自己与社会、他人区别开来，从而具有了比较明确的个体自我意识。此时，在意识中，不仅出现了物我之别，而且也出现了人己之别，人们不再像庄子所说的那样，“卧则居居，起则于于，民知其母，不知其父，与麋鹿共处，耕而食，织而衣，无有相害之心”（《庄子·盗跖》），而是开始树立起明确的“我的”、“你的”、“他的”

① ［瑞士］荣格：《现代灵魂的自我拯救》，黄奇铭译，工人出版社1987年版，第151页。

② ［瑞士］荣格：《现代灵魂的自我拯救》，黄奇铭译，工人出版社1987年版，第154页。

③ ［瑞士］荣格：《现代灵魂的自我拯救》，黄奇铭译，工人出版社1987年版，第154页。

观念，并为了使“我的”利益最大化，我不仅要发展生产，改造世界，甚至要通过掠夺乃至是战争等手段将“你的”、“他的”都变成“我的”，从而引发了人与人之间旷日持久的争斗。

在这种剧烈的争斗甚至是惨烈的战争当中，人们看到了他人悲壮的牺牲，目睹了国家大厦的崩塌，见证了王公贵族们繁华散尽后的凄凉，这些都迫使人们去思考人与人之间到底应该如何相处的问题。当然，人与人应该如何相处的问题，离不开人对自身的认识，也就是说，人到底是什么？人到底需要什么？人生的意义到底是什么？或者用亚里士多德的话说，就是探讨什么样的生活是值得过的生活。用康德的话说，就是探讨人能够知道什么？人应该做什么？人可以希望什么？这三个问题最终归结为一个问题，就是：人是什么？这些问题，不管如何表述，由于它们既涉及人类自身的认识问题，又涉及人与人如何相处的问题，所以，它们既是形而上学的问题，又是伦理学的问题。或者说，形而上学为伦理学奠基，而这大概也就是列维纳斯批评西方将本体论作为第一哲学而非以伦理学作为第一哲学的原因之所在。虽然这种做法受到了后来学者的一些批评，但它却是人类自我认识的开始，人们开始真正以自我为对象，对自我进行深入的反思，以期对自我具有充分深刻的认识。

在以往的研究中，学者们比较关注中西文化之异，认为中国文化整体主义传统源远流长，而西方文化从古希腊时代就开始埋下了个人主义的种子，所以中西文化呈现出整体与个体两种不同的发展脉络。譬如早在20世纪30、40年代，黄建中就已经指出，“中土道德以家族为本位，远西道德以个人为本位”，“中土以农立国，国基于乡，民多聚族而居，不轻离其家而远其族，故道德以家族为本位”，“远西以工商立国，国成于市，民多懋迁服贾，不惮远徙”，西方人这种不稳定性，培育了他们自由独立的品格，“希腊尚自由，耶教重平等，个人主义之发达，由来已久；十三四世纪任侠之风，十七八世纪人权之义，复为个人主义奠其基”。[①] 实际上，这种观点基本上是近代学人的共识，像冯友兰、钱穆、牟宗三等基本上都持这种观点，虽然

① 黄建中：《比较伦理学》，山东人民出版社1998年版，第85—87页。

在表述上有所差异，但基本观点并无多大出入。不过在笔者看来，这种观点虽然注意了文化发展的连续性，注意从希腊文化的源头中发掘后来西方个人主义发展的蛛丝马迹，从而为西方个人主义的发展寻找文化的基因，但同时也难以摆脱以今释古之嫌：即为了对后来文化的发展从根源上做出合理的解释，而对古代传统进行过度诠释，将一些可能并非是占据主导地位的因素进行无限扩充放大，从而使得其出现了轻重主次的倒错。笔者以为，中西文化在其轴心时代，在对人的认识上，在对自我与他者的关系的处理上，基本上都是从整体出发，不说信奉角色伦理，至少应该说具有角色伦理的特征。

在中国，自汉武帝“罢黜百家，独尊儒术”以后，儒家学说成了中国的官方意识形态，虽然其间经过了大量的改作和变形，但其基本骨架还是儒家的，因此，我们要以传统儒家为代表来说明中国文化中对人的整体性认识。孔子弟子有子说：“其为人也孝弟，而好犯上者，鲜矣；不好犯上，而好作乱者，未之有也。君子务本，本立而道生。孝弟也者，其为仁之本与！”（《论语·学而》）该段文字出自《论语》第一篇第二章，第一章记录的是孔子的言论，第二章就是孔子弟子的言论，可见这段文字非常重要，抓住了孔子思想的核心，否则不会被安排到如此重要的地位。孔子思想的核心是“仁”，而“仁”的核心又在哪里呢？这段文字给予了解答，孝悌就是仁的核心或根本。仁是一个普遍性的概念，仁者“爱人”，仁者“己欲立而立人，己欲达而达人”，“己所不欲，勿施于人”，“仁”是对所有人说的。这种普遍性的概念具有高度的抽象性，容易滑入虚无，所以，高度抽象的概念要以具体实在的事物作为根基，对于人来说，他（她）要落到家庭中，对于仁来说，它要落到孝悌之中。孝悌比较完整地关涉了家庭中两个方面的关系：子女与长辈、同辈之间的关系。当然，在中国人的心目当中，家与国具有同构关系，家是缩小的国，国是放大的家，人们将自己最熟悉的家庭关系推扩到了国家内部的君臣、同僚关系上，从而得出了“四海之内皆兄弟”的结论。这种情况在我们的日常生活中得到了淋漓尽致的体现，我们会称那些不熟悉的老年人为爷爷奶奶，我们会称那些与我们毫无渊源关系、比我们年长的成年人为叔伯阿姨，我们会称呼和自己毫无血缘关系的同年人为哥弟姐妹。足见社会在我们的心目中就是一个大家庭，所有人都是同胞姐妹关系，因此我们要

“老吾老以及人之老，幼吾幼以及人之幼”，将对待家人的方式推扩到所有人身上。既然家国是同构的，如果我们能够治理好家庭，那么我们就能治理好国家，所以中国人相信，“家齐而后国治，国治而后天下平”；如果我们家庭治理不好，那么我们就肯定也治理不好国家（“一屋不扫，何以扫天下”），而这也就是中国历史上之所以会通过举孝廉的方式来选拔国家治理者的原因之所在。无论是将人放在家庭当中，还是通过推扩的方式将人置于国家社会中，实际上都是要将人放在群体之中，因此，后来荀子就突破了孔孟的家庭观念和推扩观念，而是直接以形而上的方式，将群体性概括为人的独特的本质规定性，认为人与动物的一个重要差别就在于“人能群，彼不能群也”(《荀子·王制》)。实际上，国家的治理，法律规范和道德规范的制定，无非就是为了维护群体的繁荣和稳定，因为离开了群体，个人就会一无是处，一无所有。人类“走不若马，力不若牛”的身体特点决定了人无法在残酷的自然竞争中生存繁衍下去，因此，人必须置身于家庭和国家这些群体之中。

确实，正如学者们所言，希腊与中国具有不同的生产方式，它不像中国那样以农立国，而是以工商立国，工商的流动性特点导致西方人不像中国人那样重视家庭，不像中国人那样具有极强的家族观念和乡土观念，不像中国人那样“重死而不远徙”。古希腊喜剧作家阿里斯托芬在《城邦民大会妇女》中就说，“首先我要让土地、白银或别的什么现在属于个人的东西共有。我们女人操持料理城邦事务之后，会用全部公共财富养活你们……从现在开始，生活将依据共有原则”，“所有人都一样，我是说，我要破坏单个儿的家庭，让城邦中所有家庭合为一个”①。从这段文字中我们可以看出，西方人在对待家庭的态度上，与中国人截然不同，不仅不将家庭看作国家的原型，不将家庭看作社会国家最基本的组成要素，反而试图去消灭家庭。但这并不意味着，西方从古希腊时代开始就比较重视个人，实际上，西方在古希腊时代同样是重视整体的。从上述引文中的“共有”、“公共财富”和“让城邦中所有家庭合为一个”，我们也可以看出这一点来。在古希腊时代，苏格拉底重

① ［美］萨克森豪斯：《惧怕差异——古希腊思想中政治科学的诞生》，曹聪译，华夏出版社 2010 年版，第 13 页。

述德尔斐神庙的箴言“认识你自己”，“人必须先考察自己作为人的用处如何，能力如何，才能算是认识自己”①，从而将人们的目光由外部的自然转向人类自身，从而开启了西方人自我认知的历程。虽然苏拉格底是以单数形式指出人需要自我认识，但是他是在类概念上使用“人”这个词的，“你自己”不过是作为类当中的一个代表而已。这也就是说，所有的人都应该认识自己，而且更为重要的是，他要求人们所认识的不是个体的特殊属性，而是类的本性，就是理性。因此，在古代社会中的“我”与“我们”在很多场合是可以通用的，这也就是中国人常说的“人同此心，心同此理”。同时，苏格拉底之所以提出“认识你自己”，其目的是要服务于希腊城邦建设，是要“关心城邦的改善”，是要为希腊城邦培养合格的城邦民，“是苏格拉底第一个将哲学从天空召唤下来，使它立足于城邦，并将它引入家庭之中，促使它研究生活、伦理、善和恶”②。苏格拉底因为莫须有的“败坏青年”和“不敬神”的罪名被判处死刑，实际上他本有机会逃走，但他却为了捍卫城邦的权威和正义而甘愿赴死。柏拉图正是为了避免苏格拉底的悲剧再度上演，为了给苏格拉底这样的人提供一个施展才华的环境，才希望建立起一个理想国，个人作为一砖一瓦，各司其职，各尽其责，从而建构起一个理想的城邦，“我们每个人都不能自给自足，相对于我们的需要来说，每个人都缺乏许多东西。……由于种种需要，我们聚居在一起，成为伙伴和帮手，我们把聚居地称作城邦或国家”③。因此，柏拉图所真正关注的不是城邦中的个人，而是由个人组成的城邦，“在建立我们的城邦时，我们关注的目标并不是个人的幸福，而是作为整体的城邦所可能得到的最大幸福”，“我们的首要任务是确定一个幸福城邦的模型，我们不能把城邦中的某一类人划出来确定他们的幸福，而要把城邦作为一个整体来考虑”④。正是受到前辈们的影响，亚里士

---

① ［古希腊］色诺芬：《回忆苏格拉底》，吴永泉译，商务印书馆 1984 年版，第 149 页。

② ［古希腊］西塞罗：《在图库兰姆的谈话》，转引自汪子嵩等著《希腊哲学史》第 2 卷，人民出版社 1993 年版，第 364 页。

③ ［古希腊］柏拉图：《柏拉图全集》第二卷，王晓朝译，人民出版社 2003 年版，第 326 页。

④ ［古希腊］柏拉图：《柏拉图全集》第二卷，王晓朝译，人民出版社 2003 年版，第 390 页。

多德把人看作政治动物，将个人纳入到城邦之中，“城邦显然是自然的产物，人天生是一种政治动物，在本性上而非偶然地脱离城邦的人，他要么是一位超人，要么是一个恶人”，“城邦在本性上先于家庭和个人。因为整体优先于部分”①。古希腊时代对于城邦整体的重视，实际上是与古希腊的本体论哲学对于“一”的重视是高度一致的，这也从一个侧面证明了伦理学乃是哲学的附庸。

从对西方古希腊时代的分析中，我们可以看出，中西方虽然存在着家庭本位和城邦本位的差别，但不管是家庭还是城邦，它都不是个人主义中的个体，而是整体，因此中西在古代都表现出了整体主义的趋向，个人作为某种社会角色被消融在社会整体之中，而这也使得中西在轴心时代处理自我与他者关系的伦理都表现出强烈的整体性、角色性。

有一次，子路询问孔子，如果卫君让你来执政，你将首先干什么呢？孔子回答说肯定是正名，因为在他看来，“名不正，则言不顺；言不顺，则事不成；事不成，则礼乐不兴；礼乐不兴，则刑罚不中；刑罚不中，则民无所错（同“措”——引者注）手足”（《论语·子路》）。这个“名”不是简单的名称，名称作为一个抽象的名词，后面实际上有实在的东西存在，所以后来法家讲“循名以责实”。“名”背后实在的东西乃是“分”或“位”，有“名”无“分”或有“名”无“位”，这种“名”与“分”或“位”分离所导致的结果，都是徒有虚名或有名无实，正名所正的乃是“名”背后的“分”或“位”，就是要达到“名”与“分”或“位”的结合，也就是“名”与“实”的有机统一。这也就是说，“名”之所以重要，乃是因为它象征着实实在在的“分”与“位”。“位”乃是我们做事的根据和理由，中国人说“不在其位，不谋其政”，就是说，我们做任何事情都要与我们身份地位相符，我们身份地位就决定了我们应该做哪些事情，如果我们的行动超出了我们身份地位的界限，那么我们就是“狗拿耗子——多管闲事”。从“名”背后所蕴含的“分”与“位”来看，这个“名”就是社会的秩序、社会的等级规范，“正名”实际上就是

① ［古希腊］亚里士多德：《亚里士多德选集·政治学卷》，颜一、秦典华译，中国人民大学出版社1999年版，第6—7页。

要求人们在其位而谋其政，也就是每个人要扮演好自己的社会角色，只有每个人都扮演好自己的社会角色，那么这个社会就是一个井然有序的社会。儒家说“君君，臣臣，父父，子子”（《论语·颜渊》）。这后来在汉代变成了纲常名教，变成了君叫臣死，臣不得不死，父叫子亡，子不得不亡的杀人利器，并不符合儒家思想的本来面目。孔子本来是叫人恪尽职守，履行好自己的社会角色，国君要像个国君，臣子要像个臣子，父亲要像个父亲，儿子要像个儿子。当然，名实相符就要求人们承担起自己所扮演角色所应承担的责任，国君要心怀天下，大臣要尽心辅佐国君，父亲要教育儿子，儿子要赡养父亲。如果社会上每个人都做到了这一点，那么这个社会必然是一个理想的社会；反过来，如果人们都不满意自己的角色，都不在自己的岗位上尽心尽责，那么，这个社会就会走向混乱，“信如君不君，臣不臣，父不父，子不子，虽有粟，吾得而食诸？”（《论语·颜渊》）

从对“正名”的分析中，我们可以看出，儒家将国看作一个整体，看作一个大家族，在这个大家族中，有上下尊卑之分，而这个上下尊卑之分也就意味着每个人都有其特殊的地位。虽然上下有别，但是每个人又是维持这个整体运行不可或缺的一个组成部分，所以，每个人都要在自己的位置上发挥自己的作用，从而为推动和维系这个整体的运行和发展做出自己的贡献。由于每个人在这个整体中的地位是不同的，那么每个人所应承担的道德责任是有差异的，“为人君，止于仁；为人臣，止于敬；为人子，止于孝；为人父，止于慈；与国人交，止于信”（《大学·第二章》）。

如果说中国古代的伦理是家族伦理，那么古希腊时代的伦理则是城邦伦理，就像中国伦理是为了家族的兴旺发达、薪火相传一样，古希腊时代的伦理同样是为了维护希腊城邦的繁荣富强，其立足点是城邦这个整体，而不是现代社会中所谓单子式的个人。柏拉图在《普罗泰戈拉篇》中曾经讲过一个创世的故事。宇宙的创造主创造了世界万物后，让爱比米修斯和普罗米修斯给世间万物分配技能，粗心的爱比米修斯忘记了给人分配技能，后来普罗米修斯为人类偷来了火和技艺，才使得人类能够勉强维持生存，但是他们孱弱的身体使得他们无法单独生活，“为了寻求自保，他们聚集到城堡里来，但由于缺乏政治技艺，他们住在一起后又彼此为害，重陷分散和被吞食的状态。宙斯担心整个人类会因此而毁灭，于是派赫尔墨斯来到人间，把尊敬和正义带给人类，以此建立我们城市的秩序，创造出一条友谊和团结的纽带”①。“尊敬和正义”涉及道德与法律，人类需要二者的目的，乃是为了建立城市（城邦）的秩序，因而柏拉图心目中的理想国乃是一个正义的城邦。所谓正义的城邦就是每个人都能按照自己的本性而生活，都能充分实现其本性的城邦，“使每个公民承担适合其天性的工作，每个人都完成他自己的职责，不是一个人做许多项工作，而是一个人做一项工作，这样一来，使整个城邦不至于分裂，而是成为一个整体”②，并且在城邦中要按照你的本性来分配财产和权力等。由于宇宙的创造主在创造人类的时候，使用了金银铜铁四种不同的元素，导致出现了哲学家、武士、工商业者和农夫，而这四种人也拥有三种不同的本性或德性：智慧、勇敢、节制。这也就是说，这四种人作为城邦中的公民，由于他们在城邦中扮演了不同的角色，他们在城邦中需要发挥不同的功能，而这也就决定了对他们的伦理要求是不同的。哲学家作为城邦的统治者，应该具有和发挥智慧的品格，武士作为城邦的保卫者，应该具有和发挥勇敢的品格，而工商业者和农夫作为生产者，应该具有和发挥节制的品格，为城邦提供更多的物品。如果所有人都履行了自己城邦角色所应当履行的职责，做到了城邦伦理对他的要求，那么这个城邦就是一个正义的城邦。

由于柏拉图过度地强调了城邦的整体性，片面地强调了城邦的统一性，以致他借助苏格拉底之口提出了共产共妻的极端主张，“这些女人应当归这些男人共有，没有一对男女可以独自成家，他们生育的孩子也是公有的，父母不知道谁是自己的子女，孩子也不知道自己的父母”③。亚里士多德本着“吾爱吾师，吾更爱真理”的精神，对苏格拉底的思想提出了批判，认为柏拉图试图将城邦整齐划一的做法是错误的，因为城邦不仅是由许多人构成

① ［古希腊］柏拉图：《柏拉图全集》第一卷，王晓朝译，人民出版社2002年版，第443页。

② ［古希腊］柏拉图：《柏拉图全集》第二卷，王晓朝译，人民出版社2003年版，第395页。

③ ［古希腊］柏拉图：《柏拉图全集》第二卷，王晓朝译，人民出版社2003年版，第439页。

的，而且是由不同种类的人构成的，这些人平等互惠才构成了一个良好的城邦，“一个城邦趋于并达到整齐划一将会不再是一个城邦了。……即使我们能够达到这种齐一性也不应当这样去做，因为那将使城邦毁灭”①。虽然亚里士多德反对柏拉图极端统一的想法，但是他并不反对柏拉图要求人们按照本性而恪守职责的构想，而且将其移植到自己的学说当中，主张人们按照自己的本性来生活。在亚里士多德看来，城邦作为一个共同体，是由无数的公民构成的，而这些公民在城邦中的角色千差万别，但他们的目标却是共同的，都是为了建立起一个理想的城邦，因此，每个公民都要为这个目标而努力。由于公民之间存在着角色上的差异，那么就不能够要求他们遵守同一的德性，“既然城邦是不同的成分构成的，就像有生命的东西是由灵魂和身体构成，灵魂是由理性和欲望构成，家庭是由丈夫和妻子构成，领地是由主人和奴隶构成的一样，城邦以与全部上述情形相同的方式由另外一些形式不同的成分构成，故所有的公民必然不可能只有惟一一种德性，犹如合唱队的指挥与站在旁边的那位演员不会具有同一种德性一样”②。

中国古代重视家族的利益，以家族为原型来建构国家，西方重视城邦，用城邦来消融家庭，从而使中西伦理在表现形态上呈现出家族伦理与城邦伦理的差异，但二者在某些方面也表现出一致性，那就是都重视个人的角色地位，强调个人作为国家整体的构成部分及其所背负的角色功能。在这种重视整体的角色伦理中，自我与他者的界限是比较模糊的，但这种模糊并不是以自我为中心来同化他者，或者以他者为中心来消解自我，而是人们并未过多地去思考二者之间的地位问题，都是站在整体的立场上来看待自我与他者，使自我与他者消融在整体性的视野中。历史似乎经历了一个奇异的循环，人类的自我意识逐渐清晰起来之后，自我与他者的关系似乎又回到了开端时的混沌状态，不过这里的区别在于，人类早期的混沌是一种真正的无知无识，而轴心时代的混沌，乃是站在整体认识的高度上来模糊自我与他者的界限，

---

① ［古希腊］亚里士多德：《亚里士多德选集·政治学卷》，颜一、秦典华译，中国人民大学出版社 1999 年版，第 32 页。

② ［古希腊］亚里士多德：《亚里士多德选集·政治学卷》，颜一、秦典华译，中国人民大学出版社 1999 年版，第 80—81 页。

是一种经过了清晰化之后的混沌。

第二节　个人：现代社会中的自我与他者

在古代，受到本体论哲学的同一化思维模式影响，人们强调“一”，强调社会的整体性。这对于自我与他者来说，虽然容易导致自我与他者被同质化，从而在一定程度上导致个性的丧失，但由于又强调个人在社会中的角色地位，这在一定程度上又保持了人的个体性，从而使得自我与他者又呈现出活生生的多样面目，自我与他者相互支撑，共生共荣。不过，随着中世纪的来临，这样一种和谐的局面被上帝的威权打破了。

在西方，古希腊时代的奥林匹斯山是一个众神狂欢的场所：盖娅是大地之神，阿波罗是太阳之神，塞勒涅是月亮之神，玻瑞阿斯是风神，阿耳忒弥斯是狩猎之神，得墨忒尔是丰收和农业之神，阿瑞斯是战神，如此等等不一而足。在这些神之间，分工明确，每个神都有自己管辖的领域和范围。然而在中世纪，上帝打败了奥林匹斯山上的众神，取得了一统天下的局面，“除了我以外，你不可信别的神”，“你们不可作什么神像与我相配，不可为自己作金银的神像”（《圣经·出埃及记》20：3—23）。在人们的印象中，上帝是仁慈的，为人间广施恩惠，遍撒甘霖，不过这是建立在人们信仰上帝，遵守上帝为人所立之约的基础之上的，“爱我、守我诫命的，我必向他发慈爱，直到千代”（《圣经·出埃及记》20：6）；如果人们不信仰上帝，或者违反上帝为人类所立之约，那么人们将会遭受严厉的惩罚，“恨我的，我必追讨他的罪，自父及子，直到三四代”（《圣经·出埃及记》20：5）。人们也许不会忘记，诺亚方舟故事中上帝一怒而让洪水淹没大地的事迹。当然，按照现代契约论的观念，契约出于平等双方自由意志的表达，如果一方违反了契约，就应该受到应有的惩罚。不过我们必须切记，上帝与人所立之约并不是建立在自由意志平等表达的基础上，因为上帝所立之约并不是上帝与人共同对话的结果。由于上帝凌驾于众人之上，所以约乃是上帝独自颁布给人的，“如今你们若实在听从我的话，遵守我的约，就要在万民中做属我的子民；因为全地都是我的，你们要归我作祭司的国度，为圣洁的国民”（《圣经·出埃及记》19：5—6）。而且上帝在立约时所制造出的神秘气氛，使得人们根本失去了对其所立之约提出反对的勇气，只能全盘接受，“众百姓见雷轰、闪电、角声、山上冒烟，就都发颤，远远地站立，对摩西说：‘求你和我们说话，我们必听，不要神和我们说话，恐怕我们死亡。’”（《圣经·出埃及记》20：18—19）既然人连与上帝进行平等对话的勇气都没有，那又何来自由意志、平等表达可言呢？因此，在基督教居于主导地位的中世纪，人没有任何自由可言，人被贬低为上帝的奴仆，只能对上帝顶礼膜拜，俯首帖耳，人类不仅完全丧失了自我，就连人类的存在也因为上帝对尘世的否定而变得岌岌可危。历史经历了一个奇妙的轮回，“认识你自己”的理性认知又被宗教蒙昧和迷狂所取代，人类再次消失在认识的视野之外，人变得无足轻重，可有可无。

尽管在中国几千年的历史中也有道教、佛教等宗教，但在中国处于支配地位的始终是儒家，而儒家是世间性的，始终不离人生日用，这也就是李泽厚所说的“实用理性”。儒家的这种世间性决定了中国的宗教不像基督教那样用来世的天国来否定尘世，始终坚信“出世间即入世间”、“担水砍材，无非妙道”，从而避免了以神来否定人。不过这并不意味着，在中国古代，就不存在着对人的压抑和否定，实际上在中国古代，压抑和否定人却是一个非常普遍的现象。因为中国古代虽然宗教并不居于主流，但却有名教和礼教。在董仲舒的建议之下，汉武帝“罢黜百家，独尊儒术”，从而通过“天人感应”、“人副天数”等学说将儒家学说形而上学化为名教和礼教，要求人们正名和守礼。本来在先秦时代，名与礼都是与成人和现实生活联系在一起的，强调其与人性的内在统一性，然而在后来的发展中，名与礼逐渐变成了对人性的压抑，甚至是对人性的扼杀。尤其是在宋代理学当中，名与礼变成了杀人不见血的软刀子，要求人们“存天理，灭人欲”，为了所谓的天理，而忽视生命的价值，鼓吹“饿死事极小，失节事极大”。戴震对于这种以理杀人的观念提出了严厉的批评，“此理欲之辨，适成忍而残杀之具”，“人死于法，犹有怜之者；死于理，其谁怜之”[1]。而龚自珍则觉得，这种封建礼教对人造

① 戴震：《孟子字义疏证》，中华书局1982年版，第58、10页。

成了严重的束缚，使人丧失创造精神，变成一个被动接受统治的顺民，而其手段则是用封建礼教来戮人之心，“当彼其世也，而才士与才民出，则百不才督之缚之，以至于戮之。戮之非刀、非锯、非水火；文亦戮之，名亦戮之，声音笑貌亦戮之。……徒戮其心，戮其能忧心、能愤心、能思虑心，能作为心、能有廉耻心、能无渣滓心。又非一日而戮之，乃以渐，或三岁而戮之，十年而戮之，百年而戮之”①。

本来，人类的一切思考都是与人联系在一起的，思考人在宇宙中的地位以及如何与世间万有相处，思考人生的意义与价值，思考什么样的生活是值得过的生活，所以，不论是苏格拉底的“认识你自己”，还是孔子的“仁者，人也”，都与人紧密地联系在一起，都是鼓励人类去不断地认识和反思自身。也正因如此，卡西尔说：“认识自我乃是哲学探究的最高目标——这看来是众所公认的。在各种不同哲学流派之间的一切争论中，这个目标始终未被改变和动摇过；它已被证明是阿基米德点，是一切思潮的牢固而不可动摇的中心。即使连最极端的怀疑论思想家也从不否认认识自我的可能性和必要性。”②然而在中世纪，在至高无上的神权或皇权面前，人们自身已经失去了意义和价值，变成了实现神权或皇权的工具，人类只能对于各种权力俯首帖耳，唯命是从。在中世纪，人们必须放弃在古希腊时代被奉为人类本质的理性精神，只能在对上帝的信仰中一步步走向迷信，甚至走向迷狂，人们同时被要求放弃尘世的欲望，因为尘世的一切都是虚幻不实的，唯有天堂才是人类值得向往的地方，因为只有那儿的一切才是真实存在的，“你们要变卖所有的周济人，为自己预备永不坏的钱囊，用不尽的财宝在天上，就是贼不能近、虫不能蛀的地方。因为你们的财宝在那里，你们的心也在那里”（《路加福音》12：33—34）。人类不仅被要求放弃理性精神和物质欲望，就连人间最可贵的亲情在上帝面前也变得毫无意义，“人到我这里来，若不爱我胜过爱自己的父母、妻子、儿女、弟兄、姐妹和自己的性命，就不能作我的门徒；……你们无论什么人，若不撇下一切所有的，就不能作我的门徒”（《路

① 龚自珍：《龚自珍全集》，上海古籍出版社1975年版，第6—7页。

② ［德］卡西尔：《人论》，甘阳译，上海译文出版社1985年版，第3页。

加福音》14：26—33）。因为神与人的立场的不同导致神与人的好恶是对立的，凡是人类所最为珍惜的，就是神最为憎恶的，所以，神要通过对人类所迷恋的一切东西的否定来凸显天堂的价值，从而让人类彻底地放弃内心的执着，彻底地成为上帝的驯服的门徒，"你们不要想，我来是叫地上太平，我来并不是叫地上太平，乃是叫地上动刀兵。因为我来是叫人与父亲生疏，女儿与母亲生疏，媳妇与婆婆生疏。人的仇敌就是自己家里的人"（《路加福音》10：34—36）。因此，按照神学的旨意，人类要否定一切，抛弃一切，包括我们的生命自身。在宗教的迷狂之中，人类失去了生命的尊严，人类自身被彻底地否定了，如果有人胆敢对宗教教义提出异议，那么就必须接受宗教裁判所的审判，接受罗马火刑柱上烈火的炙烤，从而与古希腊时代关心人的初衷背道而驰，人彻底地消失在了神的阴影之中。虽然中国没有西方深厚的宗教传统，但是人类的价值在漫长的封建社会中同样遭受了严重的没落，"饿死事极小"这种对于生命的漠视显然与孔子"仁者，爱人"的人文情怀相互背离。

按照物极必反的辩证法原理，对于人的过度否定，必定会迎来对于人的高度重视，历史必将要回到古代社会中对于人的重视和尊重，因此，当历史的潮水冲破传统社会的闸门而进入到现代社会之后，人受到了空前的重视，人被提高到了一个前所未有的高度。布克哈特在《意大利文艺复兴时期的文化》中将文艺复兴概括为两大主题：人的发现与自然的发现。实际上，在文艺复兴时代，自然的发现是服务于人的发现的，人在自然当中享有特殊的尊荣地位，人乃"宇宙之精华，万物之灵长"，人迥超于自然万物之上。人文主义者皮科借助上帝之口对亚当说，"我们不给你固定的地位、固有的面貌和任何一个特殊的职守，以便你按照你的志愿，按照你的意见，取得和占有完全出于你自愿的那种地位，那种面貌和那些职守。其它受造物，我们将他们的天性限制在我们已经确定了的法则中，而我们却给了你自由，不受任何限制，你可以自己决定你的天性。……你能够自由地发展和战胜你自己"①。

① ［瑞士］布克哈特：《意大利文艺复兴时期的文化》，何新译，商务印书馆1979年版，第151页。

实际上，现代社会中人的地位提高，不仅在于人在自然世界中的地位的提高，而且更在于人权战神了神权，人将上帝逐下神坛，自己取代了上帝在世界上的中心地位。在现代社会中，人们不再相信上帝的权威地位，而更加相信自己的理性判断，“他们不承认任何外在的权威，不管这种权威本身是什么样的。宗教、自然观、社会、国家制度，一切都受到了最无情的批判；一切都必须在理性的法庭面前为自己的存在作辩护或者放弃存在的权利。思维着的知性成了衡量一切的唯一尺度”①。当人类的理性成为一切事物存在与否的判断标准的时候，这也就意味着上帝的存在与否不再是超越于人类理性之外的，而恰恰是人类理性构成了上帝存在与否的根据，人开始将超越的上帝的命运掌握在自己的手中，实现了人与上帝地位的互换，从而使得过去超越性的上帝灰飞烟灭，因此尼采说：“上帝死了！永远死了！是咱们把他杀死的！……我们自己是否必须变成上帝，以便显出上帝的尊严而抛头露面？”②人的地位空前提高的典型表现就是文艺复兴时期的人文主义盛行，诸如“我是人，凡是人的一切特性我都拥有”之类为人类命运鼓与呼的口号和观念在那个时代传遍欧洲。

虽然历史经历了一个奇妙的轮回，人在经历了一段时间的没落之后重新获得了崇高的地位，再次成为关注的中心，但是，历史的轮回不是简单的重复，而是向着一种更高层次的回归，是一种螺旋上升式的回归，是带着崭新内容的回归，现代社会中的人不再是古代社会中作为社会角色的人，而是从社会集体中分化出来的个人。马基雅弗利和路德被一致公认为“他们自己社会的导师”，他们“以不同的方式与中世纪的僧侣统治的、整体性的社会分了手，昂首进入了现代世界。在这两位作家的笔下，出现了一个人物，这是柏拉图和亚里士多德占主导地位的时期的道德理论中所没有的，这个人物就是‘个人’”③。之所以说，在马基雅弗利和路德的著述中出现了在古希腊时代所没有的个人，这是因为他们不再将人看作社会存在物，而是看作理性独立自足的个体，社会和社会生活不再属于道德生活领域，人们不再需要通过

① 《马克思恩格斯选集》第3卷，人民出版社1995年版，第355页。

② ［德］尼采：《快乐的科学》，黄明嘉译，漓江出版社2000年版，第151—152页。

③ ［美］麦金太尔：《伦理学简史》，龚群译，商务印书馆2003年版，第170页。

道德规范将自身融入到社会整体之中，社会现在变成了个体成长的原料库，变成了个人展示自身的舞台，人们不再需要像古代那样来适应社会，而现在社会反而需要来适应个人，“社会不仅是个人活动的舞台，而且是依据个人自己的目标进行再造的潜在材料，个人的目标既受法则所支配，又是可变的。个人不受任何社会的约束，他自己的目标——不仅是权力，而且是荣誉和名声——是他的行为的惟一目标，这个标准把管理国家事务的技术标准排除在外”①。因此，在现代社会中，个人与国家、个体与整体之间的关系发生了根本性的颠倒，个人不再从属于国家，国家开始从属于个人，“组织国家（或社会）的基本原则应从人所固有的特性和品质上演绎而出，而人是不依赖任何社会或政治关系的独立的生物”，“国家不再被看作上帝所要求的和谐的普遍整体中的部分整体。人们简单地由自己来解释国家。思辨的起点不再是全体人类，而是自足的个体国家”②。

在中国近代也出现了对于个体的强调，强调个性解放。譬如康有为尽管还披着复古的外衣，但他曾在中国倡导个性独立思想，“尧舜与人人平等相同，此乃孟子明人人当自立，人人皆平等，乃太平大同世之极”③；陈独秀则在批判封建宗法伦理对于个性压抑的同时，呼唤国人在伦理上的觉悟，从而达到个性独立解放之目的，“盖自认为独立自主人格以上，一切操行，一切权利，一切信仰，唯有听命各自固有之智能，断无盲从隶属他人之理”④；而胡适则直接借助西方的实证主义推行所谓的重实务。不过需要注意的是，中国近代的个人主义与西方的个人主义之间存在着巨大的差别，其中最为重要的一点，就是中国的个人主义不像西方那样将个人凌驾于社会国家之上，而是仍然立足于社会整体基础之上。因为中国近代的个人主义强调自由解放，不过是要通过发挥个体的创造力来实现“救亡图存”的社会目标，这也

① ［美］麦金太尔：《伦理学简史》，龚群译，商务印书馆 2003 年版，第 170 页。

② ［法］路易·迪蒙：《论个体主义——人类学视野中德现代意识形态》，桂裕芳译，译林出版社 2014 年版，第 67—68 页。

③ 康有为：《孟子微·礼运注·中庸注》，中华书局 1987 年版，第 15 页。

④ 陈独秀：《敬告青年》，《陈独秀著作选》第一卷，上海人民出版社 1993 年版，第 130—131 页。

就是李泽厚所说的“救亡压倒启蒙”。不过在改革开放后，随着中国的发展和思想观念的解放，个人主义开始在中国蔚然成潮，有些人开始狂热地追求个性与欲望，信奉娱乐至死的生存法则，不再顾及世俗社会的束缚和他人的目光。

从表面上看，现代社会中的个人是每一个个人，包括我、你、他（她）。不过实际上，个人只是自我，或者说是站在自我立场上的个人，是每一个戴着自我有色眼镜的个体。这也就是说，在现代个人主义背后所掩藏着的乃是自我中心主义。哲学作为“时代精神的精华”，乃是在思想中所把握的时代，自我中心主义作为时代的一个重要产物必然会在哲学当中得到生动的体现。按照黑格尔的说法，笛卡尔可以作为现代哲学的一个重要代表，“勒内·笛卡尔事实上是近代哲学真正的创始人，因为近代哲学是以思维为原则的。……这个人对他的时代以及对近代的影响，我们决不能以为已经得到了充分的发挥。他是一个彻底从头做起，带头重建哲学的基础的英雄人物，哲学在奔波了一千年之后，现在才回到这个基础上面”①。黑格尔对于笛卡尔在现代哲学史上的地位的概括与预测是正确的，后来得到了人们的一致认可。笛卡尔之所以能够成为近代哲学的开创者，这不仅是因为他的哲学反映了近代哲学的思维原则，也是因为他着重强调了自我与理性思维的关系，从而突出了自我在世界中的中心地位。

在笛卡尔看来，过去的整体性哲学最大的问题，不论是古希腊时代的本体还是基督教神学的上帝，都是用一个未经证明的、值得怀疑的事物作为世界统一的基础。由于过去的哲学建立在流沙之上，因此它无法经受住外部的冲击，笛卡尔给自己规定的任务就是要为哲学找到一个自明的、确定无疑的基础，从而使哲学的大厦基础牢固，稳如磐石，能够经受得起外界的各种批判攻击。为了做到这一点，首要的工作就是重新检视传统哲学的前提，把过去我们所信以为真、确信无疑的一切重新再怀疑一遍，让它们在理性的法庭面前接受审判，让它们为自己存在的合法性进行辩护，这不仅包括古希腊时

① ［德］黑格尔：《哲学史讲演录》第四卷，贺麟、王太庆译，商务印书馆 1978 年版，第 63 页。

代所宣称的水火土气等自然物质，甚至也包括中世纪人们向其顶礼膜拜的上帝。正是通过对人的理性的强调，笛卡尔颠覆了中世纪的宗教迷狂，实现了人神之间关系的逆转，以人权取代了神权，因为不再是人通过上帝来确证自身，而是上帝通过人来确证自身。然而，对于笛卡尔来说，这个理性不是一般意义上的理性，而是“我的理性”。在笛卡尔的名言“我思故我在”中，理性之思是与主体之我联系在一起的，这个理性是以自我为依托的。因为当人们在怀疑的时候，世界上的一切都会变得虚幻不实，唯有怀疑这件事情本身和怀疑之我才是不证自明的，“正是根据我想怀疑其他事物的真实性这一点，可以十分明显、十分确定地推出我是。另一方面，只要我停止了思想，尽管我想象过的其他一切事物都是真的，我也没有理由相信我是过。因此我认识了我是一个本体，它的全部本质或本性只是思想。它之所以是，并不需要地点，并不依赖任何物质性的东西”①。然后正是从“我”这个本体出发，笛卡尔推出了世间万物的存在，“至于我心里那些关于天、地、光、热之类成千上万个东西的思想，我不用费多大力气就知道它们是从哪里来的，因为我既然看不出它们有什么地方我觉得比我高明，就满可以认为：如果它们是真的，那就是沾了我的本性的光”②。从对笛卡尔哲学思想的分析中我们可以看出，笛卡尔通过“我思故我在”所建立起来的乃是主体性形而上学或自我形而上学。尽管在后来笛卡尔的命题受到了非常多的批判，但是他所开创的主体性形而上学或自我形而上学却被坚定不移地坚持和发展着。像洛克说：“我想，人人对于自己底存在，有一种明白的认识，都知道他存在着，都知道自己是一种东西；这是毫无疑义的”；③像费希特说：“如果命题‘A=A’（或者说得更确切些，其中直截了当设定了的那个东西 =X），是明确无误的，那么命题‘我是’就必定也是明确无误的。……一切意识经验的事实的理由根据就在于，在自我中的一切设定之前，自我本身就先已设定了”④，我们就能明显地窥见笛卡尔自我形而上学的影子。由此可见，自我形而上学在现代西

① ［法］笛卡尔：《谈谈方法》，王太庆译，商务印书馆 2000 年版，第 27—28 页。

② ［法］笛卡尔：《谈谈方法》，王太庆译，商务印书馆 2000 年版，第 28—29 页。

③ ［英］洛克：《人类理解论》下册，关文运译，商务印书馆 1959 年版，第 615 页。

④ ［德］费希特：《全部知识学的基础》，王玖兴译，商务印书馆 1986 年版，第 10 页。

方源远流长，绵延不绝。即使到了20世纪，我们也不难从胡塞尔的内在意识现象学、海德格尔的此在存在论中瞥见笛卡尔自我形而上学的魅影。

在近代中国，由于受到“救亡图存”这个历史使命的影响，与现代西方强调自我的价值不同，中国人更加强调发挥个人的主动性、积极性与创造性，从而试图让中国迅速地繁荣富强起来，在弱肉强食的世界竞争中免遭亡国灭种的命运，屹立于世界东方而不倒。在鸦片战争爆发次年，龚自珍就含愤离世，因此龚自珍的思想并不是直接针对外患的，而是更多针对内忧的，当然内忧与外患又是紧密相连的，只有有了内忧，外患才会乘虚而入。因此，龚自珍通过对内忧的思考而强烈感受到了外患的迫近。在龚自珍看来，中国最大的忧患就是名教对于人才的摧残，在高压政策之下，不仅不能产生有所作为的官吏将帅，也不能产生才士与才民。没有了人才，社会就像疾病缠身而行将就木之人，就像遭受风吹雨打而即将凋零的花朵，完全失去了活力与光彩，成了彻头彻尾的“衰世”，“痹痨之疾，殆如痈疽；将萎之花，惨如槁木”①。正是为了医治中国的顽疾，龚自珍在哲学上高度推崇自我，把自我看成世界的创造者和主宰者，“天地，人所造，众人自造，……众人之宰，非道非极，自名曰我。我光造日月，我力造山川，我变造毛羽肖翘，我理造文字言语，我气造天地，我天地又造人，我分别造伦纪”②。龚自珍将天地万物、语言文字、伦理制度都看作自我创造的结果，将自我提升为创造世界的第一原动力，从而使自我在中国历史的发展中达到了一个前所未有的高度。后来谭嗣同的心力说、梁启超的除心奴、陈独秀的伦理革命、鲁迅的国民性批判尽管在形式与内容上都发生了一定的变化，但都可以看作是对龚自珍推崇自我思想的继承和发展。就像中国近代的个人思想没有发展为西方式的个人主义一样，中国近代的自我思想也没有发展为西方式的自我中心主义，而改革开放后，中国的人自我意识明显地得到了加强，开始强调“只有自我才是绝对的”，“我就是历史”③，自我中心主义在中国开始抬头。

对于个体自我的高度推崇，就使得现代社会中自我与他者之间的关系产

① 龚自珍：《龚自珍全集》，上海古籍出版社1975年版，第7页。

② 龚自珍：《龚自珍全集》，上海古籍出版社1975年版，第12—13页。

③ 樊星：《世纪末文化思潮史》，湖北教育出版社1999年版，第90页。

生了不同于古代社会的变化，在古代社会中，自我与他者同时被消融在国家社会的整体之中，而在现代社会中，随着自我被提升到至高无上的地位，他者就必然会被自我的阴影所吞噬，必然会被消融在自我之中。

在现代社会中，个人主义和自我中心主义是联系在一起的，每个个人后面都站着一个独特的自我，或者说，每个个人都是一个独特的自我。一旦每个人都将其独特的自我奉为唯一的标准，并运用它来审判事事物物，以其作为其他存在或放弃存在的依据时，那么，实际上，我们就是在衡量他者对于自我的有用性。这诚如笛卡尔所言："大多数人极其细心地考察各种植物的特性、各个星球的运行、点铅成金之术，以及诸如此类分科的对象，却几乎没有一人想到这里涉及的良知，或者说，人皆有之的智慧，而其他一切之所以值得重视，与其说是由于它们自己，不如说是由于它们对此良知或智慧多少有所贡献。"① 从笛卡尔的论述中我们可以清晰地看出，他者之所以具有存在的价值，是因为他者能够为我所用，能够被自我所吸纳，或者说，能够为自我提供营养。从为我所用和为自我提供营养的意义上来看，他者对于自我来说，缺乏独立的价值，只有工具的价值，我们可以把他者当作工具来使用：他者是自我食物的生产者，他者是自我服务的提供者，他者是自我剩余价值的创造者……虽然他者变成了满足自我需要的工具，也会保持我对他者的依赖，就像我们要依赖食物以生存一样，但是我对食物的依赖和食物对我的依赖是不一样的，我具有积极性和选择性，而食物则不具备积极性和选择性，它只有消极被动地等待我的选择，它才能实现其作为食物的价值。一旦他者变成了满足自我需要的工具，那么也就意味着，他者失去了独立性和个性，他者变成了另外一个我或变成了我的一部分，就像食物变成了我的血和肉一样。正是因为在自我中心主义的视野中，他者变成了满足自我需要的手段和工具，所以，我们能够不择手段地逼迫他者交出自我所需要的一切，因此，在现代社会中，坑蒙拐骗、敲诈勒索等搜刮他者的手段都被使用到了极致，也就不足为奇了。实际上，在现实生活中，自我把他者当作工具来使用甚至已经达到了"日用而不知，习焉而不察"的境界，就像我们逼迫孩子

① ［法］笛卡尔：《探求真理的指导原则》，管震湖译，商务印书馆 1991 年版，第 2 页。

去学习各种乐器、上各种培训班、考取某某名牌大学，都是用孩子来实现自己的某个愿望，为自己谋取所谓的面子等等，实际上这种考虑并非是孩子本身，而是实现自我的某种需要，但是我们却以为是在为孩子着想。

虽然在现实生活中，有些他者驯服地成为自我满足需要的工具，或自觉或被动地从属于自我，但是有些他者却并不如此，他们反抗自我的统治，因为在他者看来，他者像我们一样，也拥有自身的自我，他者与我们处于平等的地位，他者没有必要被自我当作工具来使用。然而问题在于，在自我中心主义者看来，自我天然地就应该成为世界的中心，他者就必须服从、服务于自我，为了实现自我对于他者的统治，自我可以动用一切必要的手段，甚至不惜以与他者相冲突、相对抗为代价，这样一来，人与人、自我与他者之间就处于尖锐的对立地位，甚至是激烈的冲突状态。这也就是现代思想家霍布斯所说的，“任何两个人如果想取得同一东西而又不能同时享用时，彼此就会成为仇敌。他们的目的主要是自我保全，有时则只是为了自己的欢乐；在达到这一目的的过程中，彼此都力图摧毁或征服对方”，“由于人们这样互相疑惧，于是自保之道最合理的就是先发制人，也就是用武力或机诈来控制一切他所能控制的人，直到他看到没有其他力量足以危害他为止”①。在这种激烈的对立中，他者始终被看作是自我的敌人，“人对人像狼”、“他者是地狱”乃是现代人际关系真实的写照。虽然按照契约论的观念，人们为了改善相互之间的关系，彼此签订契约，然而问题在于，签订契约的目的，不是为了保护他者，而是为了保护自身的利益免遭伤害。因此，签订契约只是降低了自我侵害他者的随意性，但并没有消除人们侵害他者的内在冲动，只要一有机会，自我就仍然会毫不留情地侵害他者，只要我的力量足够强大，利益足够诱人，那么，我就会撕毁契约而侵害他者。正是为此，尽管霍布斯批判“愚昧之徒”断言“立约与不立约，守约与不守约，只要有助于个人利益，就不违反理性”②，但是他也不得不承认，“正义取决于事先存在的契约，感恩则取决于事先存在的恩惠，也就是取决于事先存在的自由赠与……赠与

① ［英］霍布斯：《利维坦》，黎思复、黎廷弼译，商务印书馆 1985 年版，第 93 页。
② ［英］霍布斯：《利维坦》，黎思复、黎廷弼译，商务印书馆 1985 年版，第 109 页。

是自愿的，而一切自愿行为，对每个人说来，目的都是为了自己的好处。人们如果看到自己将在这方面吃亏，恩惠或信任也就不会开始了，从而互助和人与人之间相互的协调也就不会开始了。这样一来，人们便仍旧处在战争状态当中”①。战争就是自我对于他者极端地泯灭，这也就是说，由于契约是以自我为中心的，是服务和服从于自我利益的，一旦自我的利益不能从遵守契约中得到保证，那么自我就不惜对他者发动战争。自我通过战争的方式，一方面迫使他者成为自我的附庸，另一方面，如果他者坚决不愿服从、服务于自我，而坚持成为自我满足道路上的障碍，那么，我就会对他者进行彻底的消灭。

第三节 他者：先于自我

从对哲学发展的描述当中我们可以看出，一部哲学的发展史同时也就是自我地位不断提升的历史，就是自我的地位由边缘不断靠近中心的历史。自我在不断摆脱国家、社会、家庭束缚的同时，逐渐将自身从他者的包围中摆脱出来，将自我凌驾于他者之上、之前，从而将他者变成另外一个“我”，将他者变成自我的附庸，变成满足自我需要的手段和工具。因为按照传统的哲学，自我乃是创造世界的本原和本体，不管是龚自珍的造天造地、造语言伦纪的自我，还是西方笛卡尔的为世界奠基的绝对自明的“我思故我在”，还是古代“人是万物存在的尺度”，还是现代的“自我设定非我”，实际上都肯定了自我与他者相比享有不可比拟的优先性。因此，在过去，尤其是在近现代社会中，自我优先于他者，他者唯我马首是瞻。

自我之于他者的优先性，就必然使得他者遭受自我的奴役与压迫。站在自我本原论或唯我论的立场上来看待他者，他者实际上是没有自性的，他者必须依赖自我为其奠基，他者在这个世界上存在的合法性是源自于自我的，他者正是因为自我才获得在此世界上存在的合法性。换句话说，他者自身是

① ［英］霍布斯：《利维坦》，黎思复、黎廷弼译，商务印书馆 1985 年版，第 115 页。

没有价值的，他者无法自我肯定，他者的价值是依赖于自我的，这也就是说，他者自身缺乏内在价值，他者只有与我相关的外在价值，因此，他者要想立足于世，要想获得自身存在的价值，就必须对我唯命是从，所以，自我利用他者乃是顺理成章的事情。正是基于此，在古代社会中，那些号称孤家寡人的统治者就把一切他者看作自己的私人财产，“以天下私一人”，“普天之下，莫非王土；率土之滨，莫非王臣”。因此，在中国古代，天下经常会成为一家一姓的私有财产；西方同样也把奴隶当作私有财产进行买卖，一部分人彻底地沦落为另一部分人的私有财产。即使到了现代社会，自由、平等的口号甚嚣尘上，但是这种轻视他者的本原性思想并没有从人们的头脑中被完全清除出去，而是以一种相对隐蔽的方式植根于人们的意识深处，只要一有合适的时机就立即表现出来。且不说在日常生活中普遍存在的“各人自扫门前雪，休管他人瓦上霜”之类的明哲保身的行为，也不说市井当中到处充斥着假冒伪劣、坑蒙拐骗等损人利己、唯利是图的行为，即使是那些所谓为社会创造了巨大财富、提供了大量就业机会、促进了社会和经济发展的公司企业，同样也免不了人的异化现象，要将那些受雇佣的劳动者变成财富增殖的工具，“生产的真正目的不是一笔资本养活多少工人，而是它带来多少利息，每年总共积攒多少钱”①。正是有见于近代社会中这样一种工具化倾向，康德提出“人是目的”，反对将人当作工具；韦伯提醒人们，在工具理性之外还有价值理性。

一旦他者变成了自我用来谋取利益、满足自我需求的工具，那么他者就丧失了其内在价值、理性价值，只剩下了工具价值、使用价值、外在价值，我们就可以像对待机器一样对待他者，逼迫他者为自我创造更多的价值，自我就会像马克思所批判的那样，不顾他者的健康甚至是死活，竭尽所能地榨取他者的剩余价值，对他者进行敲骨吸髓。虽然自我对于他者的奴役与压迫确实可以为自我带来财富的积累和需要的满足，为世界上培养了不计其数的亿万富豪，但这也导致了财富的过度集中，促成了世界的贫富两极分化，一部分人全部身家财产甚至比不上富人的一只宠物，导致自我与他者之间的矛

① 《马克思恩格斯全集》第3卷，人民出版社2002年版，第282页。

盾激化，冲突加剧。按照唯我论的观点，自我与他者相比具有优先性，自我可以毫无顾忌地奴役与利用他者，然而问题在于，每个人都有一个自我，都是一个自我，那么，依次类推，毫无顾忌地奴役与利用他者的自我又必然也要被他者毫无顾忌地奴役与利用，这就必然会导致自我与他者之间走向冲突，从而使得“人对人像狼”，人与人相互为敌、相互为战。因此，只要人们坚持唯我论，坚持自我之于他者的优先性，就不仅会引起压迫与剥削，而且必然也会引起不满与反抗，战争就会成为社会的一个常态，成为日常生活的一个组成部分。有关这一点，我们只要回眸一下人类几千年的文明史，就不难发现，无论社会怎么进步，经济怎么发达，文明怎么发展，战争始终都是人类历史当中不可或缺的一个重要内容。正是有感于战争对于人类来说是如此悠久绵长、如此密集频繁，战争如此与人类的存在密不可分，列维纳斯得出结论，“我们不必借助赫拉柯利特的残篇就能证明：对于哲学思想来说，存在将自身展现为战争。战争不仅是作为明显的事实，而且是作为实在的显现或真理影响着存在”，“战争建立起一个秩序，没有人能够与它保持距离”①。虽然对于现代中国人来说，生活的环境是相对和平稳定的，但是我们既要看到国际上的局部冲突不断，贸易战、信息战等各种形式的战争还是时有发生，而且这种战争的思维已经在人们的脑海中形成，就像在各种体育赛事报道这样高度远离政治的领域中，也同样充斥着一股浓浓的火药味。

战争不仅造成了社会财富的巨大浪费，而且也将人类推进了万劫不复的痛苦深渊之中。战争是以牺牲生命为代价的，“尸横遍野、流血漂橹”的战争不仅留下了肢体残缺、生命中止的伤痛，而且使无数孩子失去爸爸、妻子失去丈夫、父母失去儿子……无数家庭因此而走向妻离子散、分崩离析的人间悲剧。因此，在历史上，无数学者对于战争提出了严厉的批评。像孟子就对战争进行过猛烈的抨击，认为战争实际上就是一种人吃人的暴行，主张对发动战争者要进行严厉的惩罚，“争地以战，杀人盈野；争城以战，杀人盈城，此所谓率兽而食人肉，罪不容于死。故善战者服上刑，连诸侯者次之，辟草莱、任土地者次之”（《孟子·离娄上》）。老子的批评虽然没有孟子那

① Levinas: *Totality and Infinity*, The Hague: Martinus Nijhoff Publishers, 1979, p.21.

样激烈，但他同样对战争持否定态度，“夫兵者，不祥之器，物或恶之，故有道者不处”（《老子·三十一章》），“以道佐人主者，不以兵强天下”（《老子·三十章》）。在现代西方，由于两次世界大战给世界人民造成了永远无法抹去的伤与痛，因此像列维纳斯、阿伦特、鲍曼等学者都对战争展开了深入的反思和激烈的批判。实际上，战争不仅对他者造成了伤害，即使是对自我也会造成严重的伤害，战争中没有绝对的胜利者。俗语说，“杀人一万，自损八千”，就已经清晰地告诉我们，即使我们赢得了战争的胜利，但是也会付出惨重的代价，这种代价不仅是物质上的、财富上的，也有精神上的，甚至是生命上的。况且问题在于，在这个世界上，我们不可能是永远的胜利者，“智者千虑，必有一失”，“人有失足，马有失蹄”，这些都告诉我们，没有所谓的常胜将军，每一个人都会在战争中遭受失败。一旦我们成了战败者，那么他者也就会将我们所曾经施与他们的伤害反施与我们自身，从而使我们成为自作自受者。老子说，“常有司杀者杀。夫代司杀者杀，是谓代大匠斫。夫代大匠斫者，希有不伤其手矣”（《老子·七十四章》）。因此，在战争中，自我与他者之间陷入了互相伤害的恶性循环，没有胜利者，都是失败者，都是受害者。因为战争的发生，在一定程度上是源自于我们所奉行的自我中心主义，是由于我们将自我摆在他者之前、之上，所以，为了消除自我与他者之间的奴役、剥削乃至战争，我们就必须调整自我与他者之间的位置关系。

对于很多人来说，奴役、剥削乃至战争的发生是基于自我对于他者的优先性，但是在现代社会中，随着民主意识的勃发，平等观念已经开始深入人心，自我已经放弃了自我之于他者的优先性，开始与他者平等相处。从社会层面来说，平等已经成为了现代人基本的价值追求；从学术和思想层面来说，现当代一些著名的思想家都开始从学术理论上建构自我与他者的平等地位，不论是胡塞尔的主体间性理论，还是海德格尔的共在理论，或者马丁·布伯的“我—你”理论，抑或是哈贝马斯的商谈理论，都已经放弃了自我之于他者的优先性，强调自我与他者的平等关系，自我不再处于他者之前、之上，而是与他者比肩而立。

确实，从表面上看，在这些理论当中，自我之于他者已经不像过去那样趾高气扬，居高临下，似乎与他者之间已经开始并肩齐眉，比肩而立，用列维纳斯话的说，就是自我与他者之间是一种“肩并肩”（side by side）的关系。然而问题在于，这种“肩并肩”的关系并不意味着自我与他者之间必然会道德友好地相处，反而也有可能是一种冷漠的相处，自我与他者之间不仅存在着“交臂而失之”的可能性——因为自我可能会正襟危坐，无视周围他者的存在，而且自我与他者之间也可能会发生对抗的风险，因为比肩而立的他者对于自我来说本身就是一种威胁，所以，我要力图消除他者对于自我的威胁。这些理论的提出，本身是建立在自我与他者相互对立的基础上，也就是说，它们已经预设了自我与他者是互相对立冲突的，因此，这些理论的提出是要抑制这些冲突，而不是消除这些冲突。所以，一旦抑制措施被解除或失效，那么，对立与冲突又会立即爆发出来。之所以如此说，这些理论实际上就是主体间性理论和对话理论，或者说是自我与他者这两个主体间的对话理论。从这里我们就可以看出，这是在两个主体之间，虽然主体之间不再像主客体之间那样，一方对于另一方占有压倒性的优势，从而使得自我这个主体不能对同样作为主体的他者胡作非为，但是这并不意味着自我不想对他者有所作为，甚至是胡作非为，只不过我由于害怕他者的抵抗甚至是报复而有所压制，有所收敛。但是，既然自我是与他者并肩而立的主体，那么自我就必然会有将他者变成客体的野心，即使这种野心暂时还没有在现实中得到展现，但它也会蠢蠢欲动，等待和寻找合适的展现时机。譬如强调主体间性的胡塞尔同时就强调人有一个世界存在，而这个世界是一个为我的世界，“作为自我，自我拥有一个不断为我存在着的周围世界，我在其中拥有的诸对象都是为我而存在着的”①。既然世界是为我的，那么，虽然这个世界中有他者，有他人，但这个他人不是与我无关的自在自为的存在，而是为我的存在，是从属于自我的，“他人在我之中被构造为他人，这是惟一可以设想的方式，就像他们可以作为存在者和如此存在者而具有为我的意义和有效性那样”②。而这就内含着唯我论的萌芽，就有导致自我奴役他者的风险。后来海

① ［德］胡塞尔：《笛卡尔式的沉思》，张廷国译，中国城市出版社2002年版，第92—93页。

② ［德］胡塞尔：《笛卡尔式的沉思》，张廷国译，中国城市出版社2002年版，第176页。

德格尔正是在此基础上提出了共在理论。虽然海德格尔明确反对“他人就是自我的一个复本”①，但是他通过借助此在的领会来据有世间万物的方式，必然要确立自我之于他者的优先性，从而不仅会压抑和奴役他者，甚至会冷漠无情地消灭他者，而这也导致他成为纳粹的帮凶。虽然对话理论在某种程度上缓和了自我与他者之间的对立与冲突，但它只是缓和而非消除，因为对话理论只是改变了自我与他者之间的交往形式，而没有触及自我与他者之间关系的本质，它仍然从内在捍卫自我之于他者的优先性，因而无法改变自我与他者相互冲突乃至相互战争的局面。就像在现代社会中，人们都相信“法律面前人人平等”，但这并不意味着我们就会高度关注他人的利益，在他者陷于困境时我们就会热情地伸出援助之手，我们不仅有可能对他者所处的危险境地视而不见，而且我们甚至可能为了自身的利益将他者推入危险的深渊之中。

从对先前理论的分析中，我们可以看出，不论是自我先于他者的主客体理论，还是自我与他者平等的交互主体性理论，都无法解决自我与他者之间的冲突，更不能使自我与他者友好地相处。因此，为了解决自我与他者的矛盾与冲突，促进自我与他者的和谐相处，那么，自我与他者的关系必须有所改观，有所发展。

从人类历史的发展过程来看，在人类社会初期，人类对于自然世界和外界的他者充满着敬畏心理，认为外在于自我的一切都是充满神性的，山有山神，水有水神。既然承认万物有神、万物有灵，那么一切外在的他者都是先于自我的，都是我们顶礼膜拜的对象，因此，古代人创造了许多巫术仪式，来祈求外在他者的护佑，不但不敢去冒犯侵害他者，而且竭尽全力地去保护他者不受破坏和伤害。然而，随着社会生产力的发展，人们认识世界和改造世界能力不断增强，人们的自我意识也开始在认识世界和改造世界的过程中逐渐地确立起来，这个时候人们开始慢慢地形成自我中心意识，把外部的他者当作满足自我需要的工具和手段，从而致使他者逐渐沦落为自我征服与改

---

① ［德］海德格尔：《存在与时间》，陈嘉映、王庆节译，生活·读书·新知三联书店 1999 年版，第 145 页。

造的对象。压迫与反抗是一对孪生兄弟，哪里有压迫，哪里就会有反抗，一旦自我将他者作为征服与改造的对象进行压迫之时，就必然也是遭遇他者的反抗之时。也正因如此，在人类历史上，反抗压迫与镇压反抗的斗争此起彼伏，连绵不绝。也正是为了缓和自我与他者之间的冲突，人们开始反思自我是否真的拥有之于他者的优先性，开始强调自我与他者的平等关系，不论是胡塞尔的交互主体性，还是哈贝马斯的商谈伦理，还是罗尔斯的公正理论，都是在强调自我与他者之间的平等关系，从而否定自我之于他者的优先性。然而问题在于，交互主体性理论较之于主客体理论，确实是有所前进发展，但它并不能消解自我与他者之间的冲突，因为自我与他者作为平等的主体，那么，他者始终构成自我自由的限制，始终阻碍着自我主体性的完全发挥。因此，自我与他者之间虽然可能会借助契约论使彼此处于相对和平的状态，但并不能完全消除自我与他者之间的敌对状态，“人对人像狼”、“他者是地狱”始终是社会现实的真实写照。交互主体性更不能引导自我与他者走向友好和谐的相处，自我与他者之间始终缺乏一种安全感，彼此之间无法达成信任，自我与他者始终存在着某种潜在的风险，而这也导致现代人感到非常紧张，时时刻刻都绷紧着对他者的提防神经，始终在防范随时来自他者的伤害，这也就是中国人常说的“防人之心不可无”。因此，现代人走在路上，不敢与陌生人说话，不敢接受陌生人帮助；在家里，不敢让陌生人进屋，从而拒他者于千里之外，人与人之间缺少了必要的温情，从而使得现代人情感冷漠，现代社会冰冷无情。交互主体性的不足决定了自我与他者的关系必须继续向前发展，按照他者先于自我、自我先于他者、自我与他者平等的发展逻辑，自我与他者的关系必然会像马克思所说的那样，呈现出一个螺旋式的上升过程，重新回到他者先于自我的道路上来，当然这种回来是带着全部发展成果的回归，而不是简单的重复。

如果我们对于传统的主客体理论和交互主体性理论进行深入反思，我们就会发现，这些理论在政治上的反映就是等级秩序和平等要求，然后我们又通过政治法律手段将其推行至社会生活的各个领域，用其来规范人们的言行举止，或者说，这些理论本身是具有深厚的政治背景的，因此，这些理论实际上是与政治紧密地联系在一起的，是政治在现实生活领域的推广。一旦我们用政治来涵盖和统摄日常生活，那么就会发生上面所说的人吃人、人与人相互为战的情况。政治法律对于维持人类社会的秩序当然是有帮助的，柏拉图就曾经指出，在人类产生之初，人与人之间之所以相互为战，就是因为人们缺乏政治技艺，正是为了防止人类因此而走向灭亡，人类才被赋予了尊敬和正义这一政治技艺，“以此建立我们城市的秩序，创造一条友谊和团结的纽带”①。实际上，这里面的“正义”我觉得翻译成“公正”更为恰当，因为按照柏拉图的说法这种正义乃是“分配正义”，而这种“分配正义”是一种抛弃了情感的绝对的客观公正，而这与中国人赋予“义”的情感内涵有所不同。之所以我要强调柏拉图所说的是“公正”而非“正义”，是要强调柏拉图所讲的秩序乃是摒弃了情感的理性的政治秩序。在这样一种秩序当中，人们更多的是执着于我到底必须做什么，也就是我的义务是什么。这种义务，在古代社会中，是我们的社会地位所赋予我们的，在现代社会中，按照市场逻辑，我们所必须承担的义务取决于我们所享受的权利多少，因为我们是自我先于他者的，虽然现代的平等理论肯定了自我与他者并驾齐驱，但人们在骨子里仍然肯定自我先于他者。

既然人们在骨子里始终坚持自我先于他者，那么自我与他者之间要么就是古代社会中的欺压，要么就是现代社会中冷酷无情的交易，而不会出现孔子所说的“人不独亲其亲，人不独子其子”的和谐局面。当我们执着于政治和法律的时候，我们所做的是一种公平的交易，我们为他人付出的不会超过我应该付出的，也就是说，我的付出要么是与我的社会角色相应的，要么是与我所享受的权利相应的。当我们执守于这样一种观念，并按照这种观念来进行行动的时候，我们就很难说这个人是道德的，因为他只是尽了自己的本分而已，这本来就是他应该做的（如果他不这样做，他是要为此付出代价的）。既然他必须要这样做，我们就很难说他是道德的，就像一个教师上课，一个警察维护社会治安，一个公务员为民服务，这些本来就是他们的职责，这没有什么道德与不道德可言。道德之所以为道德，并不是强调自我与

① ［古希腊］柏拉图：《柏拉图全集》第1卷，王晓朝译，人民出版社2002年版，第443页。

他者的平等，更不是强调自我之于他者的优先性，而是始终把他者放在自我之前、之上。这种之前、之上不是时空位置上的，而是价值排序上的，是我们在内心中承认他者的价值优先性。康德说“人是目的”，这是正确的，但是这种正确性是在一般意义上说的，但是在自我面对他者的时候，只有他者才是目的，或者说，他者这个目的在价值排序上先于自我这个目的，否则，自我就不会对他者做出道德的行为。因为道德的行为实际上都是越出自身的职责之外去做多于职责的事情，也就是我们只有做了不是我们必须做的事情，我们才能称得上是道德的。总而言之，“他者先于自我”乃是伦理道德成立的前提条件，如果我们不承认“他者先于自我”，就像列维纳斯所说的那样，在日常生活中，我们就没有办法伦理地说出“先生，您先请!”“先请”本身就赋予了他者之于自我的优先性。

同时，这种将他者置于自我之前的做法，实际上更加有利于改善自我与他者之间的关系，促进自我与他者的和谐。在自我优先于他者的情况下，自我与他者之间肯定会充满着压迫与反抗，矛盾冲突必然不断，社会不会达到一种秩序井然的状态。虽然在自我与他者平等的情况下，如果每个人都能紧守自己的权利和义务的界限，做自己该做之事，不做自己不该做之事，那么，社会可能会达到一种井然有序的状态，但这种秩序本身是通过自我与他者回缩到自身之内来实现的，每个人都不会在社会上“多此一举”，就像中国人所说的，“各人自扫门前雪，休管他人瓦上霜”，“闲事少管，无事早归”。因此，这种有序的社会实际上就是老子所说的自我与他者之间“老死不相往来”的孤立绝缘的社会，在这样一个社会中，自我与他者之间可能会存在权利与义务的公平交换，但自我不会真正地关心他者，更不会为了他者而牺牲自己的利益，所以，自我与他者之间是一种冷漠无情的交换关系，这就像马克思、恩格斯所说的：“人和人之间除了赤裸裸的利害关系，除了冷酷无情的‘现金交易’，就再也没有任何别的联系了。”① 在当今时代，之所以人们有时会见死不救、见到摔倒的老人不扶，就是一方面人们害怕会使自己的利益受到损害，另一方面是人们觉得这不是我必须承担的义务，因此，觉得多

① 《马克思恩格斯选集》第 1 卷，人民出版社 1995 年版，第 275 页。

一事不如少一事，没有必要为了他者而给自己带来不必要的麻烦。如果人们承认他者之于自我的优先性、他者先于自我的话，自我就不再紧盯着自身的利益不放，而会把他者的生死存亡、利害得失放在第一位，那么，我们就会走出自身，放弃对于自我权益的执着，对他者的生死存亡、利害得失承担起责任来，承担本来并不属于自己的责任，去做自己可做可不做的对他者有利但同时可能对自己有害的事情。就像一个道德高尚的人会冒着生命的危险去救落水的儿童，会冒着被讹诈的危险去扶跌倒的老人，这都是因为在他的心目中，他者是优先于自我的，他者的生命高于自我的生命，他者的利益重于自我的权益，否则就不会有这种道德行为的发生。如果人们都能够走出自身，真诚地面向他者，向他者热情地伸出双手，无私地给予他者以帮助，那么，世界就不再冰冷无情，而是充满着温情，这个世界就真正是一个人的世界，是一个充满着人情味的世界，就是一个和谐的世界，就是一个伦理道德的世界。

实际上，承认他者先于自我不仅是出于构造和谐社会的需要，而且，这也是具有历史现实基础的。

从人类历史发展进程中来看，许多思想家的思想中就已经包含了他者先于自我思想的发端。据《论语》记载，"子绝四——毋意，毋必，毋固，毋我"（《论语·子罕》），在意、必、固、我当中，"我"居于核心地位，因为前三者都是与"我"联系在一起的，因为"意"、"必"、"固"乃是我之意、我之必、我之固，我构成了意、必、固的主体。更为重要的是，这个"我"不是一般的我，而是自以为是的我、唯我独尊的我，是先于他者的我，也就是朱熹说的"我，私己也"①，孔子"毋我"，实际上就是要求人们不自以为是，不唯我独尊，而是自甘处于他者之后，让他者先于自我。孔子说，"三人行，必有我师焉"（《论语·述而》），师为尊者，尊师乃是中华民族的优良传统，我以他者为师，实际上就表达了他者之于自我的优先性。因此，在孔子的伦理中，处处都是以他者为核心的，"入则孝，出则弟，谨而信，泛爱众，而亲仁。行有余力，则以学文"（《论语·学而》）。孝悌、诚信、爱众、

① 程树德：《论语集释》第二卷，中华书局1990年版，第574页。

亲仁都是与他者联系在一起的，是指向他者的，是“成人”；而“学文”主要是提升自身的修养，是“成己”。孔子说在成人而有余力的情况下，再“学文”以成己，成己不是将自己封闭在自身之中，而是要通过成人来成己，成人反过来成为成己的前提，可见在人己、自我与他者之间，他者具有绝对的优先性。因此，对于孔子来说，主要考虑的不是他者是否尽到了对于自我的义务，而主要是自我是否承担了对于他者的责任，这也就是曾子所说的要反省自我是否“为人谋而不忠乎？与朋友交而不信乎？”（《论语 · 学而》）后来，孟子说，“禹思天下有溺者，由己溺之也；稷思天下有饥者，由己饥之也”，（《孟子 · 离娄下》）就是对于孔子他者先于自我、“仁以为己任”的思想的继承和发展。

与儒家对于他者先于自我思想比较隐晦的表达相比，道家对此问题的表达就要直接得多。与孔子的“毋我”相似，道家也有“无为”、“无名”的思想，而这些归根结底就是“无我”。譬如，老子说“不自见，故明；不自是，故彰；不自伐，故有功；不自矜，故长”（《老子 · 十三章》），要求人们不自我表现，不自以为是，不自我夸耀，不自高自大，实际上就是要求人们不要将自我凌驾于他者之上，而将自我置于他者之后。在为他者服务的过程中，不将自己的意图强加于他者，而要从他者自身出发，尊重他者的本性，做到“辅万物之自然而不敢为”（《老子 · 六十四章》）；在事情完成之后，不居功自傲，不与他者争功，“功遂身退”（《老子 · 九章》）。因此，对于老子而言，世界万物的生成与发展都像大道一样自然而然，似乎一切的成就不过是自然地发生，而非自己的功劳所致，自己始终隐藏在他者之后，“生而弗有，为而弗恃，功成而弗居”（《老子 · 十章》）。因此，对于老子来说，自我不与他者一争先后，而是始终心甘情愿地处在他者之后、之下，“后其身”（《老子 · 七章》），主动地谦虚卑下，“处众人之所恶”，“守其雌，为天下谿”，“为天下谷”（《老子 · 二十八章》）。

儒道作为中国文化的两大主要流派，其思想观念对于中国人为人处世造成了重要的影响，他者先于自我也是人们在日常生活中都会遵循的一项基本的行事准则。譬如，中国人比较重视谦逊礼让，罗素在中国考察期间对此就留下非常深刻的影响：“中国人的生活，即使是最现代化的人，比起我们也要有礼得多。这当然影响效率，但同样（更重要的是）也影响了人际关系的真诚。如果我是中国人，就会希望在一定程度上减少这种礼让。但是，对备受西方野蛮之苦的人来说，中国的礼让就显得十分怡然。”① 尽管罗素因礼让不合现代社会的竞争潮流而对其有所微词，但他的论述还是说明了中国人谦逊礼让的品格及其对于打造和乐生活的重要性。谦逊礼让实际上就是承认并尊重他者的优先性，并愿意为此而牺牲自己的利益，否则，我们就不能礼让他者，我们就不能像孔融那样让梨，也不能在公交地铁中让座，我们之所以能够谦逊礼让，就是我们在心灵深处怀有他者先于自我的意识，这种意识一遇到现实的触发就会显现出来，就会主动地礼让他者。

当然，他者先于自我虽然在中国的思想文化中早已存在，但在理论上进行系统阐述的却当数法国哲学家列维纳斯。列维纳斯认为，人不是深山密林当中的隐居者，不是孤立的个人，而是生活在社会中的人，人始终栖居在人群之中，因此自我与他者之间始终处于关系之中。列维纳斯所说的自我与他者的关系，不是以往人们所说的那种可有可无的“肩并肩”（side by side）的关系，而是“面对面”（face to face）的关系，自我始终要直面他者、面对他者。在直面他者、面对他者的过程中，他者实际上是作为面孔或脸而呈现自身的。俗语说，人把喜怒哀乐都写在脸上，以及像喜形于色、相由心生等成语，都生动形象地说明了面或脸具有表达性的功能，面或脸是人的内在本性的一种外在反映形式，是通达人类心灵的一扇窗户，因此他者在某种程度上就是他者之面或脸。虽然面或脸的表达功能表达了人的内在生命，从而使得面或脸拥有鲜活的生命力，但是面或脸也始终存在着变为面具的危险，也就是它可能会丧失内在的生命活力而变成僵死的皮囊或面具，而这种表达功能的丧失也就是他者的死亡，因此，我们在从面孔到面具的转化可能性中洞悉了他者走向死亡的可能性。由于当我在思考死亡的时候，我就还没有经历死亡，因此死亡与自我自身具有彼此外在性。正是因为自我与死亡彼此外在，所以自我对死亡缺乏直接经验，自我只是通过他者的死亡而获得了对于死亡的间接经验，但由于它是间接的，因此死亡对于自我来说是一种陌生

① ［英］罗素：《中国问题》，学林出版社 1996 年版，第 162 页。

性。我们对死亡的实际情况一无所知，我们不知道死亡的真实过程，我们也不了解死后要前往何处、去往何方，所以，我们对于死亡充满着恐惧感，人们都希望自己长命百岁，而不愿意去经历死亡。然而问题在于，自我与死亡是彼此外在的，但自我却在与他者面对面的过程中，从他者面孔变为面具的可能性中窥见了他者死亡的可能性，他者通过面孔向自我传达了走向死亡的可能性，从而将自身的生死存亡托付给我，呼吁我们对他者的生死存亡担负起责任来，不要成为他者走向死亡的帮凶，“汝勿犯杀！”如果我们面对他者的吁求而置之不理，放任他者走向死亡，那么，我们就是他者死亡的同谋，就是杀害他者的凶手，我们将会为他者的死亡而遭受无穷无尽的良心的折磨。正是在面对面所透露出的死亡信息中，他者获得了优先性，他者的死在此是第一性的，他者通过死亡获得了对于自我的优先权，“‘因为他人是会死的，我对他人才负有责任。’他人之死，在此是第一位的死”①。

从现实生活来看，自我也经常会将他者置于自我之前、之上，承认他者之于自我的优先性。就像列维纳斯所言，日常生活中我们经常将“您先请”放在嘴边。无论是在机场、车站、码头、超市等公共场所，还是在客厅、餐厅、厨房、卫生间等私人领域；无论是在会场、谈判桌等正式场合，还是在菜场、楼梯等非正式场合，我们总是会礼貌地对他者说“您先请”，并在行动上也会主动地将自己排在他者之后，让他者先于自我发言、先于自我登上交通工具、先于自我品尝美味佳肴等。这些现实生活中的经常出现的情景说明了，我们每个人在心里面都承认了他人之于自我的优先性，否则我们就会在先来后到的纠缠中拒绝让他者优先，甚至会与他者进行为了我先你后进行你死我活的争抢。实际上，也正是“您先请”这样一种将他者置于自我之前的做法使得伦理道德成为可能，使得人与人之间变得更加友好，社会变得更加温情，才使得我们的生活变成了善（好）的生活，而谁不希望过上这样的生活呢？按照亚里士多德的说法，伦理学就是要讨论什么样的生活是值得过的生活，伦理学就是要帮助人们过上至善至福的生活，作为一个伦理道德的

① ［法］勒维纳斯：《上帝·死亡和时间》，余中先译，生活·读书·新知三联书店 1997 年版，第 14 页。

人，我们会主动地将他者置于自我之前、之上，对他者说“您先请”，而不是纠缠于自我先于他者，还是自我与他者平等。总而言之，他者先于自我乃是伦理学的一个基本要求。如果我们总是将自我置于他者之前、之上，那么我们就不可能伦理道德地对待他者，只有我们将他者置于自我之前、之上，我们才会“先天下之忧而忧，后天下之乐而乐”，心甘情愿地为他者舍生忘死，奉献自身。

第五章
关系模式：从奴役到守护

既然在传统的本体论哲学培养起人们的同一性思维，而且这种同一是以自我为中心的，那么，这种哲学就必然是一种“自我学”。在这种哲学当中，自我具有至高无上的地位，人们唯我独尊，将自我看作规则秩序的制定者，对他者发号施令、颐指气使。因此，本体论哲学所导致的关系模式，必然是自我对于他者的奴役与压迫：他者要么服从于自我，遵从我所制定的秩序规则，听从自我的差遣；要么就充当我的对立面，与自我进行激烈的生存竞争，被强力的自我所消灭。因此，我们要想彻底地扭转本体论哲学所导致的人与人之间相互冲突的局面，将他者从自我的奴役与压迫下解放出来，我们就必须摆脱这种同一化的思维模式，尊重他者的差异性。虽然站在自我的立场上，我们所制定的秩序规则具有自身的合理性，但是适合于自我的未必适合于他者。每个人是有差异性的，而且有些差异性的产生具有历史和社会现实的根源，具有自身的合理性，我们没有必要强迫他者取消自身的差异性，与自我保持同一，强迫他者遵守自我所制定的规则与秩序，从而造成对他者的奴役。相反，我们要高度尊重他者的差异性，因为这种差异性本身恰恰构成了他者的本质规定性，使得他者与自我得以区别开来，构成了自我与他者伦理道德地相处的前提条件。因此，对于自我而言，我们不是要强迫他者以顺从自己，将他者变成“另外一个我”，而是要高度尊重他者的差异性，对于他者的差异性持一种宽容的态度。只有这样，我们才会放弃对于他者的奴役，从而为他者承担起守护之责。

第一节　秩序的追求

奴役的极端形态就是战争。在战争中，人类被泯灭了情感，被消灭了思想，服从变成了唯一的天职，我们只需要无条件地坚定服从上级的命令；所有站在我们对面的都是敌人，都要毫不留情地加以打击乃至消灭。20 世纪是一个战争频发、人类饱受战争之苦的世纪，两次世界大战的硝烟还未完全散尽，越南战争、阿富汗战争、海湾战争就连续不断地爆发，战争的阴云始终笼罩在世界的上空，始终像鬼魅一般撕扯着人们的良心，促使人们对于战争进行反思。因此，几乎所有生活在 20 世纪的思想家对于战争都有着刻骨铭心的记忆和感悟，他们的思想或多或少都包含着对于战争的反思，而有些思想家则更是直接将反思战争作为了自己思想的起点，像汉娜・阿伦特、齐格蒙特・鲍曼等都是如此。对于他者伦理学家列维纳斯来说，情况更是这样。列维纳斯于 1906 年出生在立陶宛的一个犹太家庭。在第一次世界大战期间，他随父母迁居俄国，在俄国经历了十月革命。1923 年，迁居法国。1933 年纳粹上台以后，欧洲又开始了新一轮的动荡，1939 年加入法国国籍的列维纳斯应征入伍，1940 年被德国军队俘虏，直到 1946 年获释之前，他都一直生活在纳粹集中营当中。在他被囚居期间，其妻儿由于法国著名思想家布朗肖的收留而得以幸存下来，而他避居立陶宛的其他亲属都被纳粹杀害。这样一段惨痛的人生经历对于列维纳斯有着至关重要的影响，因此，他最为重要的著作《整体与无限》就是以反思战争而开始的，“清醒，不是心灵向真实敞开，不在于看见战争的永恒可能性吗?”① 列维纳斯对战争深恶痛绝，战争不仅造成了大量无辜生命的毁灭，而且从根本上取消了伦理道德，“战争悬搁了道德。……战争不仅是道德所经受的诸多磨难中最大的磨难，而且它使道德变得荒谬可笑”②。不过列维纳斯并未将战争的出现归结于

① Levinas, *Totality and Infinity*, The Hague: Martinus Nijhoff Publishers and Duquesne University Press, 1979, p.21.

② Levinas, *Totality and Infinity*, The Hague: Martinus Nijhoff Publishers and Duquesne University Press, 1979, p.21.

某种现实的偶然机缘，如偶发的历史事件或者某个政治人物的特殊个性，而是将其归结于人类文化的核心——哲学，或者说，归结为存在论作为第一哲学的哲学，“我们无需赫拉克利特晦涩的残篇就能证明：对哲学而言，存在将自身展现为战争，而战争不仅作为最明显的事实，更是作为实在的明显性或真理而影响存在”①。然而问题在于，存在论何以会引发对他者的奴役甚至是战争呢？“在战争的黑色光芒中成型的存在论事件，是借助一个无可逃避的客观秩序，而被投入到定格在同一性上的存在者中，是对绝对者的动员”，“战争建立起一种秩序，没有人能与它保持距离；没有任何东西是外在于它的”②。从列维纳斯的论述中，我们可以隐约地感受到，奴役乃至战争的发生与存在论所谋求建立的秩序之间具有紧密的内在关联。因此，为了解开自我对于他者的奴役之谜，我们需要深入地分析人们所追求的秩序。

实际上，追求秩序是人类自古迄今的一个重要梦想。自人类从猿转变为人，自人类关注认识世界开始，追求秩序就成为了一个贯穿古今的梦想，这也可以说是人类永恒的秩序之梦。亚里士多德说，“哲学起源于惊异”。“异”就是一种差异性，这种差异性的东西不能为我们的认识框架、我们的风俗习惯等秩序系统所容纳，正因为如此，我们才会感到惊惧，哲学就是要想方设法地消除这种惊异，从而将这种差异性的他者纳入我们所熟悉的秩序中，使它们与我们所熟悉的秩序保持一致，或者干脆赋予它们以秩序。

哲学是人类发展到比较高级阶段的产物，在哲学产生之前，人类经历了漫长的神话阶段。实际上，在神话阶段，人们就已经在坚持不懈地追求秩序。那时生产力发展非常落后，人们的认识能力也非常有限，无法控制自然界当中的风雨雷电等自然现象，也无法应对山洪暴发、河水泛滥等自然灾害，更不能对这些自然现象和自然灾害作出科学的说明正是为了重新建构人类的生活秩序，将这些自然现象和自然灾害纳入人们的生活秩序之中，远古人类创造出了各种各样的神话故事，从而为世界构造出一个神话化的秩序。

---

① Levinas, *Totality and Infinity*, The Hague: Martinus Nijhoff Publishers and Duquesne University Press, 1979, p.21.

② Levinas, *Totality and Infinity*, The Hague: Martinus Nijhoff Publishers and Duquesne University Press, 1979, p.21.

在古人看来，世界上之所以会发生各种各样的自然灾害，是因为我们人类的所作所为破坏了世界的本然秩序，导致了人神之间关系的失衡，引发神灵震怒，自然灾害是神灵对于人类破坏行为的惩罚。为了重建秩序，使人类与神灵的关系重新走向平衡，就要通过献祭等巫术活动来获得神灵的谅解。这也就是马克思所说的："任何神话都是用想象和借助想象以征服自然力，支配自然力，把自然力加以形象化；因而，随着这些自然力实际上被支配，神话也就消失了。"①"征服自然力，支配自然力"，实际上就是将自然力纳入我们的生活秩序之中，通过神话幻想的方式赋予世界以秩序，或者说，以一种想象的方式对于世界进行了秩序性的解释和说明。如果说，这种分散的、带有自发性的神话故事还不能很好地反映出世界的秩序性和人们对于秩序性的追求，那么，赫西奥德所著的《神谱》则赋予了世界以明确的秩序性。赫西奥德在《神谱》当中讲述了诸神诞生的顺序和过程，从而编织出一个众神的谱系。由于古希腊时代的有神论是一种泛神论，也就是说世间万物都受神灵的支配，所以，众神的谱系也就是世界万物的谱系，因此，赫西奥德的《神谱》实际上从时空两个方面赋予了世间万物以秩序，众神创生的过程实际上就是宇宙演化的时间历史秩序，而处于谱系中的众神在现实中的共存又代表了空间上的秩序，太阳、月亮、星星、高山、大地、海洋并不是杂乱无章地偶然聚合，而是遵守一定的谱系在时空中间井然有序地排列。

随着社会生产的发展，人类认识自然改造自然的能力逐渐提升，理性思维不断发展，宗教神话当中的人格神逐渐被哲学上的理性神所取代。在哲学的起源阶段，人们对于世界秩序的寻求虽然还带着宗教神学的影子，但是已经开始趋向理性化。像毕达哥拉斯学派的哲学中仍然带着神学的影子，仍然认为宇宙中的秩序是起源于神的，但他主要是从数来解释宇宙的起源和发展，也就是宇宙的秩序问题。毕达哥拉斯学派认为，数字"一"具有创造能力，它创造出原始的运动或"二"，接着产生了数字"三"，而"三"就是多，就是宇宙万物。毕达哥拉斯对于数字创生世界过程的论述有点类似于老子的道，"道生一，一生二，二生三，三生万物"（《老子·四十二章》）。老子

① 《马克思恩格斯选集》第2卷，人民出版社1995年版，第29页。

的“道”即是“一”，道弥漫于世间万物之中，构成了世间万物的生成和发展原理，从而赋予世间万物以秩序。毕达哥拉斯学派的“一”即是神，“毕泰戈拉学派认为宇宙中的秩序是起源于神的，心灵或‘努斯’就是将宇宙设计为最理智的，所以将‘一’和秩序等同起来”①。非但如此，毕达哥拉斯学派还认为，数目之间本身是和谐有序的，而数目构成了世界万物的本原，一切其他事物就其本性来说都是以数目为范型的，数目当中所包含的特性同样也构成了世界万物的特性，数目之间的和谐有序也就决定了世间万物之间的和谐有序。后来，赫拉克利特将毕达哥拉斯学派的数发展成为逻各斯，“逻各斯虽然象我所说的那样常在，但人们在听到它以前，或是第一次听到它的时候，却总是不能理解它。万物都是按照这个逻各斯产生的”②。自从赫拉克利特提出这个观点以后，逻各斯就成了西方哲学当中一个非常重要的观点，如果说对于中国人而言是“太初有道”，对于西方人而言就是“太初有逻各斯”，而这也就是有时中国有些学者会将 logos 翻译为中文“道”的原因所在。按照格思里的考证，逻各斯具有多方面的含义，如“逻各斯就是和感觉对立的思想或推理”；“从所讲或所写的发展为原因、理性或论证”；“一般的原理和规律”③。从这些含义当中我们就可以看出，逻各斯实际上包含了世界的秩序，因此，在赫拉克利特那里，世界不是世间万物杂乱无章地堆砌，而是一团永恒的活火，按照一定的尺度或者说必然的逻各斯，有规律（秩序）地燃烧和熄灭。

对于西方哲学来说，具有举足轻重地位和深远影响的哲学家乃是柏拉图。对于柏拉图而言，我们对其耳熟能详的主要是其理念论，然而问题在于，柏拉图何以会提出理念论呢？这主要是为了建立起一个理想的国家，而这种理想的国家当然就离不开秩序的问题：像柏拉图在《理想国》当中，要求哲学王拥有智慧，武士要勇敢，工商业者和农民要节俭，每个人在自己的岗位上都能各守其职、各尽其责，从而建立起一个正义的国家，“正义就是只从事自己的职业而不兼做其他职业”，“即每个人做自己分内的事情，不去

① 汪子嵩等：《希腊哲学史》，人民出版社 1997 年版，第 282 页。

② 汪子嵩等：《希腊哲学史》，人民出版社 1997 年版，第 455 页。

③ 汪子嵩等：《希腊哲学史》，人民出版社 1997 年版，第 457 页。

干涉别人分内的事情”①。这种正义的城邦就是秩序井然的城邦。然而问题在于，这种城邦之所以称为理想国，就是因为它出自理性的想象，它在现实当中是不存在的，否则其师苏格拉底这样的智者也就不会因为莫须有的罪名而被赐死。正是因为现实世界的不完满，所以，我们不能从现实世界本身出发来获得现实世界的秩序，我们必须从现实世界之外来寻找有关现实世界的秩序。对于柏拉图来说，有秩序的世界乃是理念世界，我们只有模仿理念世界才能赋予现实世界以秩序。按照柏拉图的观念，宇宙不是永恒自持的，而是创造主以他自身为型相而创造出来的。由于创造主“他是善的，没有一位善者会对任何东西产生妒忌；没有妒忌，他就希望一切都要尽可能地像他自己”，“由于神想要万物皆善，尽量没有恶，因此，当他发现整个可见的世界不是静止的，而是出于紊乱无序的运动中时，他就想到有序无论如何要比无序好，就把它从无序变为有序”②。从这段论述中，我们能够清晰地看出，柏拉图是要为现实世界确立了一个井然有序的理想国的型相，按照这种型相创造出来的世界原初就是秩序井然的。既然世界在其创造之初是井然有序的，为什么现实世界会走向无序呢？那是因为人们的灵魂受到了肉体的玷污，而遗忘了创造主当初赋予我们的理念和型相，从而任由肉欲的放纵而走向你争我夺，最终导致世界走向无序。为了解决世界的失序问题，一方面，要通过教育重新唤醒我们曾经所熟悉的理念，理念乃是世界秩序之源；另一方面，我们要借助于尊敬和正义，尊敬和正义乃是世界秩序的保证，“宙斯担心整个人类会因此而毁灭，于是派遣赫耳墨斯来到人间，把尊敬和正义带给人类，以此建立我们城市的秩序，创造出一条友谊和团结的纽带”③。因此，如果说柏拉图的哲学的落脚点是在于建立一个理想的国家，那么，他的整个哲学实际上就是在追求一种理想的秩序，因为理想国乃是一个具有理想秩序的

---

① ［古希腊］柏拉图：《柏拉图全集》第 2 卷，王晓朝译，人民出版社 2003 年版，第 409 页。

② ［古希腊］柏拉图：《柏拉图全集》第 3 卷，王晓朝译，人民出版社 2003 年版，第 281 页。

③ ［古希腊］柏拉图：《柏拉图全集》第 1 卷，王晓朝译，人民出版社 2002 年版，第 443 页。

城邦。

及至中世纪，宗教蒙昧开始取代理性的反思，宗教神学不再允许人们进行独立的理性思考，将其看作对宗教信仰的伤害，所以，上帝不是要让人变得聪明睿智，反而要让人变得愚拙。正是因为人们被剥夺了理性的反思能力，所以中世纪的人们对于宗教由信仰走向迷信，并最终由迷信走向迷狂。不过这并不意味着中世纪放弃了对于秩序的追求，即使是在那样一个缺乏理性、充满宗教迷狂的年代里，秩序仍然是人们不懈的追求。中世纪一个重要的特点就是政教合一，政权与教权联姻，虽然政权与教权之间存在着众多的冲突矛盾，但二者却在君权神授的旗帜下得到了统一。君权神授实际上就是赋予现实世界以一个超越性的根基，现实世界的秩序来自于神意。当然，对于基督徒而言，神意已经被包含在《圣经》之中，因此我们要领会神意就要阅读《圣经》，领会《圣经》当中所包含的微言大义。只要我们打开《圣经》，首先看到的就是《创世记》，讲述上帝创造世界的过程。神用六天的时间创造了世间万物。我们要注意到，上帝刚刚创造出天地的时候，“地是空虚混沌，渊面黑暗”（《创世记》1：2），这是一种无序的象征。不过上帝并不满足于这样一种无序的状态，而是要赋予世界以秩序，所以，他不仅要创造出光来普照整个世界，而且他要创造出植物和动物，并使它们“各从其类”，符合一定的秩序。尽管上帝在创造世界时，就已经精心地安排了世间万物的秩序，使一切看起来都是好的，但它仍然对于世界的秩序心存忧虑，害怕世界会因为某种原因而走向无序，所以，为了防止这种事件的发生，上帝特地创造出人类来帮助上帝维护世界的秩序，“神说：‘我们要照着我们的形像，按着我们的样式造人，使他们管理海里的鱼、空中的鸟、地上的牲畜和全地，并地上所爬的一切昆虫”（《创世记》1：26）。上帝所创造的世界本来是一个具有完美秩序的世界，但人类却因为没有遵照上帝的旨意来管理世间万物，反而破坏了上帝所创造的秩序。如果我们仔细地翻阅《圣经》，我们就会发现，上帝始终没有放弃对于美好秩序的寻求，它无论是将亚当与夏娃逐出伊甸园，还是用洪水淹没大地，抑或是与以色列人在西奈山立约，实际上都是为世界建立完美秩序所做出的努力。我们甚至可以说，《圣经》的逻辑实际上就是创立秩序、失序、恢复秩序这样一个发展的逻辑。也正因为基督教神学对于秩序的高度重视，怀特海才会高度肯定宗教神学对于现代科学发展所作出的重要贡献，“欧洲思想的这种倾向，……只有一个来源，即：中世纪对神的理性的坚定信念。这种理性被看成是兼具耶和华本身的神力和希腊哲学家的理性。每一种细微的事物都受着神视的监督并被置于一种秩序之中。研究自然的结果只能证实对理性的信念”①。

虽然现代社会是对于古代社会尤其是中世纪的反动，反对宗教神学所建构的神圣秩序，反抗上帝的绝对权威，试图用人本来代替神本，用人权来取代神权，但这并不意味着现代社会反对秩序；相反，现代社会对于秩序却有着超乎寻常的迷恋。

从哲学上来看，现代哲学的理性化本身就代表着一种高度秩序化的倾向。笛卡尔的贡献就在于，他以“我思故我在”这种高度哲学化的形式，明确地宣布了人的理性的独立自主地位，从而开创了现代理性主义哲学思潮，从此以后，一切事物都必须在理性的法庭上接受审判，为自己存在的合法性进行辩护。理性的独立自主意味着宗教神学所建构起来的神圣秩序的没落，但这并不意味着人类从此生活于一片混乱的无序状态之中，而是意味着人类开始运用理性之光来照亮整个世界，从而以理性为基础来建构起现代的秩序大厦——因为笛卡尔寻找理性不过是要为哲学寻找到一个“绝对自明的开端”，然后再在此基础上开展哲学的建构与反思。正如笛卡尔所言：“按次序进行我的思考，从最简单、最容易认识的对象开始，一点一点逐步上升，直到认识最复杂的对象；就连那些本来没有先后关系的东西，也给它们设定一个次序。”② 在英语中，理性是 reason，reason 指合乎逻辑的思考，也指原因、理由，从这些解释当中我们就可以看出，理性不仅包含了对于世界因果等逻辑关系的肯定，而且本身也是在寻找这种逻辑关系，并在建构这种逻辑关系，而这种逻辑关系本身就是一种次序。后来休谟对这种因果关系提出了质疑，认为所谓的因果关系不过是人类的习惯性联想，否认世界上存在着真实的因果关系，从而对于人类所建构起来的世界秩序

① ［英］A.N. 怀特海：《科学与近代世界》，何钦译，商务印书馆 1959 年版，第 13 页。

② ［法］笛卡尔：《谈谈方法》，王太庆译，商务印书馆 2000 年版，第 16 页。

提出了质疑。但这不过是昙花一现，康德和黑格尔所掀起的理性潮流最终淹没了质疑的噪音。康德的“理性为世界立法”，通过理性建立起世界的规律性和规则性，从而使得科学的秩序得以可能。不过康德还是为世界保留了法外之地，认为物自身不是人类的理性所能追问的领域，否则就会导致二律背反，从而使得理性的秩序在一定程度上受到了限制。而黑格尔作为理性主义乃至整个西方哲学发展的集大成者，则通过绝对理性或者说绝对精神的运动，从而为世界建立起一个庞大的、至大无外的逻辑体系，所有的一切都遵照这个逻辑体系构成了绝对精神显现自身、回归自身的一个环节，每个事物也都因此而在这个世界秩序中获得了自身的位置。因此，对于黑格尔的哲学来说，世界展现为一个必然的有序的发展过程，虽然其间也存在偶然性，但是必然则占据着绝对的主导地位，偶然当中有必然，这也就是说，即使一些看似不合秩序的事件和事物也是同样是合乎秩序的，而这也就是黑格尔说“存在的都是合理的”原因之所在。可见，黑格尔已经建构了笼罩一切的秩序体系，一切都变得有序化了，绝对不允许法外之地的存在。这诚如鲍曼所言：“对于秩序的守护者和相似的哲学家来说，任何事情都可能发生的世界（注：在这样一个世界中，他们不能权威地断定什么将会发生，什么将不会发生）是对智力的一种公开侮辱，是对人的行动的紧急警报。”①

哲学作为时代精神的精华，是密纳发河畔黄昏时才起飞的猫头鹰，它不仅是时代精神的总结和提升，而且也指导着生活在那个时代人们的言行，因此，哲学对于秩序的追求必然会在政治、经济、生活等各个方面得到生动的体现。这也就是说，现实世界当中的一切都高度秩序化了，而其典型的表现就是园艺化。园艺就是建造园林的工艺。园林与荒野相对。所谓荒野就是无人管理的自然界，缺乏人类的管理，自然万物在其间任性地、无所约束地生长。在荒野当中，由于缺少人类的管理，缺乏人类理智的参与，自然表现为一种无序的生长状态，“就好像一块农田，如果无人看顾，野草就会疯长，田

---

① ［英］齐格蒙特·鲍曼：《后现代伦理学》，张成岗译，江苏人民出版社2003年版，第73页。

主也将颗粒无收"①。而园林则并非如此，园林是园艺工作者精心建构的产物，园林中所种植的花草树木的种类、数量，以及它们在园林中所处的位置，都是按照严格的规划来进行的，而那些不符合园林秩序要求的花草树木等都被清除出了园林之外。因此，在园林当中，一切都具有严格的秩序，泉声鸟语、小池回廊、山丘草坪、花开果熟都是按照特定的秩序而展开的。园艺化不过是一个形象化的说法，人们是要通过园艺化对于秩序的追求来说明现代社会对于秩序的向往，"现代性是一个人为的秩序和宏大的社会设计的时代，是一个设计者、空想家以及——更一般而言——'园丁'的时代"②。从政治上看，现代国家需要在中央权力的指导下，对整个社会进行设计、规划和监督，使整个国家向着一个有序化的方向发展，这也就是边沁将现代社会看作一个圆形监狱的原因之所在，社会上的一举一动都要接受监督，都要在秩序许可的范围之内，"现代国家是一种造园国。其姿态也是造园姿态。它使全体民众当下的（即野性的、未开化的）状态去合法化，拆除了那些尚存的繁衍和自身平衡机制，并代之以精心建立的机制，旨在使变迁朝向理性的设计"③。从经济上看，现代企业中的科层次的管理方式，不但将所有人都纳入秩序井然的创造财富的生产活动当中，而且也确保了财富的分配和扩大再生产能够有条不紊地进行。从社会生活上看，园林已经深入到我们的生活之中，园林不再是极少人的专利，也不再是普通百姓心目中可望而不可即的梦想，我们每个人都已经生活在园林之中，我们所生活的小区、城市，都已经是园林小区、园林城市。放眼我们所生活的世界，不论是中心城市，还是边远乡村，到处都在大兴土木，进行园林建设；道路纵横交错，房屋鳞次栉比，亭台楼榭错落有致，到处繁花似锦，一切都透露出精巧的匠心和令人愉悦的秩序，过去，人们追求了几千年的梦想终于在现代社会中变成了现实。

① ［英］齐格蒙特·鲍曼：《立法者与阐释者》，洪涛译，上海人民出版社 2000 年版，第 126 页。

② ［英］齐格蒙特·鲍曼：《现代性与大屠杀》，杨渝东、史建华译，译林出版社 2002 年版，第 149 页。

③ ［英］齐格蒙特·鲍曼：《现代性与矛盾性》，邵迎生译，商务印书馆 2003 年版，第 31 页。

第二节　秩序与奴役

数千年来，人们一直痴迷于秩序的追求，因为人希望摆脱野蛮状态而进入一个文明社会，人类社会始终走在追求文明、走向文明的道路上，而秩序乃是文明的题中应有之义。弗洛伊德明确地告诉我们，“美、清洁和秩序在文明的要求中显然占有特殊的地位”，秩序的地位之所以特殊，则在于“秩序是一种强制性的重复，当一条规则被永久地确立时，秩序就决定一件事应在何时、何地以及如何去做。因此，在类似的情况下，人们就不会犹豫不决。秩序的好处是无可争议的。它使人类最有效地利用时空，同时节省了我们的精力”①。从弗洛伊德的论述中，我们可以看出，秩序的一个毫无争议的益处就在于，在世界的时空网络中，一切事物、事件都是遵照一定的规则处于特定的位置。这也就是说，世界万事万物都有规律的产生与消失，只要我们掌握了这个秩序和规律，那么，我对整个世界就了然于胸，一切尽在掌控之中，我既可以回溯过去，也可以预知未来，我们可以针对将要发生的一切，进行未雨绸缪，从而做到从容应对。这样一来，对于我来说，在这个世界上，一切都具有了绝对的必然性，没有什么是偶然的，因此，我根本就不会因为差异性而感到好奇抑或惊惧，一切他者都不会也不能扰乱我的生活，我始终按照自己预定的轨道自由自在地生活着。从这里我们可以看出，人们对于秩序的追求，实际上与人们追求同一性之间具有内在的一致性，人们只有在秩序中才能在保持自身同一的同时同一化他者，才能避免差异性对秩序的干扰。同一性的向往和秩序性追求的一致性导致二者相互支撑，共同发展，以致二者构成了人们思考人生、认识社会、处理自我与他者关系的一个重要的理论框架，就像人们将追求同一性视为理所当然一样，人们也不会去认真地对秩序的追求进行深入的反思。

实际上，从历史的发展来看，虽然人们千百年如一日地一如既往地追求

① ［奥］弗洛伊德：《论文明》，徐洋、何桂全、张敦福译，国际文化出版公司 2000 年版，第 92 页。

秩序，但是在历史的流变当中，人们所追求的秩序也在悄然地发生着变化。

在古希腊时代，由于人们将现实的世界看作是变动不居的，缺乏永恒性，现实世界本身缺乏秩序，所以，这样的世界缺乏永恒性和真实性，我们不能从这样的世界当中获得知识或永恒的真理，因此，我们需要由意见之路走向真理之路，我们要仰头望天，从现实世界之外寻找那个真实的世界，而这个真实的世界也就是柏拉图所谓的理念世界。柏拉图的理念的世界实际上是一个型相的世界，在这个世界当中蕴藏着现实世界中万事万物的原型，现实世界的一切不过是对于理念世界当中型相进行分有、模仿的结果。正是这样，现实世界乃是理念世界的仿制品，而非型相本身，它具有不真实性，唯有理念世界才是真实的世界。我们人类所要做的工作就是透过现象看本质，通过虚幻不实的现象世界来透视理念世界，去理解理念本身以及理念本身之间的层级关系，从而掌握理念世界的秩序性。

虽然柏拉图在现象世界与理念世界之间进行了区分，甚至在某种程度上将二者对立了起来，但这并不意味着以柏拉图为代表的古希腊学者就彻底地否定现实世界，实际上，他们还是高度肯定现实世界的重要性。一方面，宇宙的创造主在创造这个世界的时候，就已经明确地要将人类投放到这个现实世界之中，因此，现实世界本身就是我们生于斯、长于斯、死于斯的世界，这个现实世界与我们构成了一个命运共同体，我们不可能从这个世界当中超脱出来。另一方面，现实世界本身虽然具有变化不定的特点，但这并不意味着变化不定就构成了现实世界的本质特征，实际上变化不定不过是现实世界所表现出来的形式特征，但这并非它的本质特征，变化中有不变者在。宇宙的创造主在创造这个世界的时候，他不是随意地进行创造，而是按照一定的理念精心创造出这个世界来，“如果这个宇宙应当是美的，而且这位创造者又是善的，那么他显然一定会注视那永恒者”①。正是因为神是善的，它没有嫉妒之心，它想让世间万物像他自己一样尽善尽美，没有丑恶存在，在它看来，有理智的生灵比无理智的生灵看起来更美，所以，它在创造宇宙的时

① ［古希腊］柏拉图：《柏拉图全集》第三卷，王晓朝译，人民出版社2003年版，第280页。

候，有意将宇宙创造为一个被赋予灵魂和理智的生物，“他在宇宙中心安放了灵魂，灵魂从那里扩散到整个宇宙，又使之包裹整个宇宙的外表”①。灵魂本来是生活在理念世界的，因此，他对于理念本来是非常熟悉的，但是灵魂在被安放到现实世界当中的时候，由于是和有形体的宇宙结合在一起的，从而导致不朽灵魂受到可朽肉体的污染而遗忘了自己曾经所熟悉的理念。为了帮助人类重新认识事物背后的理念，柏拉图希望通过教育和对话，帮助人们唤醒灵魂曾经所熟悉的理念。这也就是说，柏拉图虽然对于现象世界多有批评，但他并非彻底地否定现实世界，而是认为现实世界完全被现象世界所占据，从而容易让人们忽视其背后的理念世界。因此，对于柏拉图来说，现实世界并非是一个无序的世界，而是一个有序的世界，宇宙的创造主在创造这个宇宙的时候，就已经赋予了这个宇宙以秩序，我们要做的，不是否定这个世界，不是重新为这个世界创造秩序，而是需要重新发现暗含在世界当中的秩序，并按照这个秩序来立身行事。

虽然按照柏拉图等古希腊时代思想家的观念，现实中的国家应该是一个理想国，是一个符合理念原型的国家，是一个正义的国家。在这个理想国中，每个人都在自己的位置上都遵守着自己的角色伦理：哲学王智慧地统领整个国家；武士勇敢地承担着保护国家的责任；工人、农民节制自己的欲望，尽心尽责地为整个国家提供更多的物质财富，从而推动整个国家和谐有序地运行发展。从这里我们可以看出，国家实际上构成了一个庞大的整体，自我与他者都构成了这个整体的一个个组成部分。我们可以形象地将古希腊的城邦国家看作一部国家机器，每个人和物都是组成这部机器的一个个零部件。虽然每个零部件对于整个机器来说显得有些微不足道，但是它对于整个国家机器的作用却不容忽视。国家机器要想正常地运转，就离不开每个零部件之间的互相配合，就必须让每个零部件承担起自己的功能，发挥自己应该发挥的作用。就像哲学王要智慧地为国家指引方向，武士要勇敢地保卫国家，工人农民要勤俭地为国家创造财富。每个人都有自己独特的功能，如果

① ［古希腊］柏拉图：《柏拉图全集》第三卷，王晓朝译，人民出版社 2003 年版，第 284 页。

有人对国家的秩序提出质疑，拒绝履行自己的功能，不愿发挥自己应该发挥的作用，那么国家就会因此而走向混乱，从而丧失其正义性乃至存在的合法性。因此，在这样一个国家中，国家与个人是相互依赖、相互支撑的：集众人而成国，国家依赖于个人发挥自己的功能作用；人赖国而成人，单独的个人之所以成其为人，之所以获得其存在的意义与价值，就是因为他生活在国家整体当中，正是从国家整体当中，他才获得了自己的身份与地位，他的一举一动都与国家整体有关，才具有了特殊的价值与意义。正是因为在这种整体性的国家理念当中，单个的人失去了其自身的价值与意义，人的意义只有在国家整体当中才能实现，或者我们干脆可以说，单个的人是没有意义的，个人的意义必须由国家整体来赋予。问题在于，当我们依靠国家整体赋予自身以价值与意义的时候，实际上也就意味着我们失去了自身的独立性，我们变成了国家的从属与附庸，我们必须自觉地将自身融入到国家整体当中，心甘情愿地接受国家整体的奴役，即使这个国家并非那么“正义”或“理想”。即使像苏格拉底那样的智慧的哲学家，也会为了国家的权威性而自觉自愿地接受国家整体的奴役。苏格拉底被指控污染青年和不敬神这两项罪名，这本身就是莫须有的罪名，是赤裸裸的栽赃诬陷，而法庭竟然接受了这种莫须有的指控，判处苏格拉底死刑。实际上，苏格拉底本来是有机会让自己免于一死的：他既可以向法庭请求宽恕，但这等于承认自己有罪，苏格拉底不愿以无罪之身而背负罪责之名；苏格拉底可以在学生的安排下进行越狱逃跑，但在苏格拉底看来，这是不合法的，所以，他宁愿赴死也不愿触犯国家的法律。从这里我们可以看出，在苏格拉底的眼中，只有国家才具有至高无上的权威性，个人的生死是从属于国家的需要的，我们并不能因为自己贪生怕死而损害国家的秩序，为了维护国家的秩序，我们就应当能够慷慨赴死，而这也正是苏格拉底谈笑自如中从容面对死亡的原因之所在。当然，这种整体性的秩序之所以具有至高无上的权威性，之所以值得我们为之付出生命，不仅是因为我们依赖于这个整体而生存繁衍，更是因为这种整体是出自宇宙创造主的创造，是符合至高无上的理念原型的，所以，它是神圣不可侵犯的，我们必须自觉地接受它的奴役，否则就是对于神圣性的侵犯，就是对于神的大不敬。

虽然古希腊时代城邦秩序背后有神作为支撑，但是与中世纪相比，我们就会发现，秩序真正能够配得上神圣二字的还数中世纪的基督教神学。古希腊时代虽然也强调神的创造性、主宰性，但是希腊时代是一个众神狂舞、神灵泛滥的时代，不仅奥林匹斯山的每个山头上都盘踞着自己的神，而且每个事物都有神灵寄居于其中，因此，古希腊时代的有神论是一种泛神论，神灵太多在某种程度上也就削弱了神灵的神圣性、权威性，所以，我们在古希腊神话中看到的神不但不是全知全能的，而且还存在着这样那样的缺点，甚至可以说存在着各种各样的病态。在中世纪，这种诸神泛滥的情况被彻底地改变，上帝打败了盘踞在奥林匹斯山上的诸神，成了至高无上的神，多神教被一神教所取代，信上帝、不准信别的神成了人与上帝之间不容悔改的誓约；如果有人胆敢违反誓约而改信别的神，就会被当作异教徒受到火刑等严厉的惩罚。然而问题在于，所谓契约，本来都是双方共同商议后签订的，而且契约必须是双方真实意志的表达，但是，只要我们翻开《圣经》就会发现，虽然《圣经》中确实记录有上帝对人类的许诺，譬如人如果遵守与上帝所立之约，那么人类就会被带往流奶与蜜之地，过上幸福的生活，但是在西奈山上，上帝与人立约时，并没有与人类之间进行过任何的商议和对话，而是直接为人类颁布了所谓的摩西十诫。从摩西十诫的名称我们就可以看出，这是上帝对于人类的告诫和禁诫，它是上帝要求人们必须做什么和不能做什么，从内容上看也确实如此，前四诫主要是告诉人们应该如何处理与上帝之间的关系，后六诫主要是告诉人们如何处理与他人之间的关系。摩西十诫实际上规定的都是人类的责任与义务。然而问题在于，十诫当中并没有明确规定上帝对于人类的义务。因此，上帝与人类之间的立约本身就带有权威性与神圣性，是一种圣谕颁布式的，而人类只能被动地接受，否则就会有杀身之祸。在基督教中，人类与上帝之间本身就具有不对等性，上帝是高高在上的，人类只不过是上帝的管家、奴仆。

摩西十诫通过对于人类行为的约束，所建立的起来乃是尘世的秩序，虽然由于这种秩序本身也是上帝旨意的体现，所以它也具有神圣性，但是，它不具有终极的神圣性，不具有最高的权威性，因为，尘世不是人类的最终生活之地，不是人类的最终福祉之所在，它不过是人类临时寄居的寓所。按照

《圣经》的说法，人类本来是生活在伊甸园中的，那里充满着奇珍异宝，瓜果飘香，牲畜遍地，人类在园中过着悠游自得、怡然享乐的生活，从来不必为生计而劳精伤神。然而，后来由于人类的祖先亚当与夏娃犯了原罪，人类才被逐出了伊甸园，在尘世生活中经受着各种各样的煎熬与折磨。尘世生活乃是上帝对人类所犯原罪的惩罚，同时也是上帝对于人类的一个考验，上帝正是凭借人类在尘世生活中的表现来检验人类是否洗心革面，痛改前非，决定人类死后是否能够脱离苦海而进入天国。因此，对于人类来说，尘世当中的一切都缺乏意义与价值，荣华富贵、功名利禄这些人类最为看重的东西，实际上都缺乏必要性、合理性，但不具有最终的价值，它们不但不能为人类换来死后进入天堂的门票，反而会成为人们进入天堂的阻碍。因为按照基督教的教义，唯有生前受苦的人死后方能得着补偿，而生前享乐的人死后反而要受到惩罚；所以，对于人类来说，在尘世当中，不能被自己的欲望牵着鼻子走，而是要遵从上帝的训诫，恪守上帝所制定的尘世秩序，而不是自己率性而为，人类要真诚地匍匐在上帝面前，为自己所犯的过错进行忏悔，并为了未来能够进入天堂而向上帝进行祈祷与祝福。在这样的一种基督教教义当中，人类完全失去了独立性、自主性，彻底地沦为上帝的奴仆，人类忠实地服从上帝为人类所制定的秩序，因而人类完全被这种秩序之网所束缚而无法动荡，只能听从上帝的摆布。因此，在中世纪，人类无权决定自己做什么和不做什么，做什么和不做什么必须听取神意，人类完全成为圣言的倾听者，人类所做的一切都只是对神意的接受与执行。

虽然在古希腊时代和中世纪在秩序问题上存在着一定的差异，如前者更加重视此岸的秩序，现象世界要注重对于理念世界秩序的模仿，而后者更加重视彼岸世界的秩序，从而用彼岸世界的秩序否定了现实世界的秩序，但是二者都赋予了秩序以神圣性，人类乃至世间万物都被笼罩在神圣秩序的阴影之下，都得无条件地遵守神为人类所制定的秩序。正因为秩序是由神所规定的，具有神圣不可侵犯性，人只能被动地遵从，这也就像犬儒学派论及人类的命运一样，要么你按照秩序自己往前走，要么被秩序拖着走，人类在神圣秩序面前没有任何自由和主动性可言。由于神之于人类而言，乃是至高无上的权威，所以，神所制定的秩序是所有的人和物都必须遵守的，自我与他者概莫能外。虽然在现实生活中，有的人会打着神的旗号来奴役他者，但他自己必须承认自己无条件地接受神的安排，而不是出于自己主观意志的随意作为，就像中世纪的统治者也要强调君权神授，自己统治他者乃是遵照神意而行。同时，更为重要的是，由于整个世界都出于神的创造，神是完美至善的，没有嫉妒心，所以，它是按照完美的样式来创造世界万物的，将世间万物安排在完美的秩序当中，世间万物都是神意的体现，所以，自我不能将自己从这个世界当中超脱出来，自我与他者都是神创世界当中的一员，我们要遵照神的教诲做到“爱人如己”，与他者和谐相处，不能随意地奴役乃至消灭他者。这也就是说，秩序的神圣性在一定程度上限制了我们的行为，使我们不能任性而为，不能肆无忌惮地奴役他者——因为我们时时刻刻都要接受神的监督，正所谓“人在做，天在看”，“举头三尺有神明”。在现代社会中，这种神圣性的秩序开始被人为的秩序所代替，从而使得自我与他者相处的方式也发生了改变。

现代社会与传统社会相比，其最大的特点就是人神地位的颠倒，如果说古代社会中是神对人的奴役，那么现代社会中就是人对人的奴役。自从苏格拉底提出“认识你自己”开始，实际上就是要突出人在世界当中的重要地位，将人真正树立为“宇宙之精华，万物之灵长”，从而真正实现人类自身价值的肯定，所以，苏格拉底提出研究与人类生活密切相关的学问和问题。然而问题在于，历史发展到中世纪，人类的地位被彻底地否定了，人类在现实生活当中的一切，功名利禄，乃至友情亲情都被彻底否定了，这也就意味着现实中的人也被彻底地否定了，因为离开了这些，人实际上就不复为人，唯有神才能摆脱现实世界当中的一切自足地生活，然而人毕竟是人而非神，离开了这些，也就意味着人的死亡和消逝。正是因为历史的发展已经偏离了人类认识自身、确立自身的轨道，所以历史必须翻开新的一页，从传统进入现代。正是因为现代社会是传统社会的反动，所以，现代社会所要做的就是将人从上帝的压抑下解放出来。文艺复兴虽然还拖着粗重的神学的尾巴，但是已经赋予人类以极大的自由，因为人类的命运不再出于上帝的安排，而是出于自身的选择和创造，人类既可以再生如神明，也可以堕落为野兽，所以，人的发现构成了文艺复兴运动的一个重要主题。按照康德的理解，“启蒙运动就是人类脱离自己所加之于自己的不成熟状态”，其口号就是“要有勇气运用你自己的理智”①。“不成熟状态”本身就包含了未经理智审察而受到神灵左右的状态，因此，启蒙时代同样是要摆脱上帝统治而自我做主。因此，在现代社会中，高扬人在社会中的地位，用人本来取代神本，也唯其如此，尼采才会借助疯人之口，说出了现代社会的秘密，“上帝哪儿去了？让我告诉你们吧！是我们把他杀了！是你们和我杀的！咱们大伙儿全是凶手！……上帝死了！永远死了！是咱们把他杀死的”②。

上帝的死亡，意味着人类地位的凸显，正如陀思妥耶夫斯基所言，“上帝死了，人就能为所欲为”，人攫取了过去唯有神才拥有的权威地位，现在唯有人才是世界的真正创造者，才是世界秩序的制定者。像笛卡尔通过“我思想故我在”将理性作为哲学绝对自明的开端，康德的“人为世界立法”，实际上都是强调人在建立世界秩序中的重要作用。不过值得注意的是，在现代社会中，“人的发现”不再是作为人类的人，也不是作为城邦公民的人，更不是作为上帝奴仆的人，而是作为独立自主的个人，因此，麦金太尔才会说，在现代社会中，“出现了一个人物，这是柏拉图和亚里士多德占主导地位的时期的道德理论中所没有的，这个人物就是‘个人’”③。这也就是说，在现代社会中，所谓的人为世界立法，人为世界确立秩序，实际上就是个人为世界确立秩序，每个人都希望将自己所确立的秩序作为唯一的秩序强加给别人。当然，由于每个人都是独立自主的个人，所以，每个人都希望将自己所确立的秩序强加给别人的时候，就必然会招致他者的抗拒，从而引发人与人之间的冲突和斗争，以至于人类陷入自相残杀并最终自我毁灭的境地。为了避免人类走向自我毁灭，为了人类的基本权益得到保障，人们迫不得已而进行对话，在互谅互让的基础上签订契约，建立共同认可的社会秩序。

虽然说，现代社会中的秩序是民意的体现，但这是一种理想化的状态，它往往会偏离这种理想化的状态。因为现代社会是以个人为中心的，崇尚的

① ［德］康德：《历史理性批判文集》，何兆武译，商务印书馆1990年版，第22页。

② ［德］尼采：《快乐的科学》，黄明嘉译，漓江出版社2000年版，第151页。

③ ［美］麦金太尔：《伦理学简史》，龚群译，商务印书馆2003年版，第170页。

是个人主义，“个人主义，是以追求个人权利，满足个人欲望，为社会动力的主义”①，个人的取向决定了社会不过是个人展示自我的舞台，虽然我们在绝大多数时候需要服从于社会整体，但挣脱整体束缚乃是自我不可磨灭的欲望，一旦时机成熟，人们就会将自己确立为世界的中心，就会将自己所建立的秩序作为标准的秩序强加给一切他者。正如前文所言，整体性的秩序本身就是对于个人的奴役，人被无情地淹没在社会整体之中，人成了社会整体机器中的一个组成部分，人必须按照机器整体的运行而进行自己的一举一动。一旦个人成了社会整体秩序的制定者，那么所谓的民意往往会成为个人意志的幌子，个人意志往往会披上民意的外衣干着强奸民意的勾当，置民意于不顾，利用手中掌握的政权肆意地奴役和打压他者，就像历史上的那些大独裁者一样，这必然会引发更多的奴役甚至是屠杀事件的发生。

既然秩序出自于自我的建构，那么秩序就不是现成的，需要我们为之付出艰辛的努力，“现在，人类生活和行为成为了一种有必要去塑造的东西，以便防止产生出一些不愿接受的、有害于社会秩序的形式”②。在古代社会中，任何他者本身都是神意的体现，都是神圣秩序的一部分，每个事物只要遵守着他的本性而生存发展都是符合于秩序要求的。然而在现代社会中，一切被从神圣秩序中剥夺出来，被置于秩序之外，最终需要通过自我的改造而被重新植入秩序之中，这也就是说，人本身并不是合乎秩序的，而只有在被自我加工以后才是合乎秩序的。他者存在于秩序之外，或者说他者需要被安置于秩序之中，这实际上就是说，我们为了建构起秩序，首先就人为地制造出混乱之物或无序之物。虽然秩序是对于混乱的否定，但这并不意味着秩序与混乱是绝对的彼此外在、截然对立的，实际上二者是一枚硬币的两面，二者是相互依赖、相互依存的关系：没有混乱的否定性，就没有秩序的稳定性；没有混乱，也就没有所谓的秩序可言（如果世界本身就是有序的，没有混乱，没有无序，那么人类就没有必要来建构世界的秩序）。正是缘此之故，现代人要竭力否认古代社会中有关世界本身具有神圣秩序的说法，而

---

① 徐复观：《论文化》，九州出版社 2014 年版，第 726 页。

② ［英］齐格蒙特·鲍曼：《立法者与阐释者》，洪涛译，上海人民出版社 2000 年版，第 126 页。

将未经人类干预改造的世界称为“荒野”，为了把“荒野”改造为“花园”，人类就必须对世界上的万事万物进行征服与改造。在征服改造的过程中，有些他者正好与所要建构的秩序之间具有较大的一致性，从而只需进行简单的改造，就能适应秩序要求，从而免遭许多刀砍斧斫之苦；而有些他者虽然能够为所建构的花园所用，但与理想的秩序之间存在着较大的差异性，为了适应建构秩序的要求，必须对其进行严格的改造，就像中国人对于梅花一样，“斫其正，养其旁条，删其密，夭其稚枝，锄其直，遏其生气”①；而有些他者则不在花园建构时的设计之中，即使他者已经在这块土地上如此生活了亿万年之久，他也无法取得在花园中继续存在的理由，他必须被当作“毒草”加以铲除，加以消灭。

在人类历史上的绝大多数时刻，他者都基本上符合自我建构秩序的需要，只要稍微加以改造就能为我所用，就能基本适应自我所建构的秩序，但也存在着极少数极端的案例，他者是与自我所建构的秩序背道而驰的，根本无法适应自我建构秩序的要求，我们需要从这种偶然性看出某种必然性，我们要看到这种貌似秩序失灵的事件与追求秩序之间的内在关联，只有这样，我们或许才能够深刻地反思现代社会对于秩序追求的合理性，才会深入思考秩序追求对于他者奴役性问题，才能够避免类似悲剧的再次发生。

第三节　从宽容到守护

人们对于秩序的盲目追求，尤其是现代社会中对于秩序的迷恋，之所以会造成奴役现象的发生，是因为人们以这样一种秩序为标准，拿着这种秩序去套裁世界万物。或者换句话说，现代社会的秩序就像是一张格式网，“几何学是现代精神的原型。格网（grid）是其主要的转义。分类学、类别学、分类目录和统计学是现代实践至高无上的策略”②。格式网最大的优点本身是

① 龚自珍：《龚自珍全集》，上海古籍出版社 1975 年版，第 186 页。

② ［英］齐格蒙特·鲍曼：《现代性与矛盾性》，邵迎生译，商务印书馆 2003 年版，第 72 页。

横平竖直、纵横有度的，它严格地按照适当的尺寸和比例由经线和纬线交织而成，所以它有着严谨的秩序。现代人正是拿着这样一种具有严格秩序的格式网作为模型和样板来进行园林社会、园林国家的建构，我们需要为每个事物在这张网中规定了其自身的位置。这就像我们拉起线来插秧、画上格子来种树一样，这样栽出来的秧苗，种起来的树苗无论是从正面看，还是从侧面看，无论是平视，还是俯视，不仅线条笔直，而且相邻的四棵秧苗和树苗始终呈现出标准的正方形，确实能给人一种美感。然而问题在于，我们社会和国家的建构并不像在光秃秃的田地里进行耕种，而像是在一片本身就长有树木的山林里进行植树和园林建构的工作。显然，这些原有的树木可能并不适合于我们所建构的秩序，甚至与我们所建构的秩序之间存在着严重的冲突，也就是说，它并不符合我们在山头上所勾画出来的格式网，它们出现在了我们并不希望它们出现的位置上，从而破坏了我们所建构的秩序。由于我们将自己看作是世界的中心，我们将自己看作了完美世界秩序的制定者，世间万物都必须接受我为它们所制定的秩序，所以，为了保持和实现心目当中的完美秩序，我们就必然会动用暴力的手段将其彻底地铲除，让其从其所占据的位置上彻底地消失。

虽然这种现象显得有点荒谬可笑，但我们却不能一笑了之，因为这种荒谬可笑的现象不仅在历史上曾经上演，而且在我们日常生活中还会经常以非常严肃的方式重复上演。譬如家长为了孩子将来在社会上能拥有一席之地而对孩子提出非常严苛的要求，以至涌现了许多所谓的“虎妈狼爸”；众多学校为了提高学校的升学率和美誉度，打着为了学生未来着想的幌子，不惜以牺牲的身心健康和全面发展为代价，对学生开展高强度的魔鬼式的教育训练……日常生活尚且如此，经济、政治领域更甚，经济领域为提高生产效率而将一部分人变为失业者，建立所谓的劳动力蓄水池，政治领域将持不同政见者视为异端进行打压，像某些超级大国经常会以维护世界和平的名义将有些国家判为恐怖国家、恐怖组织，进行经济制裁和军事打击。因此，尽管这种现象有些荒谬可笑，我们还是需要慎重待之，因为其无意识地发展会对个人乃至整个社会的健康发展造成极大的危害，它会造成人们身心病态的发展，甚至会导致个体生命的消逝。我们不要以为受伤害的是他者，而不是自我。实际上，在一个高度全球化、高度一体化的现代社会中，我们当中的每一个人都不能置之度外。我们就像矗立于一座孤岛上的一群人，这种奴役与屠杀的暴力就像冲刷孤岛的海水，每一片泥土的崩落都与我们的生死存亡息息相关，他者落入海中就意味着死亡已经离我们越来越近，下一个落入海中的极有可能就是你和我当中的一个。因此，面对暴力，面对伤害，面对死亡，我们不要有任何的庆幸感，就像海明威教导我们的那样：不要问丧钟为谁而鸣，丧钟就是为你而鸣。为了他者，也为了自我，为了我们当中的每一个人，我们需要对于秩序的追求所造成的奴役进行反思，从而为重构自我与他者的关系而努力。

通过前文的分析我们可以看出，在现代社会中对他者的奴役甚至是屠杀，这实际上只是一个结果，而并非原因，原因则是人们对于秩序的过度依恋和追求。而这种秩序又是以自我为中心、自我为主导的，是自我所建立起来的一个秩序，如果他者不合乎我的秩序甚至是反对我的秩序，那么奴役乃至牺牲他者，不过是他者为自我建构秩序所必须付出的代价而已。然而问题在于，自我真的能够为他者建立秩序吗？我们建立的秩序具有合理性吗？他者真的必须遵守我们所建立起来的秩序吗？答案似乎并不那么肯定。

苏轼诗云："横看成岭侧成峰，远近高低各不同。不识庐山真面目，只缘身在此山中。"这首诗非常形象地告诉我们，我们在庐山之中，由于我们受到自己所处的位置和自己眼界的限制，我们对于庐山的认识始终都是一鳞半爪的，很难达到一种整体性的认识。那么，我们如何才能达到事物的完整认识呢？就必须要跳出这种狭隘的自我之外，不受自己所处特殊位置和特殊视域的影响，从而摆脱偏见，力求达到对于世界和他者的一种客观性认识。然而问题在于，我们是否能够完全达到一种客观性的认识呢？实际上，这是非常困难的，"完全摆脱偏见的说法是天真的，不论这种天真是绝对开明状态的幻想，或是摆脱了形而上学传统一切先在意见的经验论谬误，还是通过意识批判超越了科学的谬见"①。启蒙运动号称就是要摆脱一切前见（或偏见）的支配，达到完全理智的认识，然而实际上，启蒙运动

① ［德］伽达默尔：《伽达默尔集》，邓安庆等译，上海远东出版社 1997 年版，第 173 页。

也无法完全摆脱前见，“消除前见这一启蒙运动的总要求本身被证明为是一种前见，这一前见不仅统治了我们人类本性，而且同样支配了我们的历史意识”①。情况之所以会如此，是因为人都是时间中的人，都是历史中的人。正如我们前文所分析的那样，时间是一条绵延之流，现在并不是一个单独的时间节点，它无法从像一条线段中被截取一样从时间之流当中被截取出来，它始终要承续过去，走向未来。用柏格森的语言来表达，现在虽然是时间创造进化的结果，但过去对于现在却是永恒真实的，因为时间在现在的创造进化是立足于过去的基点之上的。我们作为此时此地的存在者，站在现在来认识这个世界，认识他者，我们不可能做到纯粹客观，或者像笛卡尔所说的那种绝对自明的状态，我们必然会带着历史在我们身上刻下的深刻烙印。譬如，我们生活的大环境是具有深厚的历史文化传统的，这些文化传统就像隐性基因一样塑造我们的品格，使我们表现出某种共同性。同时，我们每个人生活的小环境又千差万别，所受的家庭学校教育、所遭遇的人和事都存在着一定的差异性，而这些又会对我们的思想性格、思维方式等产生潜移默化的影响，它们就像空气一样始终纠缠着我们，构成了我们认识世界、认识他者的前见解、前结构。正因如此，伽达默尔对于那些标榜自己摆脱前见、达到绝对客观真理的人提出了严厉的批评，如果有人以为“自己就可以变得通体透明，变得自主思想和行动，那他就错了。没有人能够认识自己。我们身上总是带着印痕，谁也不是一张白纸……我们不只是为我们的‘基因’所烙印，如现在人们所说的，而且，也是被社会化了的，由此我们才能够进入我们所处身的世界和传统”②。既然我们都是站在自己的立场上，带着自己的偏见来认识整个世界，来建构关于这个世界的秩序，那么我们的秩序必然是带有片面性的，我们如何能要求将我们所建构的秩序推广为一个普遍性的秩序，要求所有他者都来遵守我们所建立起来的带有片面性的秩序呢？

① ［德］伽达默尔：《真理与方法》上卷，洪汉鼎译，上海译文出版社 1999 年版，第 354 页。

② ［德］伽达默尔、杜特：《解释学美学实践哲学——伽达默尔与杜特对谈录》，金惠敏译，商务印书馆 2005 年版，第 12—13 页。

实际上，我们无法将我们所建构起来的秩序确立为一个所有他者都必须遵守的普遍秩序的原因，不仅在于我们自身的特殊性，我们所建构的秩序本身带有片面性，而且还在于，他者之间、他者与自我之间存在着差异性，我们本身就无法为他者建立起一个放之四海而皆准的普遍秩序。这个世界当中所有的人和物其先天的禀赋是有所差异的，就像有的人天生就有较强的运动能力，有的人天生就有一副好嗓子，有的人天生就长得非常漂亮，而有的人则可能情况则完全相反。再加上，由于每个人成长的环境也存在着差异，导致其所受的教育、其所经历的事情、其所接触的人物、其所见到的景物都会存在着巨大的差异。这些差异组合在一起，就像这个世界上不存在两片完全相同的树叶一样，这个世界上也不存在两个完全相同的人，因此，这个世界上的人是形态各异、丰富多彩的，他们都与自我之间存在巨大的差异。然而，他者并不会因为与自我之间存在着差异，就应该成为自我征服改造的对象，从而与自我从自身出发所建构的秩序保持一致，反而更应该保持自身的差异性。因为他者正是因为与自我之间的差异性才真正成为他者，否则他者就成了“另外一个我”，或者说，他者的差异性构成了他者的本质规定性，他者正是借助这种差异性才与一切其他事物区别开来，从而成为一个真正的他者。就像庄子所说的那样，泥鳅喜欢生活在泥泞潮湿的地方，猿猴喜欢在高高的树木上窜来跳去，乌鸦喜欢吃腐肉，这都与人类的生活习性之间存在差异，但我们不能因此就要求这些动物保持与人类一致的习性，认为它们的这种生活习惯是对于自然秩序的一种破坏，实际上这些都是出自它们的本性，或者说就是它们的本性。如果我们非要按照自己的生活习性为它们建立起一种新的生活秩序，反而会对它们造成伤害。

既然我们所建立的秩序本身就具有片面性，而他者又不同于自我，那么我们又有什么理由要求他者必须服从于自我所建构的秩序呢？这显然不合乎逻辑。就像前文所言，现代社会的秩序建构所采取的是一种造园姿态，现代国家是一种造园国家，那么，这种秩序建构的典型形态就是园林建构。每一座园林的建构都不是在虚空中完成的，都是在地球上的某个地方建成的，而这些地方必然生长着某些花草树木，但这些花草树木未必完全符合我们建造园林的需要，有些甚至与我们所设计的园林之间存在着剧烈的冲突，存在着不可调和的矛盾。为了建构园林的需要，我们就必须将这些不合需要的花草树木当着毒草加以铲除，从而迫使它在其世代生长的土地上消失绝迹。然而问题在于，这些花草树木虽然不符合于我们所设计的园林的秩序，但我们并不能够因此而认为它们不符合秩序要求，判定它们是混乱之源，我们就能够因此而否认它们在此地存在的合理性吗？这显然是不可能的。如果它们不符合秩序要求，那么，它们为什么能在此地生长了成千上万年呢？既然它能够在此地长期生存繁衍，就说明它的存在具有一定的合理性，它一定是符合自然秩序的，否则，它早该在此地销声匿迹了。因此，它们虽然可能不符合我们所建构起来的园林秩序，但它们却按照自然的秩序在此地顽强倔强地生存繁衍。虽然我们经常骄傲地认为，我们对于自然的改造让大地面貌一新，使我们生活的环境变成了整洁、美丽、有序的花园，但我们也应该看到，改造征服自然带给人类的并不都是福音，也有从潘多拉魔盒中所逃离出来的洪水猛兽，以致鲍曼抱怨道："对自然的征服带来的更多是废物，而非人类的幸福"，"征服自然看上去愈来愈像它自称要加以治愈的那种疾病。"① 既然如此，我们没有理由要求他者必须符合我们为他所建构的秩序，更没有理由因为他者不符合我们所建构起来的秩序而剥夺他者存在的合理性。

既然他者具有自身的本性，他者自身具有特定的秩序，我们没有理由也没有必要将自我所建构的秩序强加到他者身上，强迫他者削足适履以求与我们所建构的秩序保持一致，我们理应对他者的差异性抱着一种宽容的心态。按照万俊人教授的解释："我们在一般意义上将宽容界定为一种具有普遍价值向度的道德姿态和文化态度，即：在人格平等与尊重的基础上，以理解宽谅的心态和友善和平的方式，来对待、容忍、宽恕某种或某些异己行为、异己观念，乃至异己者本身的道德与文化态度、品质和行为。"② 宽容在中国历史上具有非常深厚的传统，像儒家就把宽容作为人的重要品格之一。有一次子张向孔子请教有关仁的问题，"孔子曰：'能行五者于天下为仁矣。''请问

① ［英］齐格蒙特·鲍曼：《现代性与矛盾性》，邵迎生译，商务印书馆 2003 年版，第 410、411 页。

② 万俊人：《寻求普世伦理》，商务印书馆 2001 年版，第 508 页。

之。’曰：‘恭，宽，信，敏，惠。恭则不侮，宽则得众，信则任人焉，敏则有功，惠则足以使人’”（《论语·阳货》），就明确地将宽容作为一种重要的道德品格，认为宽容的人能够得到他者的支持拥戴。而这在中国文化中慢慢沉淀演化为一种“严于律己，宽以待人”的为人处世的原则。像道家反对以自我为中心的“成心”，主张万物一齐，实际上同样也是一种宽容精神的体现。宽容就是要容忍他者与自我不一致，甚至是相冲突。宽容的前提乃是对于他者独特性的承认，我们之所以能够宽容他者与我之间存在着差异，是因为我们觉得他者的差异性也是有价值的，也是合理的，否则，我们就不会宽容他者与自我之间的差异。既然他者的差异性是有价值的，有意义的，是符合他们自身的本性的，那么我们就没有理由将他者纳入到自我为他们设计的秩序中来，而是要大度地容忍他者按照自身的秩序生存与发展。这也就是说，对于他者，我们不再需要使用所谓统一的裁剪，而是要钢铁般的意志、钢铁般的神经来承受这种差异性对我们所遭受的刺激，并且做到能够不为之所动，不会因为他者对我有所刺激而去破坏他者所遵循的秩序，使他者与自我保持同一，遵守自我所制定的秩序。

当然，要做到具有钢铁般的意志、钢铁般的神经并非易事，因为他者的差异性始终就像一颗钉子一样扎在我们习惯性的同一性思维方式上，让我们感到痛苦难受。为了做到这一点，我们就要排除自我中心主义，因为我们之所以会感到痛苦难受，就是因为我们坚持自我中心主义的立场，并把我们基于自己立场所向往期待的秩序作为统一的标准强加到他者身上，这也就是庄子所说的“成心”。“成心”乃是是非对错、彼此你我之间的分殊的枢轴，一旦我们站在自我的立场来看待世间万物，那就必然是我是而彼非，就会强他者以从己，“未成乎心而有是非，是今日适越而昔至也，是以无有为有”（《庄子·齐物论》）。为了消除这种成心，孔子的做法是“毋意，毋必，毋固，毋我”（《论语·子罕》）。孔子对于如何做到这一点，没有明确地展开论述，后来荀子将其概括为“修其内而让之于外”（《荀子·儒效》），具体的做法则是“度己以绳，接人则用曳”（《荀子·非相》）。但是这种能够宽容的前提就是心中要空虚，只有空虚才能容纳万物，所以，荀子最终落脚到“虚一而静”上。这种“虚一而静”实际上不仅来自于儒家，同样也来自于道家，因为道家就强调，要想做到消除成心，“不谴是非，以与世俗处”，其核心就在于“虚心”，为了达到虚心就要经过“心斋”与“坐忘”两种功夫。通过心斋与坐忘，人们“忘礼乐”、“忘仁义”，人们彻底达到一种空明的状态，对于他们来说，没有什么是值得偏好的，没有什么是所谓的常规，一切都是自然而然的。“礼乐”、“仁义”、“好”与“常”本来所代表的就是一种既定的秩序，但现在都要被彻底地破除，以便为他者的存在保留充足的空间。

然而问题在于，在历史上对于宽容历来是存在争议的。因为宽容一方面为他者的生存让出了足够的空间，使得他者能够不受干扰地自由地生长，但另一方面这种宽容有时候也会带来一些负面的结果，那就是宽容变相成为了对于他者的冷漠无情，“从现代傲慢中获得解放之后，后现代性之心（mind）已无必要对他者施行残暴和羞辱；它能够以理查德·罗蒂所说的‘宽厚’（kindness）相待。但是宽厚也许是（而且常常确实是）高人一等的、傲慢的、超然的——因此，它常常让人感到是一种怠慢而非同情”①。实际上，宽容可以有不同的形态，宽容既可以出自居高临下的傲慢的仁慈，就像日常生活中有些有权有势者对于那些地位卑微者一样，对于后者所犯的错误采取一种不与他一般见识的态度，从而宽容他所犯的错误；宽容也可以出自自我对于他者的懈怠、漠不关心，就像我们日常生活中对于他者一些不好的行为，只要这些行为不伤害到自我的利益，那么我们就对其采取“事不关己，高高挂起”的处理方式，像古代的“各人自扫门前雪，休管他人瓦上霜”，“闲事少管，无事早归”都属于这一类。这类宽容从表面上好像也承认他者的差异性，但实际上却是对于他者差异性的一种蔑视，或者说，这样进行宽容的自我心中根本就没有他者，因为他们只是生活在自我之中，生活在对于自我的迷恋之中，因而他者根本就不能进入我们的内心之中，更不能在自我的内心中掀起任何的扰动，而这反而为残忍行为的发生提供了更为广阔的空间，“诚然，人无法想象在宽容的名义下作出残忍的行为；但是，通过那种高傲的冷淡，

---

① ［英］齐格蒙特·鲍曼：《现代性与矛盾性》，邵迎生译，商务印书馆2003年版，第388页。

宽容确实使许多残忍的行为更加容易做出了”①。因此，对于我们来说，仅仅宽容他者差异性和他者自身是不够的，我们必须要进一步过渡到守护他者，守护他者的差异性。守护与宽容相比，其优越性在于：第一，宽容具有一种静态性、被动性，而守护却具有动态性和主动性。宽容是一种消极的无所作为，我们对于他者所做的一切或在他者身上所发生的一切无所作为，因而没有为他者真正地做点什么。守护则是对于他者的一种积极主动的行动，我们要为捍卫他者和他者的差异性采取主动的行动，不能任由他者和他者的差异性遭受践踏。第二，宽容虽然要求我们通过“虚心”的方式来排除自我中心主义，但是在我们前面所列的两种宽容当中，自我中心主义仍然未被完全消除，因而宽容在很大程度上仍然是从自我出发的，从而导致只见自我不见他者的情况，他者始终得不到真正的承认和尊重，而守护则突破了自我中心主义，守护不是为了自我，而是为了他者本身，我们所守护的不是自我的差异性，而是他者的差异性。因此，在守护中，他者真正的是作为他者本身，而不是作为“另外一个我”来被对待，从而使得他者真正按照其自身的本性而不是按照我们为其所设计的秩序生存发展。因此，对于守护来说，自我实际上是承担着对于他者的责任的。有关这一点，我们后面将接着展开论述。总而言之，我们没有理由将自己所建构的秩序强加给他者，我们所要做的不仅是宽容他者，更要承认他者，尊重他者，为他者尽到守护之责。

① ［英］齐格蒙特·鲍曼：《现代性与矛盾性》，邵迎生译，商务印书馆 2003 年版，第 396 页。

第六章
交往理念：从权利到责任

既然从本体论哲学出发，必然会导致人们以自我中心，对他者进行同一化的还原和化约，要求他者遵守自我所制定的秩序规则，从而造成对他者的奴役，那么，该如何解决这个问题呢？我们要做的，不是盲目地对他者进行同一化，而是尊重他者的差异性，守护他者的独特本性。在现代社会中，人们所采取的主要措施，希望通过赋予他者以权利来阻止人们奴役与压迫他者。因此，在现代社会中，权利观念不仅深入人心，成为耳熟能详的词汇，而且权利的范围也在不断地扩张，诸如自由、平等、尊严、价值都被纳入了权利的范围之中。像在日常生活中，我们不仅有政治权利，还有经济、文化、医疗卫生等各方面的权利；像在生态伦理领域，不仅人拥有权利，就连动物、植物、河流山川都拥有权利。法律对于权利采取保护措施，公民的正当权利神圣不可侵犯，侵犯公民合法权利的行为必将受到法律的惩罚。面对法律上的惩罚措施，自我在与他者相处时就会谨言慎行，以免对他者造成伤害，也避免给自己带来不必要的麻烦，因此，权利确实在一定程度上能够保障人们自身的合法权益免受别人的伤害，促进人们之间的和平相处。不过，在笔者看来，权利主要是一个政治、法律上的概念，权利概念的流行虽然确实有助于抑制人们之间的互相伤害，但它却不能真正地解决人们之间的冲突与斗争。因为权利本身就是以自我为中心的，而正如前文所分析的那样，自我与他者走向冲突的一个重要原因，就是人们强调自我的中心地位，如果每个人都强调自身的权利，那么就必然会出现人们争权夺利的局面，从而引发互相冲突与伤害。因此，为了解决自我与他者之间的对立冲突，真正在自我与他者之间建构起一种伦理的关系，实现自我与他者的和谐相处，我们就必须树立新的交往理念，跳出权利的窠臼，将关注的焦点转向责任，或者说，自我与他者伦理相处的正确途径不仅仅在于积极地争取权利，更在于主动地承担责任。

第一节　权利的高扬

在当今中国，权利已经在每个人的心灵中开始生根开花结果，人们的权利意识已经空前觉醒，经济权利、政治权利、文化权利、人身权利等各种权利都成了人们争相捍卫的对象。一旦自己的权利遭受他者的侵害，人们就会拿起法律的武器，坚决地捍卫自己的权利。不过有趣的是，虽然现代中国人的权利意识如此之强，捍卫权利的决心如此坚定，但权利在中国并没有深厚的传统。

权利是指公民的权利。《中华人民共和国宪法》就明确规定，“任何公民享有宪法和法律规定的权利，同时必须履行宪法和法律规定的义务”。公民乃是国家的主人，他在承担各项义务的同时，也享有选举权和被选举权，享有参与国家管理的权利。这些在中国古代是不可能实现的。因为在中国古代只有臣民，没有公民。在中国古代，“溥天之下，莫非王土，率土之滨，莫非王臣”（《诗经・小雅・北山》），国家成了皇帝的一家一姓之私，人民百姓也成了一家一姓的私有财产，所以，人民根本就没有任何权利可言。只是到了近代，中国在与西方接触的过程中，由于受到西方文化的影响，中国人的公民意识开始觉醒，权利意识才随之浮现生成。在近代社会，人们开始打破皇帝一统天下的局面，将民与君剥离开来，而将民与国联系起来以确立起国民概念，并将权利作为国民的一个重要特征，“无权利者，非国民也”，从而将其与过去的臣民对立起来：“何谓国民？曰：天使吾为民而吾能尽其为民者也。何谓奴隶？曰：天使吾为民而卒不成其为民者也。故奴隶无权利，而国民有权利。”① 只有

① 张枬、王忍之编：《辛亥革命前十年间时论选集》第一卷（上），生活・读书・新知三联书店 1960 年版，第 72 页。

到了这个时候，中国人的权利意识才真正开始发萌滋长，直到现代才真正结出硕果。因此，要想讨论权利问题，不能从中国出发，而要从西方出发，因为中国对于权利的探讨本身就是浸润西方文化的结果，并不是从中国文化的原生土壤中生长出来的，或者说，中国人的权利不是文化内生性的产物，而是外生性的结果。

中国学者在讲到自由、民主时，就喜欢将其溯源到古希腊时代，在权利问题上自然也不例外，认为在古希腊时代，希腊人就已经具有公民身份，就已经开始享有公民权利。这是对西方制度的一种盲目崇拜。实际上，古希腊的城邦民并不是现代意义上具有平等身份的公民，更不是现代意义上独立的个人。在古希腊时代，人与人之间的等级制度所导致的不平等，决定了个人的权利根本就得不到保障，随时都有被剥夺的危险；个体不独立，个人被淹没在城邦整体之中，决定了个人对于城邦只有责任与义务，没有任何权利可言。在黑暗的中世纪，现实的一切都变得虚幻不实，人们追求的是彼岸的幸福，人们更不会在现实世界中追求任何权利，人们所要做的就是听从上帝的劝导去履行与上帝所订立的契约，去布施行善，去祷告祈福。因此，对于整个古代西方而言，权利是尚付阙如的。据麦金太尔的考证，权利完全是一个现代性的概念，“在中世纪临近结束之前的任何古代或中世纪语言中，都没有可以恰当地译作我们说的‘一种权利’的表达，也就是说，1400 年以前，在古典的或中世纪的希伯来语、希腊语、拉丁语和阿拉伯语中，没有任何恰当的说法可以用来表达这一概念，更不用说古英语了。在日语中，甚至到了 19 世纪中叶仍然是这种情况”①。当然也有人对此持不同的观念，有人就认为，“‘自然权利’（iusnaturale）这个术语首先出现在中世纪纪晚期，在其现代意义上，指的是一个人作为人而应得到的东西”，而其理由则是，“据说上帝已经把善的倾向（把引导行为的准则产生出来的那种倾向）置于人的心灵中。这些准则表达了自然法，而自然权利是从自然法中衍生出来的”②，而对其最有影响的表述是由托马斯·阿奎那提出来的。不过，需要指出的是，虽

① ［美］麦金太尔：《德性之后》，龚群译，中国社会科学出版社 1985 年版，第 88—89 页。
② ［英］詹姆斯·格里芬：《论人权》，徐向东、刘明译，译林出版社 2015 年版，第 1 页。

然在古希腊时代和中世纪出现了自然权利思想的萌芽，但并未出现“自然权利”一词，我们不能因为自然权利概念是从自然法中衍生出来的，就认为古代已经有了自然法，就有了自然权利概念，因为阿奎那“从未使用一个可被译作‘人权’的术语”①。

既然权利概念来源于西方，而在古代西方又不存在权利概念，那么权利只能是现代西方的产物。科斯塔斯·杜兹纳对于权利与现代之间的关系有一个独具创见的表述：“人权既是现代的创造物又是现代的创造者”，“其所有的本质特征中都可以寻觅到现代性的踪迹。”② 正如前文所言，权利产生的前提是个人的出现，只有出现了个人，才会有个人的权利问题。在古代社会中，城邦是铁板一块的整体，而个体不过是整体当中的一个组成部分，个人离开这个整体就失去了其自身的价值，就像亚里士多德所批评的那样：“在本性上而非偶然地脱离城邦的人，他要么是一位超人，要么是一个恶人；就像荷马所指责的那种人：‘无族、无法、无家之人’，这种人是卑贱的，具有这种本性的人乃是好战之人，这种人就仿佛棋盘中的孤子。”③ 既然超人只存在于思想家们的想象当中，世俗中的人都是平常人，那么脱离整体的世俗之人就只能是恶人，必然会成为人们讨伐征服的对象，因此，人们都应该自觉地将自己融入到社会整体当中，并积极主动地承担起自己应当承担的义务和责任，从而为社会整体贡献自己应尽的力量。像柏拉图所说的“四元德”实际上就是城邦伦理，智慧、勇敢、节制就是不同的社会阶层为了服务于城邦整体所必须坚持的城邦伦理，而这种城邦伦理实际上就是一种角色伦理。在古代，人不是作为个体自身而存在的，而是与自己特定的身份地位联系在一起而存在的，譬如，我们是作为一个父亲、作为儿子、作为国君、作为大臣、作为教师、作为学生等等而存在的。特定的身份地位就意味着特定的社

① ［英］詹姆斯·格里芬：《论人权》，徐向东、刘明译，译林出版社 2015 年版，第 335 页。

② ［美］科斯塔斯·杜兹纳：《人权的终结》，郭春发译，江苏人民出版社 2002 年版，第 18 页。

③ ［古希腊］亚里士多德：《亚里士多德选集·政治学卷》，颜一、秦典华译，中国人民大学出版社 1999 年版，第 6 页。

会角色，而特定的社会角色就意味着我们有自己特定的责任和义务：作为父亲就有养家的义务，作为儿子就有赡养父母的义务，作为国君就有安邦治国的义务，作为大臣就有辅佐国君的义务，作为教师就有教书育人的义务，作为学生就有读书修身的义务。在这种角色伦理当中，由于剥夺了个体的独立性，而将个体紧紧地镶嵌在社会整体之中，从而使得个体只有义务没有权利，而这也是古人权利意识淡薄、权利概念阙如的原因之所在。

现代社会中，人被从社会整体中解放出来，不再受到整体性的奴役，成了一个自由人。因此，在英语中自由就是 freedom，就是由 free from 组合而成，而 free from 就是“免于……”的意思。一旦人们成了自由人，那么他就不再受到外在的束缚，就是由自而非由他，就真正成了一个独立自主的个人。一旦个人摆脱了社会整体的束缚，变成了独立自主的个人，那么，我们就不再将自己当作世界当中的一个组成部分，个人就不再是服务于社会整体的，自我就是世界的中心，就是世界的全部，世界、社会都是服务于自我的，是提供满足自我需要物品的仓库，是自我展示自身的舞台。这就彻底扭转了古代社会个人对于社会整体承担无穷无尽义务的局面，现在个人所考虑的则是社会对于自我应该承担什么义务。社会对于自我的义务，也就是自我所享有的权利，这也就是说，现代社会与古代社会的一个重要不同之处，就在于它将个人从社会整体中解放出来，从而使得人们将关注的重心由个人承担的义务转变成个人享受的权利。当然这并不是说在现代社会中个人没有义务，而是说在现代社会中权利具有优先性，义务是权利的衍生物，义务是从属于权利的。那么反过来，按照布克哈特的说法，文艺复兴是以人的发现为主题的，按照康德的说法，启蒙运动是将人类脱离自己所加之于自己的不成熟状态，就是将自己从外界的引导下解放出来，因而，现代社会的一个重要特征就是人的自我解放。权利意识的觉醒和自觉地捍卫自身的权利，实际上就在一定程度上推动了社会的现代化进程，加速了人类社会由古代进入现代的步伐，而这也就是权利的追求与现代社会的发展呈现出同步性的原因之所在。

“春江水暖鸭先知”，思想家们作为时代的风向标，他们能比普通人更加敏锐地捕捉到新鲜事物的气息，更容易把握时代发展的未来方向。霍布斯生活于16、17世纪之间，这时中世纪所形成的残酷的专制统治之遗风还未得到彻底清除，人们仍然生活在王权的高压之下，但彼时霍布斯就已经清醒地意识到个人权利的时代已经到来。尽管霍布斯仍然拥护绝对主义统治，主张国家拥有无限的权威，但他的契约论是建立在个人的自然权利基础之上的。按照霍布斯的理解，“著作家们一般称之为自然权利的，就是每一个人按照自己所愿意的方式运用自己的力量保全自己的天性——也就是保全自己的生命——的自由”①。虽然自然权利具有自然本性的基础，但如果自然权利不受到限制，每个人都按照自己的本性立身行事，就会导致人们的自然权利相互发生冲突，从而影响个人自然权利的实现。为了避免人与人之间陷入相互战争的状态，人们订立契约，让渡权利，建立起国家，“由群聚的人同意授与主权的某一个或某些人的一切权利和智能都是由于象这样按约建立国家而得来的”②。霍布斯主张全部让渡权利的绝对主义统治实际上具有与专制统治同样的风险，后来洛克在此基础上继续前进。洛克认为在自然状态下的人们并不是像霍布斯所说的那样人性本恶，人与人之间并未相互伤害，因为人是具有一定理性的，懂得彼此不能伤害的道理。不过，人们之间还是存在着财产权和自由权等权利的冲突，从而导致生活上存在着不便之处。正是为了解决这些不便，人们需要国家来帮助人们裁决这些纠纷冲突。值得注意的是，洛克并未像霍布斯那样主张让渡全部的权利，而是主张让渡部分权利，“没有人能把多于他自己所享有的权力转让给别人；也没有人享有对于自己或其他人的一种绝对的权力，用来毁灭自己的生命或夺去另一个人的生命或财产”③。卢梭既反对霍布斯，也反对洛克。虽然霍布斯认为国家起源于契约，但霍布斯的契约不是建立在平等基础上的真正的契约，而只是少数人统治者借助欺骗和暴力来推行自己的意志而已。洛克认为人们会保留部分权利，而卢梭则认为人们不能保留任何自然权利，要把全部权利都交给国家，不过这个国家的统治者不再是独裁专制的国王，而是公意，“只要有若干人结合起来自认为是一个整体，他们就只能有一个意志，这个意志关系着共同的生存

① ［英］霍布斯：《利维坦》，黎思复、黎廷弼译，商务印书馆1985年版，第97页。

② ［英］霍布斯：《利维坦》，黎思复、黎廷弼译，商务印书馆1985年版，第133页。

③ 洛克：《政府论》下篇，瞿菊农、叶启芳译，商务印书馆1964年版，第83页。

以及公共的幸福”①。在卢梭的眼里，离开了社会，离开了国家，个人就没有任何权利可言。虽然卢梭没有为人类保留自然权利，但卢梭仍然为个人保留了权利，这些权利包括：投票权、发言权、提议权、分议权、讨论权等。卢梭1778年去世，1789年法国爆发大革命，并颁布了《人权宣言》，“联合国大会中的法国代表，认为对人权的忽视、遗忘和鄙视是造成大众不幸和政府腐败的惟一原因，并在神圣的宣言中逐一详细地阐述了自然的、不可分割的、神圣的人权。1. 就人的权利而言，人天生是自由和平等的，而引起社会差别的惟一可能就是社会公共福利的差别。2. 任何一个政治团体的目的无非是保护天生和不可分割的人权不受侵犯。这些权利包括自由权、财产权、安全权、反压迫权等”②。与此相近，美国推出了《独立宣言》，英国推出了《权利法案》。因此，在现代社会中，对权利的追求不再是思想家们纯粹的理论构想，而是以文件制度的形式在现实中被确立起来。不过，此时人的权利只是少数国家关注的话题，而未成为一个世界性的议题，1948年联合国通过《世界人权宣言》，标志人类权利的历史进入到了一个新的纪元。如果我们仔细梳理现代社会的人权发展史，我们就会发现，在现代社会中，权利不仅不断地由构想变为现实，而且权利的主体也在不断地扩大，过去被排除在权利之外的妇女、儿童、有色人种被置于权利主体的地位。

正是因为权利概念已经深入人心，所以近百年以来，尤其是20世纪下半叶以来，争取权利的运动席卷了世界各地，这些权利运动所争取的不再仅仅是生命权、受教育权、选举权与被选举权这些基本的权利，而且涉及更加广泛的范围，像言论自由的权利、男女平等的权利等都在人们争取的权利范围之内。实际上，权利意识的增强不仅体现在社会权利运动这种宏观的层面，更加体现在人们日常生活的微观层面。只有这种微观层面才能更加生动直观地反映出人们的权利意识的强度，因为权利意识必须要通过人们日常的言行举止才能体现出来。这种言行举止发生得越是频繁，人们对它们越是习以为常，就说明这种权利的追求越是深入人心，人们的权利意识越强，这也

---

① ［法］卢梭：《社会契约论》，何兆武译，商务印书馆2003年版，第131页。

② ［美］科斯塔斯·杜兹纳：《人权的终结》，郭春发译，江苏人民出版社2002年版，第95页。

就是我们常说的习惯成自然，对于权利的追求和维护不再是出于外在的灌输和强制，而是变成了一种内在的自然需求，人们追求权利已经成了一种自然而然的状态，人们甚至在追求权利与维护权利的过程中已经不再有意识地去追溯权利的根源和基础，而是下意识地去做出必要的行动，因而真正达到了一种“日用而不知，习焉而不察”的自然本能，我们甚至可以说，追求和维护权利已经成了大多数人的一种本能。在日常生活中，我们经常会参加投票活动，行使自己的选举权和被选举权，我们有些人会投诉甚至状告有些用人单位在招收员工的时候存在着用工歧视，这是在争取自己的劳动权利。实际上，在现代社会中，不仅个人与社会、自我与他者之间会为了权利而走上法庭，实际上，就连至亲至近的亲人之间也会拿起法律的武器来争取和维护自身的权利。像在最近几年，经常会有兄弟姐妹为了争夺父母的遗产而走上法庭，也有子女因为父母不履行抚养义务而将父母告上法庭，甚至有些孩子因为父母偷看自己的日记而控诉父母侵犯了自己的隐私权。这些都生动地说明了，权利已经无处不在，权利意识已经深入人心，因此，我们的行为要非常小心，否则，我们在无意之间就会触犯他者的权利：无意间的随手拍照有可能会侵犯他者的隐私；网络上漫不经心地转载和评论有可能会侵犯他者的名誉权；兴高采烈时的手舞足蹈和失意时声嘶力竭的宣泄也有可能会侵犯他者的正常生活权利……

第二节　他者的没落

正是因为权利已经渗透到了现代人的血液之中，人的权利作为一种理想已经成功地遍及世界的每个角落每个人都向往着自己权利的实现，所以，“人权被吹捧成了哲学和法理学最高尚的创举以及最好地表达了现代社会人们的普遍心声”①。在现代人的眼中，权利几乎已经变成了一种图腾象征，似

① ［美］科斯塔斯·杜兹纳：《人权的终结》，郭春发译，江苏人民出版社2002年版，第1页。

乎只要人民有了权利，这个国家必定会走向富强繁荣、民主和谐；似乎世界上所有罪恶的发生都与人民的权利遭受了压抑有关，所以，有些国家打着人权的旗号去干涉别国的内政，反而得到了国际社会的一片叫好之声，人权几乎成了一道免死金牌，在它的荫庇之下，一切罪恶的勾当都能够被漂白。然而问题在于，权利真的具有包治世间百病的强大功能吗？当真仅靠权利会让社会走向和谐吗？仅靠权利真的能够让自我与他者友好相处吗？答案显然是否定的。

我们姑且不论自从 18 世纪人们广泛追求人权以来，历史上所发生的各种各样、大大小小的侵犯人权的事实，我们只要放眼 20 世纪这个所谓人权的世纪，我们就会感同身受，权利意识的觉醒和个体权利的确立并不能阻止侵犯权利行为的发生，人们并不会因为他者享有权利而与他者和谐相处，反而有时会变本加厉地伤害他者。20 世纪上半叶发生了两次世界大战，从而使得整个世界陷入了人道主义的危机之中。可能正是缘此之故，1948 年联合国制定并颁布了《世界人权宣言》，试图改善世界人权状况，提升人们的生活质量。然而《世界人权宣言》似乎并没有改善人类的生存状况，没有改善国与国、人与人之间的关系，有时反而成了一些国家打压甚至是侵略其他国家的借口，结果不但没有导致人权状况的改善，反而使人权状况更加恶化了。20 世纪下半叶，虽然没有发生大规模的世界战争，但是局部战争就像无法扑灭的野火，在世界各地此起彼伏地燃烧着，亚洲、非洲、欧洲、美洲都留下了战火燃烧的痕迹，有些地方战争的火苗并未完全熄灭，有些地方也大有死灰复燃之势。同时更为重要的是，战争阴云还未完全散去，恐怖袭击的阴影又笼罩在每个人的心头，恐怖袭击就像毒蛇喷射的毒液一样威胁着人们的生存安全。值得注意的是，局部战争与恐怖袭击往往都打着共同的旗号，不论是维护普遍的人权还是特殊的种族权利——但是权利都是它们发动攻击的冠冕堂皇的借口。因此，对于 20 世纪来说，这是一个人权高扬的时代，又是一个人权惨遭蹂躏的时代，而这在 21 世纪并未得到根本的改善，这种矛盾的状况仍然在持续着，世界时时刻刻都在为了权利而准备战斗和正在战斗着。

当然，战争与恐怖袭击只不过是自我与他者矛盾冲突的极端状态，它以一种极端化的方式撕开了覆盖在社会表面的和平假象，将隐藏在社会深处的矛盾冲突的暗流清晰地展现在人们面前，从而引起人们对于自我与他者之间关系的关注。不过，在现实生活中，我们作为一个平民百姓，作为一个奔波在养家糊口人生道路上的普通人，虽然战争与恐怖袭击已经像四处飞散的蚊虫一样，每个人都存在着被叮咬的危险，但它所实际发生的范围毕竟有限，并不是每个人都对它具有切身的感受。我们作为普通人，更主要的是从日常生活中感受到权利的悖论。在车站码头以及汽车、地铁等各种交通工具上，我们经常会看见为了争抢座位而发生谩骂甚至是肢体冲突等各种案例，然而，他们却都能够振振有词地为自己的行为进行合法性辩护：自己拥有对于座位的声索权。譬如，曾经发生过多起这样的案例：在公交车上，老人要求年轻女孩遭到拒绝而掌掴女孩。老人认为给老人让座是中华民族的传统美德，而且公交车的座位本身就是老、弱、病、残、孕专座，自己作为老人，有权利要求女孩给自己让座，女孩不让座就是对自己权利的侵犯，自己掌掴女孩是对女孩侵犯自己权利而给予她的惩罚。女孩则认为，自己在上车时购买了车票，而且自己比老人先上车，按照平等原则，既然我们付出的票价是相等的，那么我们就应该享有同等的坐座位的权利，老人强迫让座本身就是对自己权利的侵犯；既然公交车上所设的是老、弱、病、残、孕专座，自己当时身体不舒服，就有权利坐在座位上，自己没有必要逢人便说自己因为有病所以要坐座位，如果这样的话，这也是对于自己隐私权的侵犯；基于上述理由，年轻女孩坚决主张自己的权利，要求追究老人的法律责任。这是典型的权利主张而导致的权利冲突，而且这样的权利冲突案例还在我们周围不时上演。不过，虽然现实中的权利冲突有时未必会采取如此激烈的方式，而是采取一种更为温和的方式，或者说采取消极无为的方式，但它更加让我们感受到：强调权利未必能够让我们更好地享有权利，或者说，强调权利有时会成为我们享有权利的累赘。通过这些发生在我们身边的案例，我们就能很清晰地看到，实际上，权利意识的觉醒并未带来我对他者的关爱，反而是每个人都只关注自身的权利而无视他者的权利，甚至是为了自我的权利而侵害他者的权利，从而使自我与他者走向激烈的对抗与冲突。当然，这样说，并不是要彻底否定权利概念出现的重要价值，而是提醒人们：权利本身就是一把双刃剑，我们不能天真地以为，权利一出现，所有纷争都会迎刃而解，我们对于其负面效应同样应该给予关注，尤其是在权利高度泛滥的今天，我们更要保持一份清醒，保持一份自觉。

现代人之所高度重视人权，之所以会提出“天赋人权”的观念，实际上是为了让人们从上帝和专制的奴役下解放出来，主宰自己的命运，免遭一切无端的伤害，从而让人们过上理性幸福的生活。然而历史的发展似乎并不总是与人类的美好愿望保持着一致，反而有时给人感觉是背道而驰。通过前面的论述我们可以看出，人类并未因为权利的高扬而使得伤害与杀戮远离人类，自我与他者并未因为权利的存在而走向和谐，人类并未因此而过上幸福的生活，人类反而为了争权夺利而走上了相互为敌的道路，国与国斗，人与人斗，这恰恰应验了上帝所说的，“你们以为我来，乃是叫地上太平吗？我告诉你们：不是，乃是叫人纷争。从今以后，一家五个人将要纷争：三个人和两个人争，两个人和三个人争；父亲和儿子相争，儿子和父亲相争；母亲和女儿相争，女儿和母亲相争；婆婆和媳妇相争，媳妇和婆婆相争”（《路加福音》12：51—53。）。何以会出现如此悖论的结果呢？有人将其归结为现代制度设计的缺陷，认为现代制度不能有效地保护人民的权利不受侵害；有人则将其归结为人性的贪婪，尽管现在的社会制度设计已经十分完善，但是人们为了利益往往会置他人的权利于不顾，肆意地践踏和蹂躏他者的权利，从而使得现代社会侵害权利的案件时有发生。尽管存在着差别，但他们对于权利都是持高度肯定态度的，他们只是希望通过外部的措施来阻止权利侵害案件的发生，但他们没有反思权利本身，没有从权利本身来寻找权利矛盾冲突的根源，从而无法真正阻止权利侵害案件的再次发生。因此，我们尝试突破现有的思维模式，从权利自身出发来思考现代社会中权利侵害案件何以会屡禁不止。

权利概念英文为 right，right 具有正当的、恰当的含义。在现代西方，这种权利的正当性是因为权利是上天赋予的，这就是所谓的“天赋人权”，所以，权利是不能剥夺的，否则就是对他者的侵犯。权利之所以是恰当的，是因为权利的享受受到了法律和道德这些社会契约的限制，我们不能无限地享受自己的权利，我们享受权利以不对他者造成伤害为界。从这个角度来说，权利不同于利益，“权利是一回事；利益是一回事；当它们发生冲突时，权利就是王牌”，“权利高于利益，无论是在权利是压倒利益的这个意义上，还是权利非基于功利或社会结果而是基于道德原则（其正当性完全来源于善本身）这个意义上，都是如此”①。虽然从理论上分析，权利与利益之间是存在着差别的，权利是高于利益的，当自我的利益与他者的权利发生冲突的时候，我们必须牺牲自我的利益来保全他者的权利，但不能否认，在现代社会中，权利的一个重要方面就是利益。正像西美尔所说的那样，金钱是我们时代的上帝，金钱成为我们追求的唯一目标，我们所做的一切都不过是提升我们所拥有的金钱数量的手段，这也就是马克思所批判的货币拜物教。在这样一种金钱至上、人们向金钱顶礼膜拜的时代里，到处都弥漫着铜臭味、市侩气，功利主义成了人们的指导思想，“它无情地斩断了把人们束缚于天然尊长的形形色色的封建羁绊，它使人和人之间除了赤裸裸的利害关系，除了冷酷无情的‘现金交易’，就再也没有任何别的联系了。它把宗教虔诚、骑士热忱、小市民伤感这些情感的神圣发作，淹没在利己主义打算的冰水之中”，不仅教育、法律、宗教等过去具有神圣色彩的诸领域无法抵挡金钱利益的冲击，就连过去充满着人情味的家庭关系也被淹没在泛滥的功利主义的洪水之中，它“撕下了罩在家庭关系上的温情脉脉的面纱，把这种关系变成了纯粹的金钱关系”②。因此，对于现代人来说，权利虽然不等于利益，权利虽然高于利益，但利益至少构成了权利当中最为重要、最为核心的内容，离开了利益，权利也就无从谈起，因此，功利主义者普遍地相信，“所要采取的权利行动是增进人们利益的最好方式”，“为了使人认为尊重某人的权利是正确的，功利主义者认为，这个权利就必须使利益能够得到最大化。根据这种观点，我们应该尊重财产权，因为财产权制度比其他任何制度能带来更多的功利”③。实际上，功利主义已经渗透进现代人的血液之中，成为现代社会的一

① 安靖如：《人权与中国思想——一种跨文化的探索》，黄金荣、黄斌译，中国人民大学出版社 2012 年版，第 231、229 页。

② 《马克思恩格斯选集》第 1 卷，人民出版社 1995 年版，第 274—275 页。

③ 安靖如：《人权与中国思想——一种跨文化的探索》，黄金荣、黄斌译，中国人民大学出版社 2012 年版，第 230 页。

个重要特征，“天下熙熙，皆为利来；天下攘攘，皆为利往”已经成为现代社会最为生动真实的写照，现代人已经像熊十力所批评的那样，如蚊蝇逐臭般如影随形地追随功名利禄，被功名利禄牵着鼻子漫天乱飞，已经忘却了自我。在这样一种功利主义盛行的社会风气之间，权利的利益化就不再是某一学派的思想观念，而是一种普遍的社会主张，“权利的基础是利益。人们之间的权利义务关系，本质上是一种利益关系”①。当然，要想保护自己的利益不受侵犯，仅仅从利益本身出发是不够的，这时就必须要依赖于权力的保证。因此，在现代社会中，权利实际上已经悄悄地由正当的利益演变成了利益与权力的结合体，“权利范畴实际上就是对两种社会现象——权力与利益在逻辑上的概括与总结”②。

既然权利是以利益为基础的，利益构成了权利的核心内容，那么，权利实际上就是对于利益的一种主张和捍卫。当然，利益具有公利与私利之别，也就是公共利益与私人利益的差别。像中国古人讲的“兴天下之利”，那就是一种公利，而满足个人物质需求的利益就是私利。不过正如前文所言，现代社会中的人不再是作为社会整体中的人，而是单子式的个人，因此，现代社会中所强调的利益就不再是整体性的公共利益，而是个人的私人利益，像《世界人权宣言》不再是强调普遍意义上的“人”，而是作为具体化的“每个人”或“人人”，“人人有资格享有本宣言所载的一切权利和自由，不分种族、肤色、性别、语言、宗教、政治或其他见解、国籍或社会出身、财产、出生或其他身份等任何区别”。一旦权利以个人利益为基础，那么，我们实际上就肯定了“人各自私，人各自利”，而且这是人类的天性，是人类与生俱来的权利，它应该得到伸张和维护。因此，现代社会的旗帜上写着两个字——权利，但是隐藏在其背后的则是个人的利益，人们正是挥舞着权利的大旗而光明正大地冲向了个人利益的高地。既然我们承认人性是自私的，而且这种自私的人性应该得到保护，那么人类必然会因此而走向冲突。早在几千年前，

① 安靖如：《人权与中国思想——一种跨文化的探索》，黄金荣、黄斌译，中国人民大学出版社2012年版，第238页。

② 安靖如：《人权与中国思想——一种跨文化的探索》，黄金荣、黄斌译，中国人民大学出版社2012年版，第241页。

荀子就肯定人性是自私自利的，是恶的，“今人之性，饥而欲饱，寒而欲暖，劳而欲休，此人之情性也。……故顺情性则不辞让矣，辞让则悖于情性矣。用此观之，然则人之性恶明矣”(《荀子·性恶》)。任由这种自私自利的人性向前发展，人与人之间不但不可能走向谦敬礼让，不可能走向和谐相处，反而会走向你争我夺，走向互相伤害，“今人之性，生而有好利焉，顺是，故争夺生而辞让亡焉；生而有疾恶焉，顺是，故残贼生而忠信亡焉；生而有耳目之欲，有好声色焉，顺是，故淫乱生而礼义文理亡焉。然则从人之性，顺人之情，必处于争夺，合于犯分乱理而归于暴”(《荀子·性恶》)。在现代西方，霍布斯同样持有这样一种观念，认为人性当中有三种因素——竞争、猜疑和荣誉，容易导致人们走向相互斗争“第一种原因使人为了求利、第二种原因使人为了求安全、第三种原因则使人为了求名誉而进行侵犯”，如果没有一种力量能够慑服所有的人，那么人们就会相互侵害，人与人之间就会陷于一种战争的状态，那么不但和谐并不存在，而且每个人还会时刻遭受暴力死亡的威胁。① 正是为了让每个人的利益需求都能够得到合理的满足，避免因为争斗而导致个人的权利受到致命的伤害，所以，人们之间制定了必要的规范。荀子的措施则是“制礼义以分之”，通过礼义来进行等级划分和产品分配，从而做到“养人之欲，给人之求”(《荀子·礼论》)。霍布斯解决人们争权夺利的方法与孟子自上而下的制定礼义有所不同，是让人们平等地订立契约，通过权利的让渡来达到权利之间的平衡，从而让人们结成一个利益相关的共同体。

当然，霍布斯的权利理论还是非常粗糙的，随着历史的发展，权利的理论也变得越来越精致化，像罗尔斯的正义论和诺齐克的最低限度国家理论，都是出于对权利的捍卫，他们重视人类的权利，主张将人当作目的而非手段，倡导权利优先于善，反对一切侵犯个人权利的制度和行为。然而，不论权利理论如何发展，实际上，权利始终都是现代人追求的一种核心内容，每个人追求和捍卫自己的权利都是天经地义的。在这种追求和捍卫权利的过程中必然会发生权利之间相互冲突的情况，虽然契约论对于人类的权利做出了

① ［英］霍布斯：《利维坦》，黎思复、黎廷弼译，商务印书馆1985年版，第94页。

限制，但是我们要清醒地意识到，契约最终维护的仍然是个人的权利，“权利的互相转让就是人们所谓的契约”，“当一个人转让他的权利或放弃他的权利时，那总是由于考虑到对方将某种权利回让给他，要不然就是因为他希望由此得到某种别的好处”①。因此人们订立契约的目的实际上就是一种市场交换行为，人们希望通过这种交换行为将自己的利益最大化，契约对于每个人来说，都是维护自身利益的，而非维护他人利益的，就像我们在自己的利益受到损害时会拿起法律的武器来保护自己的利益一样。虽然契约是平等的交互主体之间签订的，但我们之所以愿意与他者签订契约，实际上是为了使自身的利益最大化，那么这里面就会带来一些问题：第一，既然契约建立在平等的基础上，那么，我们的权利与他者的权利就具有同等的重要性，我们没有必要因为自我的权利与他者的权利发生了冲突，就牺牲自我的权利。这也就是说，只要契约当中没有明确规定我要牺牲自己的权利，我就没有必要，也不应该牺牲自己的权利。就像地震发生时，所有在房子内的人的生命权都受到了威胁，而每个人的生命权又都是平等的，这也就意味着每个人都能置他者的生命于不顾，只需关注保护自己的生命就行了，而这必将导致自我对于他者生命的漠视。第二，以维护权利为目的所签订的契约，乃是追求权利的最大化。当然我们不遵守契约可能会使自我的权利受损，所以我们要遵守契约，不过如果我们不遵守契约又能规避权利受损的时候，我们是否还有必要遵守契约呢？像现代社会中所发生的贪污抢夺、假冒伪劣、偷窃诈骗等违法犯罪活动，实际上都是出于这样的一种侥幸心理。因此，从权利出发，权利至上，只能使人们为了利益而不顾一切，这就像马克思批判资本时所说的那样，“资本害怕没有利润或利润太少，就像自然害怕真空一样。一旦有适当的利润，资本就胆大起来。如果有 10% 的利润，它就保证到处被使用；有 20% 的利润，它就活跃起来；有 50% 的利润，它就铤而走险；为了 100% 的利润，它就敢践踏人间一切法律；有 300% 的利润，它就敢犯任何罪行，甚至冒绞首的危险”②，它不可能有效地阻止侵害他者事件的发生。

---

① ［英］霍布斯：《利维坦》，黎思复、黎廷弼译，商务印书馆 1985 年版，第 100 页。

② 《马克思恩格斯文集》第 5 卷，人民出版社 2009 年版，第 871 页。

在现代社会中，按照平等的理念，所有人都享有同等的权利，他者也是一个自我、一个权利的主体、一个与自我享有同等权利的主体，那么他者的权利也应该得到维护，我们也应该为维护他者的权利而做出自己的努力，这也是我们每个人应尽的义务。因此，所有现代国家的法律都会规定，我们在享有权利的同时也要承担相应的义务。实际上，我们所承担的义务也就是我们让渡出去的权利，我们所承担的义务与我们所享受的权利具有对应关系，既然我们享受了权利，那么我们也就要承担相应的义务。既然，现代社会的法律等各种社会规范都规定了自我对于他者的义务，那么，我们就应该承担起维护他者权利的义务，这乃是一种必然性的推论。不过在笔者看来，这种看似必然的推论并不会导致必然的结果，因为这种貌似必然的推论实际上却存在着致命的缺陷：第一，在现代社会的权利与义务关系中，权利才是第一位的，权利才是现代人关注的中心和焦点，义务始终处于第二位，义务是从属于权利的。譬如，《利维坦》所描绘的乃是一个理想中的现代国家，但是我们在《利维坦》一书中看到，大量的章节都是有关人类权利的论述，而并未辟出专门的章节来谈论人的义务问题。这种权利与义务的第一性、第二性关系就决定了它主要是以人的权利为取向的，这就在一定程度上就削弱了人们对他者承担义务的意愿。第二，这种以权利为中心的契约论，它本身并非出于人们的自愿，而是出于人类的理性自觉。人们之所以愿意承担对他者的义务，是因为如果我们不承担对他者的义务，那么我们的权利也就不能得到有效的维护，如果自我与他者都只享受权利，而不愿意承担起对于彼此的义务，那么自我与他者就会因为争权夺利而陷于一日百战之中。正是为了防止出现这种彼此伤害的状况，人们不得不坐下来签订契约，对于人们的权利做出限定，而义务正是权利的限度之所在，我们要想更好地享有权利，那么我们就必须自觉地承担起对他者的义务。出于自觉而缺少自愿支持的义务由于缺乏情感上的认同，人们只是迫于外在的压力而不得不承担起自己并不愿意承担的义务，一旦这种外在的压力消失或者我们能够通过其他途径来化解这种外在的压力，那么，我们就会义无反顾地置义务于不顾。因此，从权利出发，自我永远优先于他者，自我之于他者的权利永远优先于自我对他者应当承担的义务，他者永远也不可能赢得自我的尊重，我们只会为了自我的利益而对他者挥舞权力的大棒，并且会给它披上一层正当合理的外衣，让他者遭受自我的奴役而变得理所当然，从而将他者打翻在地并踏上一只脚，使他永无翻身之日，“现代法律是建立在自我权利的基础上的，主体帝国像魔鬼，竭力地同化并排斥他者”①。为了扭转这种局面，我们不能从权利出发，也不能从作为权利派生物的义务出发，而是需要寻找新的出发点。

第三节　为他的责任

既然强调权利不能解决自我与他者之间的对立与冲突，那么，我们不妨回到中国古人所强调的责任概念，这或许对于我们解决这个问题有所裨益。在现代社会中，人们或许觉得没有必要特别地提出责任这个概念，因为，这个概念在现代社会中已经非常流行，在日常生活中到处都离不开责任。责任概念可以说是现代社会中出现频率非常高的词汇，像人们经常会说，“赡养父母是子女的责任”，“一个欠债不还的人需要承担法律的责任”。不过，在笔者看来，这种对于责任的使用实际上容易将责任与义务混为一谈，或者我们甚至可以说，在现代社会中，人们已经将责任混同于义务。

张文显教授在自己的著作中，详细而全面地总结了法律责任的含义，他指出，当前有关法律责任的定义大致可以概括为四种②：第一，处罚论。把法律责任定义为“处罚”、“惩罚”或“制裁”，“所谓责任，乃为义务人违反其义务时，所应受法律之处罚也”。第二，后果论。把法律责任定义为某种对责任者的不利后果，“法律责任是指一切违法者，因其违法行为，必须对国家和其他受到危害者承担相应的后果”，“法律规定的义务之不履行所处之必为状态”。第三，责任论。把法律责任界定为特殊的责任，“法律责任有广狭二义：……从狭义上讲，法律责任指违法者实施违法行为所必须承担的责任”，“指人们对违法行为所应承担的那种带有强制性的法律上的

① ［德］科斯塔斯·杜兹纳：《人权的终结》，郭春发译，江苏人民出版社2002年版，第375页。

② 参见张文显：《法哲学范畴研究》，中国政法大学出版社2001年版，第119—120页。

责任”，这也就是有些学者所说的，“基于一定的义务而产生的合理负担”。第四，义务论。把法律责任解释为某种义务，“因某种行为而产生的受惩罚的义务及对引起的损害予以赔偿或用别的方法予以补偿的义务”，“通过国家强制或与之等同的社会强制而履行的义务”。虽然这些界定之间存在一定的差异，但都将责任与义务紧密地联系在一起。虽然在法律领域，责任具有广狭二义，从广义上讲，责任就是义务，从狭义上讲，责任是以义务为前提的，但都不能否定责任与义务之间的内在关联。如果我们将法律上的责任作广义的理解，那么它就是法律主体作为某一特定的社会角色所应承担的义务或职责，这样一来，责任与义务就包含有相同的内容，是同一事物的两种表达方式而已，因此，有些词典就直接将义务解释为责任，义务“指政治上、法律上、道义上应尽的责任”①。如果我们对法律责任作狭义地理解，那么它就是“指违法者实施违法行为所必须承担的责任”。违法者之所以违法，乃在于违法者违反了法律上所规定的义务，正是因为法律上规定了我们应当做什么和不应当做什么的义务，结果我们因为没有遵守法律的规定，没有严格地履行这些法律规定的义务，所以我们触犯了法律，从而导致了我们要承担责任。这也就是说，正是因为有了法律义务的存在，我们才要负担法律责任，所以有些学者说，狭义的法律责任就是“基于一定的义务而产生的合理负担”②。这种“合理负担”，实际上也就是“义务论”者所讲的“受惩罚”、“予以赔偿”和“予以补偿”的义务。因此，狭义的法律责任不但以法律义务的存在为前提，而且它还会导致新的法律义务产生的结果。通过分析法律责任概念，我们可以清晰地看出，在法律当中，义务乃是构成责任概念的核心要素。

虽说张文显教授分析的是法律责任概念，似乎与我们这里所讲的他者伦理没有太大的联系，不过我们需要注意的是，在现代社会中，法律至上已经成为人们的一种基本思维模式，从而导致伦理存在着法律化的倾向。鲍曼就曾明确地指出：在现代社会中，“伦理学是根据法律模式来考虑的”，“只有

---

① 汉语大词典编辑委员会：《汉语大词典》，汉语大词典出版社 1997 年版，第 5378 页。

② 刘作翔、龚向和：《法律责任的概念分析》，《法学》1997 年第 10 期。

当道德律令以类似法律的形式出现时，也就是只有当人们运用原则的形式能够讲清楚、明晰地表述、列出、审度时，我们才能设想道德律令是‘有根基的’”①。鲍曼所说的，并非出于主观的虚构，而是对于社会现实的一种概括。在西方，人们就是通过将道德责任与法律责任进行类比推理的方式，来理解道德责任概念，“如果一个人受法律义务束缚，他就负有法律责任，如果一个人受道德义务束缚，他就负有道德责任”②。在中国，人们有时干脆将其融为一体，不作区分，像《辞海》中就说，“在道德上或法律上，对于某事分所应为为义务；因行为之结果，任人批评或受责罚，是为责任”，从而以一种义务化的方式来理解责任。

尽管在现代社会中将责任等同于义务已经成为一种普遍化的倾向，成为了一股潮流，不过笔者还是要逆潮流而动，将责任与义务区分开来进行使用，本著所讲的责任是一种不同于义务，甚至可以说与义务毫无关联的道德责任。道德责任与法律义务相比，概括起来主要有以下几个方面的差异：第一，存在主动与被动的差别。义务在英文中为 obligation 和 duty。obligation 的词根为 oblige，而 oblige 则具有强迫、迫使的意思，是通过法律的强力手段迫使人们去做某事。Duty 在西文当中则是指应归于某人的东西，普通意义上的 duty 就是指某人处于特定的社会位置上而必须承担的相应的任务，也就是我们通常所说的职责，就像教师教育学生是职责一样，因此 Duty 是由角色所派生出来的。无论是 obligation，还是 duty，实际上都是人们不得不承担的义务，都具有被动性。而道德责任则是人们积极主动去承担的，就像人们乐善好施、扶危济困，并不是我必须去做的，更没有法律规定我们必须去做，但是我自愿地去承担责任，积极主动地去帮助他人。第二，存在着对称性与非对称性的差别。对于义务来说，它是与权利相对称的，像法律规定的都是，我们在享受相应权利的同时，也要承担相应的义务，这个“相应”实际上就是义务与权利的对称性。我们之所以要承担这些义务，是因为我们

---

① ［英］齐格蒙特·鲍曼：《后现代伦理学》，张成岗译，江苏人民出版社 2003 年版，第 13—17 页。

② ［英］尼古拉斯·布宁、余纪元：《西方哲学英汉对照辞典》，人民出版社 2001 年版，第 881 页。

享受了那些权利。或者按照契约论的说法，我们所承担的义务，实际上就是我们所让渡出去的权利。总而言之，义务总是与特定的权利联系在一起，二者构成了一种对称关系。道德责任与法律义务的一个非常重要的差异就在于它没有权利与之相对应，它不与权利构成一种对称关系。我们之所以做出一个道德行为，并不是因为我们享受了某些权利，并不是希望凭借这个道德行为来为我赢得一些道德权利，而只不过是出于一颗道德之心而已。就像我们在大街上看到一个老人跌倒了伸手去扶，我们实际上就是在承担一种为他者的道德责任，但是我们这样做并不是因为我享受了某些权利而必须如此去做，更不是因为我们做了这件事然后就能为自己赢得荣誉、获得利益补偿，从而让自己享受到某些权利。如果是出自二者当中的任何一种，实际上都与道德无关。对于前者来说，就像一个交警在大街上指挥交通，这就是我们的职责之所在，我们不能因为自己做了职责范围内的事情，就说自己是一个道德的人。对于后者来说，则存在着一个动机不纯的问题，俗话说，坏心办好事，一个人沽名钓誉的人做任何事情，不过是为自己谋利益而已，他承担责任不过是筹措为自己换取利益的筹码而已，在这样一种等价交换当中，又存在着什么道德可言呢？第三，存在着有限性与无限性的差别。因为义务是与权利相应的，二者之间存在着一种对称性的关系，我们享受了多少权利，我们就应该承担多少义务，我们没有必要去承担多于权利的义务，别人也无权要求我们去承担超出我们所享受的权利的义务，否则就违反了公平公正原则。就像每个公民都有纳税的义务，但我们所缴纳的税收是与我们的收入相对应的，我们并不能要求别人承担高于其收入水平的交税义务。因此，在义务与权利关系中，权利构成了义务的界限，义务同样也构成了权利的界限，义务不能与权利不相应，更不能用义务来取消权利，我们享受了多少权利，我们就承担多少义务；我们承担了多少义务，我们就享有多少权利。像现代社会中在公共交通工具上经常会发生让座与不让座的纠纷，按照权利与义务相应的原则，既然我们都购买了同样的票价，那我们就应该享有同等的坐座位的权利，我们并没有必须给老人妇女儿童让座的义务；如果我们强迫他者给我们让座，那么实际上就损害了他者的权利。由于道德责任本身就没有与之对应的权利，那么道德责任的承担就没有一个参照物，就没有一个界限的问题，像儒家说，“士不可以不弘毅，任重而道远。仁以为己任，不亦重乎？死而后已，不亦远乎？”（《论语·泰伯》）就形象地说明了道德责任的无限性。这种无限性不仅表现在我们一生都要承担道德责任，我们为了承担道德责任，不但要倾尽所有，甚至会付出我们的生命，更为重要的是，我们要承担不是我们责任的责任，甚至要为伤害自我的他者承担责任。像《孟子》中说，“禹思天下有溺者，由己溺之也；稷思天下有饥者，由己饥之也”，（《孟子·离娄章句下》）伊尹“思天下之匹夫匹妇有不被尧舜之泽者，若己推而纳之沟中”（《孟子·万章章句上》）。像这些问题本来与大禹、后稷、伊尹是没有直接关系的，这些问题不是他们造成的，但是他们却主动地将解决这些问题的责任承担起来。也正是因为道德突破了义务所遵守的界限，为他者做出了比义务所要求的更多的事情，所以道德才成其为道德。就像我们日常生活中，一个教师在正常的教学时间、上班时间中帮助指导学生，这是他应该履行的义务，我们不能因此而说这个教师道德高尚，如果一个老师在上班之间之外，牺牲自己的休息时间来帮助指导学生，这个时候老师已经没有这个义务来帮助指导学生，但他突破了义务的界限，为学生付出了比他应该付出的更多，他因而是道德的。

从道德责任与法律义务的对比中，我们可以看出，实际上道德责任不是出于自我的一己私利，而是站在他者的立场上纯粹为了他者的付出，是一种不求回报的付出。在这样一个讲求平等、注重等价交换的现代社会中，当我们说不求回报地为他者承担责任的时候，必然会遭到人们的诘问：我们为什么要承担为他的责任？这种纯粹为他的责任如何能够得以落实？这种提问本身虽然合于现代社会的现实，但却不合于道德要求本身。因为道德本身就不是一种交换，而是一种纯粹的付出。如果按照现代社会的利益交换原则来看，道德本身就是一种没有理由的付出，而这也正是现代社会中有些道德高尚之士被称为“傻子”的原因之所在。这也就是说，从道德本身出发，这个问题就不是一个问题，也不是一个需要回答的问题。就像曾经有位记者采访一位跳进湍急的河流中救起落水者的英雄的时候所提的问题一样：“你在跳水救人之前都想到了什么？”似乎做出这样一个道德主动必须经过充分的理性思考，以一个充足的理由作支撑，然而问题在于，跳水救人这样一个道德的举动恰恰不需要太多的思考、太多的理由，如果思考得太多，全面地思考救人所存在的风险以及各种风险所可能带来的伤害后果，那么谁还会舍生忘死地去跳水救人呢？因此，英雄在接受采访的时候，经常会说，在救人之前什么都没想，事后想想还是感觉非常后怕。既然这样一个问题实际上是一个非道德的问题，那么，这个问题是没有探讨的必要的，不过为了适应于这样一个社会现实的需要，我们还是要对这个问题进行一个探讨。

对于西方的思想家来说，由于受到深厚的古希腊传统和古希伯来传统的影响，人们喜欢从神的角度来探讨道德和道德责任问题。古希腊时代，柏拉图将道德与道德责任和宇宙的创造主联系在一起，为了消解人与人之间的矛盾与冲突，让人能够和谐相处，从而得以顺利地生存繁衍，宙斯给予人以道德，“宙斯担心整个人类会因此而毁灭，于是派赫耳墨斯来到人间，把尊敬和正义带给人类，以建立我们城市的秩序，创造出一条友谊和团结的纽带”①。像后来亚里士多德就直接将最高善看作神，从而将道德和道德责任的承担归结为神和神性。在希伯来的基督教传统中，人是作为上帝的选民而存在于世的，上帝命令我们要成为道德的人，并且为了让这份命令得到落实，上帝不仅向人类展示了各种各样的神迹，而且还与人类的祖先签订了契约，这也就是说，当我们每个人在还没有出生之前，实际上上帝就已经选定我们为道德的人、道德责任的承担者，不管我们愿意还是不愿意，我们都必须为他者承担责任，后来列维纳斯也正是在此意义上说“责任先于自由”。从两希传统中我们就可以看出，在西方，道德和道德责任的承担实际上是与宗教信仰联系在一起的，或者我们也可以说，在西方的历史文化传统中，道德本身就是一种宗教信仰。

中国与西方的传统有所不同，中国自古就缺乏西方那样的宗教传统，在中国文化中缺少一位西方那样的人格神——上帝，在中国人们更加关注的是普遍化的意义价值之源的“天”。中国人的天与西方的天堂、上帝存在着一个非常重要的差别在于：在西方，天堂和上帝都是与尘世隔绝的，存在于

① ［古希腊］柏拉图：《柏拉图全集》第一卷，王晓朝译，人民出版社 2002 年版，第 443 页。

与尘世相对的彼岸世界；中国的天与人是融而为一，这不仅表现在人生天地间，天不是一个与人悬隔的彼岸世界，而就是我们人类实实在在生活于其中的此岸世界，而且表现在天道与人道的内在相通。虽然在中国古代，也有人主张天人相分、天人不相类之类的思想观念，但中国人整体上还是倾向于天人合一的。道家强调“人法地，地法天，天法道，道法自然”，就强调人类要遵守天地之道，不能违反天地之道而强作妄为，实际上就是将人道从属于天道。与道家着重讲天道不同，儒家是着重讲人道的，但儒家并没有因此而将人与天分离开来，仍然强调天人合一、人道与天道的合一。《中庸》中说，“天命之谓性，率性之谓道，修道之谓教”。从这样一种论述当中，我们可以清晰地看到天人之间的交互循环，天命下贯而为人性，人类在率性而行中又复返于天道，人性与天道达到了一种完美的统一，因此，对于人类来说，人性实际上就是天性，而天性也就是人性，而这也就是我们在日常生活经常会将天性与人性混而为一的原因之所在（因为在中国人性与天性本来就是密不可分的，我们说一个人天性淳朴，就是指这个人本性淳朴）。对于中国人来说，天是大公无私的，天地甘霖遍洒，阳光普照，生养万物，因而中国人心目中的天本身就是道德之天，主动地承担着对于世间万物的责任，天性本身就是善的。既然人性即是天性，那么，人性本身也应该是善的，这也就是“人之初，性本善”，所以，孔子说“天生德于予”，而孟子则说人天生就有仁义礼智“四端”。因此，虽然没有西方外在化的上帝，但中国人同样肯定了道德和道德责任的先天性。从这里我们可以看出，无论中西，道德都被看作一种先天的本性，是人类无法逃避的责任。由于“人”与“责”组合在一起，就是“债”，因此，我们也可以将责任看作与生俱来的债务，而且这种债务与普通的债务的差别在于，后者定有还清之日，而后者则与生命相伴始终的，唯有如此，才能显示出道德责任的厚重与神圣。

在我们这个上帝已死、神圣已经没落的时代里，再讲这些似乎已经无法引起人们的兴趣和认同，但这并不意味着我们已经不再需要这种神圣性，道德之为道德、人之为人总是依赖于神圣性，否则道德不成其为道德，人就不成其为人。我们常说，人为“宇宙之精华，万物之灵长”，实际上，这不仅是对于现实的一种概括，同样也是人类自身的一种向往，人们总是希望从动物世界当中超越出来，成为迥超于世界万物之上的一种神圣性的存在，因而人之为人本身就在于人有一种超越性的追求。然而问题在于：人何以能成为“宇宙之精华，万物之灵长”？笔者站在中国文化的立场上，更加倾向于人之所以迥超于万物之上乃是因为人有道德的说法。像孟子说“人之所以异于禽兽者几希”，认为人与动物之间的区别并不很多，只是在于有道德与不道德的区别，就在于孔子所说的能否以仁为己任、以天下为己任，能否把道德责任的重担承担起来。后来，荀子说得更加直白，我们不能从身体上将人从动物世界中区分出来，因为人类的身体与动物相比，反而具有“力不若牛，走不若马”等多方面的劣势，但人何以能够从动物世界当中一跃而为主宰，做到“服牛乘马”，就在于人有“义”，也就是道德，所以，道德才是人之为人的一个重要特性，如果人类不承担道德责任，不做一个道德的人，那么，人就离动物不远，甚至是禽兽不如了。而这在我们的日常生活中，是得到我们高度认同的。就像生活中，一个人不孝敬自己的父母，我们就会说这个人不是人，这个人禽兽不如，这当然不是说这个人的身体上发生了退化，而是说这个人缺乏一种道德责任感，这个人丧失了将人与动物区别开来的道德。因此，人与动物相比，人是一个超越性的存在，而人之所以实现了这个超越，是因为他借助了道德，那么，道德又为什么能帮助人们实现这样一个超越呢？

人类要想实现超越，那么，人类就必须从自身当中解放出来、超越出来；如果一个人始终局限于自身，眼光只盯着自我，那么，人就永远不可能突破自身，这也就是说，唯有他者才是人们超越自身的桥梁，才是自我超越的目标。伦理道德恰恰是指向他者的。不论是马丁·布伯所说的伦理学是“我—你”关系，还是列维纳斯说伦理学是“上一来者对下一来者的关系”，实际上都充分地肯定了伦理道德涉及自我与他者之间的关系问题，没有他者，就没有所谓的伦理道德。如果我的行为只指向自己，只是为自己的，而与他者之间不发生任何关系，就像一个人被隔离于荒无人烟的孤岛上，那么他的许多行为都不会对别人产生任何影响，那么，他的所作所为就不存在道德与不道德的问题。因此，道德必定包含“谁之道德”和“道德为谁”两个方面的问题，道德必定发生于自我与他者之间，而这也就是中国古人将“仁”

造成“从人从二”的智慧之所在。我们常说，“人一半是天使，一半是野兽”，“人是高级动物”，这实际上都肯定了人的动物性。既然人是动物，人具有兽性，那么，人就必定有各种各样的欲望。为了满足这些欲望，人必须将他者当作满足自我欲望的手段和工具，因而，欲望和满足欲望都具有自私自利性，都是以自我为中心的，而这也就意味着，人的动物性决定了人是以自我为中心的，我们容易被限制在自我之中，只知有自我而不知有他者，因为作为满足自我需要的手段和工具的他者，不过是自我的附属物，不过是“另外一个我”。人类要实现超越，首先就是对于自我的超越。道德强调的是自我对他者的责任，这就改变了人们所强调的权利关系，人们不再以自我为中心，而是以他者为中心，因为道德责任是为他的而非自为的。当我以他者中心来承担为他的责任，可以为他者付出一切，甚至献出自己生命的时候，实际上，他者就已经成了人们超越自我的动力，他者将我们从自我当中超拔出来，从而打破了自我为自己所设置的封闭圆圈，从自我的世界进入他者的世界之中。

当人们自我封闭的时候，人们更多的是关注自我的现实，这就导致人们被现实所困，无法找到突破自我的出口。现实性是一种实然性，就像人具有动物性，人具有感官的欲望，这都是一种现实性，一种实然性；但人又是高级的动物，他与动物的不同之处在于，他不满足于现实，不愿意完全被本能所支配，他要追求新的可能性，他要追求一种应然性；这也就是说，人是有理想的，人要非其所是，而是其所不是。自我的“所是”乃是一种实然状态，而这种实然状态就是人的动物性状态，但是人都不愿意停留于动物状态，像动物那样弱肉强食，人希望能够与他者友好相待，和谐相处，希望人们之间在冷漠无情地生存竞争之外还有充满温情的一面。即使我们可能已经为他者做了很多，但是这并不意味着我们为他者做得已经足够多，我们总是觉得自己做得还不够，还需要为他者做得更多，因此，我们还需要继续做道德之事，当道德之人。可见道德乃是一种理想，它处于不断超越之中，道德之人总是对于自己的实然状态感到不满，总是希望做得更多，希望能够超越当前的实然状态而向应然状态进发。许多道德楷模在受到表彰的时候，总是说自己做得还不够，希望以后能做得更好，这些就生动地说明了道德乃是一种理想、应然性。在道德由实然性走向应然性的途中，离不开他者，因为正是他者赋予了我们一种道德的理想，正是他者让我们了解到我们为自己做得太多，为他者做得太少，所以我们要树立一个为他者承担责任的理想，实际上不论是古代中国的“人不独亲其亲，不独子其子”的大同理想，还是现代社会的和谐理想，实际上都是要求通过由自我走向他者，从而实现道德乃至整个社会由实然向应然的过渡与超越，而这其中也就包含每个自我的实然性的超越。由此可见，道德责任感能够给予人们以理想、希望，从而帮助人们从自己的现实中超脱出来，而这是人高出于动物的一个重要方面。人虽然生活于现实之中，但人借助于道德理想，又不完全受现实所限制，即使在艰难困苦之中，仍然充满着希望，并为了希望而奋发有为、坚持不懈。

既然承担道德责任，做一个道德之人对于人来说如此重要，所以道德是可欲的——“可欲之谓善”。实际上，这种欲望一方面是建立在理性的基础上，通过对于承担道德责任重要性的认识，达到了一种理性的自觉，从理性上认同道德和道德责任，另一方面是建立在情感的基础上，对于道德获得一种情感上的认同，从而愿意去承担道德责任，成为一个道德之人。对于道德和道德责任来说，自觉与自愿是缺一不可的：自觉而不自愿，就很难将道德坚持到底，一旦情况合适，人们就会为不承担道德责任寻找各种借口；自愿而不自觉，就会陷于盲目，出现愚忠愚孝的问题。当今时代，是一个高度理性化的时代，人们对于道德责任的承担虽然具有高度的自觉性，但是却缺乏自愿性，因为人们内在的情感往往被外在的利益所淹没，时时刻刻都在为自己的权力和利益而精打细算，被权和利牵着鼻子走，以至忽略了自己内在的情感，从而导致情感麻木，以至成为一个“麻木不仁”的人，不愿意去为他者承担责任。然而问题在于，人不仅有理性，而且有情感，只有这样的人才是一个有血有肉活生生的人。就像文艺复兴时期的思想家们所说的那样，理性只是占据了人类头脑这个身体极小的部分，而身体的极大部分却被情感欲望所控制着；而在中国，人们也会说人有情六欲，高度肯定人的情感性，因此，否定了情感也就否定了人本身。情感对于道德和承担道德责任来说，则是至关重要的，很多时候，我们之所以会愿意为他者承担责任，并不是因为我们经过理性的算计，而是一时无法抑制的情感冲动。孟子曾经说过，“所以谓人皆有不忍人之心者，今人乍见孺子将入于井，皆有怵惕恻隐之心——非所以内交于孺子之父母也，非要所以要誉于乡党朋友也，非恶其声而然也”（《孟子·公孙丑上》）。当我们看到一个孩子要掉到井中的时候，我们一般都会主动地承担一起救助的责任，我们为什么会主动地承担起并非自己义务的责任呢？这不是出于理性的算计——“非所以内交于孺子之父母也，非要所以要誉于乡党朋友也，非恶其声而然也”，而是出于一种情感——不忍人之心或怵惕恻隐之心，也正因为如此，孟子才会说，“乃若其情，则可以为善矣”（《孟子·告子上》），就肯定了道德情感构成了人们主动承担道德责任的基础。实际上在日常生活中，在绝大多数情况下，人们之所以会积极地去为他者伸出援手，主动地为他者承担责任，就是出于仁慈恻隐之心，就是因为看不得他者受苦。

这里讲“看不得他者受苦”实际上就涉及了他者伦理中一个非常重要的问题，也就是马丁·布伯所说的相遇的问题，也就是列维纳斯所说的面貌问题。马丁·布伯说，“凡真实的人生皆是相遇”，因为在相遇中，我与你之间形成了直接性的关系，一切间接关系都在这种直接性关系中成为臃余之物，“就是说，他们挣脱羁绊，站出世界而步入其惟一性，作为‘你’而与我相遇。惟一性以其辉煌的方式时时呈现，由此人得以影响、帮助、治疗、教育、抚养、拯救。爱本为每一‘我’对每一‘你’的义务。从爱重萌生出任何情感也无从促成的无别，一切施爱者的无别，从最卑微者到最显贵者，从终生蒙承宠爱的幸运儿到这样的受难者——他整个一生都被钉在世界的十字架上，他置生死于度外，跨越了不可逾越之极点：爱一切人！”[①] 虽然马丁·布伯否认“爱”是普通的情感，而是将爱提升为爱的形而上学，但他还是从爱中肯定了自我对你的责任，而且愿意为了承担责任而抛弃一切，“置生死于度外”。后来列维纳斯在马丁·布伯所开辟的爱的形而上学道路上继续前行，提出了爱欲形而上学，进而把伦理学提升为第一哲学。在列维纳斯看来，虽

① ［德］马丁·布伯：《我与你》，陈维纲译，生活·读书·新知三联书店1986年版，第27、31页。

然马丁·布伯的思想较之传统的形而上学是个巨大的进步，他用“我—你平等”的主体关系取代了传统的“我—它”的主客关系，从而为提升他者的地位作出了重要的贡献，但在列维纳斯看来，平等的主体关系是一种我与他者比肩而立的关系，也就是一种肩并肩的关系，从而容易导致我对他者责任的忽视，因此，列维纳斯在此基础上要继续前行。在列维纳斯看来，每个人作为一个个体的自我，都喜欢将自己关在家中，只有在家中才能感觉到自由自在，但是自我又必须走出家庭，因为只有依赖于他者才能存在，所以，自我对于他者有一种天然的需要。一旦自我走出自身，走出家庭，那么我们就会与他者相遇、碰面，因此，我们与他者最本真的关系不是肩并肩的关系，而是面对面的关系，他者不是作为别的，而是作为脸面而呈现在自我面前的。脸不是面具，脸具有自我呈现的功能，我们把自己的喜怒哀乐都在写在脸上，我们能够通过脸来表现自己内在的一切。既然脸面具有一种呈现功能，那么我与他者面对面，他者实际之于我而言，实际上是一种裸呈的状态，他者通过他的脸面将自己毫无保留地呈现在我的面前，失去了任何遮掩之物。正是因为与我面对面的他者与我坦诚相对，一无所有，是赤贫者，是寡妇，是孤儿，所以，他们吁求我们对他们承担起保护之责，“汝勿犯杀”乃是他者对我说出的最初话语。正是面对他者的需求，我们必须做出回应(respond)，而回应就意味着我们承担起为他者的责任，仁爱他者，如果我们放弃对于他者的责任，那么他者就会在我们的冷漠当中走向死亡，他者的面貌就会变成面具，我们将会永远地经受内心的煎熬。

不管是马丁·布伯还是列维纳斯，他们的理论都是建立在宗教神学的基础上，我们之所以要承担对于他者的责任，是因为我们是上帝的选民，上帝挑选我们来为他者负责的，那么，这对于像中国这样一个宗教情怀相对淡薄的国家民族来说，我们何以会有仁爱的情怀，愿意为他者承担责任呢？实际上，西方宗教中的上帝毕竟是居于彼岸世界的，因而他对于人类承担道德责任的保证具有一种外在性，所以，西方在现代社会中才有了“上帝死了，人就可以为所欲为”之论，而在中国，这种保证则要来得简明直接得多，因为中国传统的儒学是一种心性之学，他直接将道德责任感建基于人的良心善性之上。儒家根据现实人生的体验，认为人都有“不忍之心”，都有仁义礼智

"四端"，虽然这些还只是一种朴素的道德情感，还不足以称为高尚的道德情操，但只要加以灌溉培养，遇到合适的时机就会豁然勃发，如"火之始燃，泉之始达"。当然，这种时机很多，其中一个较为重要的时机就是"见"，包括看见、听见等等。像孟子所说的"今人乍见孺子将入于井"和"见牛未见羊也"中的"见"，这种直接性的"见"实际上对于人们沉睡的道德情感具有重要的激发作用，使得人们面对他者死存亡的时刻，人的"见其生不忍见其死"的"不忍"这种道德情感瞬间被激发起来，从而为他者伸以援手，从而承担起救死扶伤的道德责任。这种"见"容易让人们会产生儒家道德狭隘性的批判，一旦脱离了这种直接性，儒家道德就会失效。实际上，情况并非如此。儒家不仅强调这种直接场景的看见，儒家甚至还强调间接性的听见——闻见之知，从而使得道德情感的激发由具体走向抽象。像"舜之居深山之中，与木石居，与鹿豕游，其所以异于深山之野人者几希；及其闻一善言，见一善行，若决江河，沛然莫之能御也"（《孟子·告子下》），舜居于深山之中，已经远离了具体的道德场景，不过当他听到一般的道德言行的时候，他内在的良心仍然会陡起波澜，难以自抑。因此，对于浸润在儒家传统中的中国人来说，承担道德责任并不是一种外在的强制，而是一种情感的牵引。虽然在今天的社会里，人们难免会重视权利而忽视责任，重视利益而轻视道德，但我们不能因此而忽略甚至否定了人的内在的良心善性，我们仍然要相信每个人都具有道德的情感，并着力于道德情感的培养和激发，否则，我们这个社会中只能有法律强制，而没有道德的自觉自愿，我们只会被动地承担法律义务，而不会积极主动地担负起道德责任，伦理道德必然会因此而走向没落与衰亡。

第七章
言说方式：从独白到回应

俗话说“言为心声”，海德格尔说“语言是存在的家”，可见语言对于人类的重要性。我们每天都在使用语言，每天都在和语言打交道，撰写论文，发表演讲，与人对话，以及家长里短的闲聊，都离不开语言。即使是不发一言，不着一字，一个眼神、一个姿势也可以传递信息，交流思想，因为这是使用了所谓的肢体语言。既然我们每天都在与语言打交道，每天都在使用语言，每天都在进行言说，那么，自我与他者关系这样一个重要的问题，必然也会在言说当中得到生动的体现。当人们站在自我的立场上，唯我独尊地面对他者，将他者当作自我役使对象的时候，必然会采取一种独白式的言说方式；当人们将他者看作与自我平等的他者的时候，我就会主动地放低自己的姿态，愿意倾听他者的声音，与他者展开一场平等的对话，因此，对话就是平等者之间交流的方式。虽然与独白相比，对话是一个历史的进步，反映了人们之间主体地位的一种重要变化，但是对于他者伦理来说，对话的进步程度还是非常有限的，它仍然没有突破自我中心论和主体性哲学的权利思维，从而无法推动自我与他者之间真正实现伦理道德的相处。因此，为了推动自我走向他者，推动自我积极主动地为他者承担责任，我们在言说方式上同样也要积极地变革，实现从对话到回应的进一步转变。

第一节　独白：自我的言说

自从有了人类开始，人就与言说结下了不解之缘，人总是要去说些什么。虽然孔子声称自己“述而不作”，但是他所否定的只不过是劈空独创的言说，而并不否定继承性的言说，话总还是要说的，不过是我准备这样说，而非那样说而已。尽管孔子有时候也会耍些性子，不想说话，“予欲无言”，而且他还为自己找到了根据，“天何言哉？四时行焉，百物生焉，天何言哉？”（《论语·阳货》）当然，孔子只不过是随便说说而已，否则他如何能够弘道，如何能够周游列国，遍访诸侯呢？不过，弟子们的恐惧却是实实在在的，如果孔子不再言说，那么孔子的弟子们就将遭遇言说的难题，“子如不言，则小子何述焉？”（《论语·阳货》）从表面上看，道家与儒家在对待言说的态度上确实存在着巨大的差异，道家反对儒家喋喋不休的言说，像老子就说，“知者不言，言者不知”（《老子·五十六章》），“多言数穷，不如守中”（《老子·五章》），因为人以天地作为效法对象，人道是对于天道的模仿，而“天之道，不争而善胜，不召而自来，禅然而善谋”（《老子·七十三章》）。庄子在继承老子语言观念的基础上，又更进一步指出语言存在着抽象性、静止性和有限性的不足，因此人们无法用它来准确地把握具体的、运动变化的、无限的世界，无法把握天地之道。① 虽然对于道家而言，确实存在着大道不可言说的问题，但是这并不意味着我们就要闭口不言，实际上不言本身也是一种言说的方式，像老子就有“不言之教”一说，老子对于言说的反对，实际上是要我们进行思考：到底该如何进行言说？像庄子就说自己主要使用卮言、重言和寓言三种言说方式，“以卮言为曼衍，以重言为真，以寓言为广”（《庄子·天下》）。这三种言说方式的效果是不一样的，“寓言十九，重言十七，卮言日出，和以天倪，因以曼衍，所以穷年”（《庄子·寓言》）。可见，对于任何人来说，言说与不言说都不是真正的问题，而真正的问题则是如何言说的问题，也就是采取何种言说方式的问题。因此，我们要紧扣言说的方式来讨论自我与他者的关系问题，或者说我们需要进一步追问：言说方式是如何反映和影响着自我与他者之间的伦理关系？

实际上，在古代也有各种不同的言说方式，就像我们在传统剧种中看到

---

① 参见冯契：《中国古代哲学的逻辑发展》上册，上海人民出版社 1983 年版，第 210—212 页。

的独白与对白，就是两种不同的言说方式。在古代，这两种言说方式都存在，像苏格拉底、柏拉图的言说方式，我们可以将其看作对话式的，所以现代人将苏格拉底的教育方式称作对话式教育；不过在笔者看来，像苏格拉底、柏拉图这样的贤哲毕竟是人中龙凤，是极少数，他们的言说方式代表了一种理想，并不能代表一个普遍的社会现实，就像我们不能把柏拉图心目中的理想国等同于当时的雅典一样，我们同样也不能简单地将苏格拉底、柏拉图所践行的这种对话式的言说方式当作整个社会所普遍采用的言说方式，或者将其当作一种占据主导地位的言说方式。古代社会是一个王权和神权具有至高无上地位的社会，只有统治者和神职人员掌握着绝对的话语权，所以，那时候的言说方式主要是一种独白式的言说方式。

独白是对英文中 monologue 一词的翻译。在中文中，独白是一个合成词。分而言之："白，告语也"（《玉篇·白部》），有禀告、陈述、言说之意，像《史记·西门豹传》中有"巫妪弟子是女子也，不能白事，烦三老为入白之"，这里的两个"白"字正是此意。后来这个字又被应用于戏剧中作为说白、念白，以与唱区别开来；而"独"则有单独、独自的意思。合而言之，独白，就是一个人独自言说，而这与西方的 monologue 的意思是基本一致的，譬如在《牛津高阶英汉双解词典》中，monologue 就有三个方面的意思：1.a long speech by one person during a conversation that stops other people from speaking or expressing an opinion，滔滔不绝的讲话；个人的长篇大论；2. a long speech in a play, film/movie, etc. spoken by one actor , especially when alone，（戏剧、电影等的）独白；3. a dramatic story, especially in Verse, told or performed by one person，独角戏。在这三种含义当中，其历史发展的顺序是反过来的，独白最初所表示的乃是起源于德国的以自说自话式的方式所表演的独角戏，后来，逐渐被扩展为所有戏剧、电影人物独自抒发个人内在情感和欲望的活动，最后，才被泛化为一个人的自说自话。在被逐渐泛化的过程中，人们最后只抓住了独白的自说自话的特征，而忽视了独白之"独"的重要含义。在中文中，"独"不仅有单独、独自这方面的含义，而且还有独裁专制、独断专行之意，像庄子说卫君"其年壮，其行独"（《庄子·人间世》），并不是说卫君独来独往，而是说卫君独裁专制、独断专行。而在西文的解释中，独白同样包含有这方面的内涵，因为在 monologue 的第一种解释当中就有“不让别人说话（stops other people from speaking）”的含义。

在古代社会中，像在古希腊、古罗马时代和在中国的封建社会中，国家的统治者阻止他者说话，将话语权牢牢地掌握在自己的手中。像在中国古代，就有各种钳制百姓妄议朝政、非议中央的举措，轻则割舌，重则株连九族，这类残酷的案例在中国历史上不胜枚举，因此，在中国历史上才会有“病从口入，祸从口出”之说。也正是对于言论自由的高度钳制导致人们对于统治者的激烈反抗，从而引起了此起彼伏的革命与斗争，所以有识之士才会向统治者提出“防民之口，甚于防川”的谏言。尽管如此，中国自从有文字记载开始，直到晚清，中国人基本上没有言论的自由，更不可能与统治者展开平等的对话，只能听从统治者的独白，“皇帝诏曰”乃是中国人耳熟能详的言说方式。虽然我们可能觉得，普天之下，皇帝唯有一人，“皇帝诏曰”怎么可能成为一种具有典型性的言说方式呢？这是因为中国人的心目中都时常会有特权梦——受原来的封建因素的影响，鲁迅诗句“一阔脸就变，所砍头渐多”就是这样一种特权梦想的生动反映。在现实生活中，中国人有时不太喜欢按规则办事，而是喜欢搞人情、走关系，实际上骨子里仍然是这种特权思想在作祟。既然中国人心里都时不时会怀揣特权思想，那么，只要一有机会，他们就会以“皇帝”自居，对他者展开“皇帝诏曰”式的独白。

在西方，国王作为国家最高的统治者，同样拥有至高无上的统治权和话语权，其个人的所思所想、所作所为对于国家的前途和命运具有直接性的影响，也正是因为如此，柏拉图才会呼吁由具有高度哲学智慧的哲学家来当国王，引领国家走上公平正义之路。既然国王是一个国家绝对的统治者，那么为了维护自己的权威和统治，防止他者摇唇鼓舌而动摇自己的统治，他就必然会将话语权牢牢地掌握在自己手里，不会允许他者来对国事说是论非，否则就会严惩不贷。在西方历史上，苏格拉底是因言获罪的重要代表之一。苏格拉底生活于伯罗奔尼撒战争的硝烟之中，战争彻底地摧毁了古希腊原有的政治秩序，霸主们开始实行赤裸裸的霸权政策，认为弱肉强食就是公平正义，在国内国外都公然实施血与火的杀伐，雅典自然也能不例外。关于雅典当时的糟糕程度，我们从小白里克里斯的抱怨中就可见一斑，“由于这种情况，许多灾祸和罪恶就在城邦里滋长起来了，而大量的仇恨和怨气也在人民中间发生了；因此，我经常怀着恐惧的心情，深怕有经受不了的灾祸降临城邦”①。苏格拉底作为一个雅典公民，始终热爱雅典城邦，即使受到了莫大的冤屈，即使到了生命的最后关头，他始终没有对雅典城邦失去希望，“决不要以为雅典人已经病入膏肓，不可救药了。你没有看到他们在海军的训练上是怎样井然有序，在运动竞赛上怎样服从领导，在服从歌舞团教练的指导上也决不亚于任何人吗？”② 苏格拉底赋予自己的责任就是拯救危机四伏的雅典，从而使雅典恢复到曾经的辉煌状态。在苏格拉底看来，这场政治危机的根源乃在于人性的堕落、道德的败坏，因此，苏格拉底为了启发民智、洗涤灵魂、重振道德，便在雅典城内到处找人对话、讨论问题，从而与他者进行没完没了的言说。虽然苏格拉底的言说是为了复兴雅典，维护统治者在雅典的统治，但苏格拉底却为统治者所不容，统治者认为苏格拉底的言说对于自己的统治是一个巨大的伤害，因而强加给苏格拉底“亵渎神灵”、“败坏青年”两项罪名，并最终判处苏格拉底死刑。

当西方进入中世纪的时候，世界的最高权威悄然发生了变化，过去唯我独尊的国王开始要听命于教皇，因为君权乃是神授的，君权必须服从于神权，才能获得其存在的合法性根基。教皇之所以能够取得如此高位，乃是因为他代表上帝来传达旨意，行使特权。对于基督教来说，语言是具有魔力的，语言不仅是传情达意的工具，而且具有创生的功能，像《创世记》中就记有：“神说：‘要有光’，就有了光”；“神说：‘诸水之间要有空气，将水分为上下。’……事就这样成了”；“神说：‘天上要有光体，可以分昼夜，作记号，定节令、日子、年岁，并要发光在天空，普照在地上。’事就这样成了。”我们需要注意的是，只要神说需要什么，什么就神奇地出现了，事情就这样神奇地成了，愿望就如此简单地变成了现实，所以，语言具有创造性，语言具有神圣性。不过对于普罗大众来说，最重要的任务不是像上

① ［古希腊］色诺芬：《回忆苏格拉底》，吴永泉译，商务印书馆1984年版，第102页。

② ［古希腊］色诺芬：《回忆苏格拉底》，吴永泉译，商务印书馆1984年版，第102页。

帝一样进行言说，而是进行倾听、领会，倾听、领会上帝的言说，成为圣言的倾听者、领会者。因此，当我们翻看《圣经》的时候，我们就会发现，《圣经》虽然是神人之间所立之约，但其间并没有人神之间的对话与商议，只有上帝对于人类的诫命，上帝告诉人们要怎么样、不可怎么样。在这样一种命令颁布式的独白式话语体系当中，人类是没有言说的机会的，如果实在要说人类还有什么话语权的话，那就是忏悔、祈祷和祝福；如果超出了这个范围之外，那就是对于上帝权威的侵犯。实际上，《圣经》中早就告诫人们切勿与上帝争夺话语权。上帝创造世界之初，人们本来说着同一种语言，结果人们在一起进行对话商议，准备建一座通天塔，从而分享上帝所独享的大名。上帝因为害怕人类的力量因对话而强大起来，威胁自己的权威地位，所以，上帝决定，“我们下去，去那里变乱他们的口音，使他们的言语彼此不通”（《圣经·创世记》11：7），而这也是世界多种语言并存的一种宗教解释。当然，如果有人执意要违抗上帝的诫命，仁慈的上帝也会以善的名义对于抗命者严惩不贷，诺亚方舟故事中洪水所淹没的和罗马火刑柱上所毁灭的不仅是持异端邪说者的肉体，更是芸芸众生的话语权，上帝用水与火淬炼了自身至高无上的话语权，让人们知道：上帝的话语权不容旁落。

在古代，无论是古希腊罗马，还是从先秦到清代的中国，实际上都是推崇整体主义的，虽然二者存在着城邦制和宗法制之别，但都将个人消融在社会整体之中。在古代的社会整体中，君主成为整体的代表和象征，甚至有时社会整体就成为君主个人意志的体现，就像现在历史学家们在研究某段历史时期的时候，经常会以某些君主的名称来命名，其中原因就在于：历史被打上了强烈的个人烙印。因此，在古代，君主的话语就是圣旨，就是法度，是“金口玉言”，具有神圣不可侵犯性，并且国家的权力也为捍卫君主话语权提供了强有力的保证，而在古代中国和中世纪的欧洲，君权神授又为君主的话语权蒙上了一层神秘的面纱。不过在现代社会中，个人登上了历史舞台，并占据了舞台的中心位置，成为舞台上的焦点，而社会整体不再是压在人们头上的一座大山，而是构成了个人实现自身和展现自身的坚实平台。再加上“君权神授”变成了“天赋人权”，而君主不过是被人们推举出来为大家谋取利益的代理人，人民既有选举权也有罢免权，因此，现代的君主彻底地失去了发号施令的特权，君主的话语不再是个人意志的体现，而是公意的体现，君主成了人民的代言人，自然也就失去了独白的机会。人们之所以要倾听神的独白，实际上不仅是因为人类冒犯上帝要承担非常严重的后果，而更是因为：上帝作为世界的创造者，他掌握着世界上所有的真理和秘密，人类要想了解这些真理和秘密，就必须听从上帝的教诲和指示。不过，在现代社会中，上帝对于真理和秘密的垄断被彻底地打破，人类凭借科学的发展开始与上帝共同分享世界的真理和秘密。在中世纪，由于害怕科学的发展会伤害上帝的权威，所以科学研究是受到严格限制的，科学研究基本上停留在论证神迹合理性层面上。然而随着人占据世界的中心地位，为了满足人类的物质欲望，为了征服改造自然，科学技术获得了迅猛发展，日心说的提出、自由落体定律和血液循环定律的发现，尤其是牛顿万有引力定律的发现，标志着人类认识世界的能力达到了一个前所未有的高度，从而让人们充分地相信人类就是这个世界中的上帝，人类有能力掌握所有的真理和秘密。就像丹皮尔所说的那样，“牛顿的理论在解释天体机制方面惊人成功，因此，人们就把这种机械概念对整个宇宙给予最后解释的能力估计得过高。马赫说：‘十八世纪法国百科全书派以为他们离物理的和机械的原理去给世界以最后解释的日子已经不远了；拉普拉斯甚至以为心灵可以预测自然界的世世代代的进展，只要有了质量和它们的速度就行了。’”① 既然人类利用科学已经全部掌握了过去唯有上帝才能掌握的真理和秘密，那么人类就是现实世界中的上帝，人类就能够像上帝一样进行独白式的言说，而这恰恰就是现代社会中一种现实的状况，这就是伽达默尔所说的，现代人越来越“习惯于我们今天科学文明的这种独白状况，并且将语言移交给无名方式的信息技术，作为人类交流的媒介”②。

君主之所以能够进行发号施令之类的独白活动，是因为君主掌握着国家的绝对统治权，是国家的代言人，而上帝之所以能够进行颁布诫命之类的独

① ［英］W.C. 丹皮尔：《科学史——及其与哲学和宗教的关系》，李珩译，商务印书馆 1975 年版，第 279 页。

② ［德］伽达默尔：《伽达默尔集》，邓安庆等译，上海远东出版社 1997 年版，第 192 页。

白活动，是因为上帝掌握着整个宇宙全部的真理和秘密，上帝是普遍真理的化身，是真善美的统一。然而问题在于，现代社会中的人乃是个人，个人不是全职全能的上帝，个人具有特殊性和有限性，个人如何能够像上帝一样进行独白活动？个人所掌握的知识如何能够成为普遍化必然的真理呢？他者为什么必须像倾听圣言一样倾听自我的独白呢？这其中的原因就在于，现代人宣称自己已经克服了个人的主观性、特殊性，站在纯粹客观的立场上来认识世界、传播普遍真理，因此，自己所独白的真理是放之四海而皆准的，对于每个人和物都是普遍实用的。这实际上是一种典型的科学主义的态度，强调知识的纯粹客观性，强调知识的普遍实用性。这里面实际上存在两个非常重要的问题：第一，知识是多样性的，并非所有的知识都具有客观普遍性。自然科学知识具有客观性和普遍性，像数学、物理、化学的知识就没有中西之别，就没有民族的个性特征，但是对于人文学科中的许多知识而言，由于其中包含着特殊的人生体验和价值追求，它不仅具有鲜明的民族特征，同样也具有鲜明的个性特征，像伦理学就存在着中西之别，而且在不同民族国家内部还存在着个人之别，即使是具有师承关系的两个人之间也会存在着重要的差别，柏拉图的伦理思想不同于苏格拉底的伦理思想，孟子的伦理思想也不同于孔子的伦理思想，不能将他们混为一谈。第二，客观普遍性的知识是以克服个人的主观性、前见为前提的，然而前见是不可能被彻底消除的，也是不能被彻底消除的。前见之所以不能被彻底消除，是因为前见具有时间上的在前性、在先性，当我们在对他者展开认识之前，我们就已经具有了某些知识、见解。我们每个人都不是生活在真空当中的，我们从出生开始就会受到环境的影响，就会受到风俗的熏陶，就会接受各种各样的教育，这些本身就会导致我们对于社会人生、对于世间万物形成一种固定的认识和理解，而这些认识和理解也就构成了我们的前见，所以，我们不可能达到一种完全空明的状态，我们的心智总会受到前见的污染，从而在认识上形成一种鲜明的个人特色，完全消除前见的想法和说法不过是痴人说梦。伽达默尔对于这种现代性的狂妄提出了辛辣的批判，“完全摆脱偏见（Preconstruction，也翻译为成见——引者注）的说法是天真的，不论这种天真是绝对开明状态的幻想，或是摆脱了形而上学传统中一切先天意见的经验论谬误，还是通过意识批判超越了科学的谬见”①，以为“自己就可以变得通体透明，变得自主思想和行动，那他就错了。没有人能够认识自己。我们身上总是带是印痕，谁也不是一张白纸。……我们不只是为我们的‘基因’所烙印，如现在人们所说的，而且，也是被社会化了的，由此我们才能够进入我们所处身的世界和传统”②。前见虽然给我们戴上了有色眼镜，从而构成了自我客观认识他者的障碍，使我们不能完全如其所是地认识他者，但我们也不能因此而完全否认前见的积极作用。实际上，前见给我们提供了一个认识他者的框架结构，使我们对他者的认识成为一个整体系统。如果缺少前见，那么我们对他者的认识就只能停留在一种碎片化的原始材料阶段，就像康德说科学知识的构成仅有通过感觉所获得的感觉材料是不够的，还需要通过先天的时空形式和先验范畴来对这些材料进行综合分析，才能形成普遍客观的科学知识。对于每个个体来说，我们的从小接受的教育，所获得的知识，同样为我们提供了一个认识他者的框架结构，否则我们就无法认识他者，“从认识实践的角度看，偏见是不可避免的，而且完全的自我启蒙总是一个不切实际的要求”③。这也就是说，前见一方面具有时间上的在前性，正如过去不能完全被现在所否定、取消一样，前见也不能被完全消除；另一方面，前见构成了认识的前提条件，我们要想认识理解这个世界，那么就必须先要形成一定的知识架构，否则我们就不能“进入我们所处身的世界和传统”，所以，我们的认识总是与前见相伴始终的。

既然我们每个人都摆脱不了前见，那么我们不可能达到对于世界客观全面地认识，不可能达到我们所标榜的纯粹普遍的客观真理，也不可能像上帝那样把握世界的全部真理和秘密，我们对于世界的认识和理解必然具有特殊性和局限性，在某种意义上说，它注定就是一偏之见。譬如，数学、物理、化学、生物学在面对同样一个研究对象的时候，它们都只是从本学科出发来

---

① ［德］伽达默尔：《伽达默尔集》，邓安庆译，上海远东出版社 1997 年版，第 173 页。

② ［德］伽达默尔：《解释学美学实践哲学——伽达默尔与杜特对话录》，商务印书馆 2006 年版，第 12—13 页。

③ ［德］伽达默尔：《解释学美学实践哲学——伽达默尔与杜特对话录》，商务印书馆 2006 年版，第 13 页。

研究对象的某个方面，而非该对象整体，因此，它们所得出的结论虽然具有真理性，但也只能是片面性的真理，而不是全面的真理。既然我们局限于自己的一偏之见，无法全面把握普遍的客观真理，那么我们就没有理由对着他者进行独白，更不能要求他者倾听和接受自我的独白。然而问题在于，独白之“独”本身就有唯我独尊之意，自我被拔高于他者之上，居于舞台的中心，他者不过是自我的听众和看客，自我将自己的观点和要求灌输给他者，他者是自我进行教育改造的对象。独白的理论基础乃是自我中心论，在自我中心主义的视野中，他者不过是自我满足自身需要的手段和工具，他者不过是无生命的物质而已，因为当我们对他者进行独白的时候，他者实际上就变成了一个所谓真理的接收器，而非一个真实的生命，这也就是保罗·弗莱雷所批判的“恋死癖”，“压迫——强有力的控制——具有恋死癖特征；它滋生于对死亡而不是对生命的热爱”①。当然，他者不是僵死的物质，而是鲜活的生命，他者必然会对自身被物化向我们提出抗议，甚至为自己生命的合法性而与我们展开斗争，那么，为了维护自我的权威，为了捍卫自我进行独白的话语权，自我必然会对他者展开征服，因此，独白实际上是以暴力作为支撑的，独白背后所隐藏的乃是自我对他者的暴力。

第二节　对话：隐蔽的自我

独白是以自我中心主义为前提的一种言说方式，自我中心导致人们将他者看作征服改造的对象，在历史上就曾发生过大量统治者奴役迫害他者的案例，在那种情况下，人类本身没有获得应该享有的尊严，人类生命没有得到应有的尊重。虽然“人的发现”构成了现代社会的一个重要主题，而且个人开始成为社会舞台上的主角，但科学技术的客观化普遍化又导致人类的扁平化、抽象化，人再次被科学主义的普遍主义浪潮所淹没，人被当成了生产的

---

① ［巴西］保罗·弗莱雷：《被压迫者教育学》，顾建新、赵友华、何曙荣译，华东师范大学出版社2001年版，第29页。

机器，被当成了机器整体上的一个零件，从而使得个体生命失去了其独特的价值，他者彻底地沦落为自我实现资本增值和满足需要的手段和工具，自我对他者颐指气使，他者稍有不从，自我就会对他者大加挞伐，甚至不惜动用各种暴力手段进行镇压迫害。显然这种独白的言说方式与现代社会个人解放的要求至少在表面上存在着严重的抵牾，不符合现代社会民主化的发展潮流，因而受到了人们的强烈诟病。为了适应现代社会的发展方向，顺应个体解放的现实需要，思想家们开始提出对话这种言说方式，主张用对话来代替独白，从而翻开了人类言说方式发展史上新的一页。

我们这样说，并不是说对话乃是现代社会的劈空独创，或是现代社会中出现的一项崭新的事业，实际上，正如《圣经》所说的那样，“日光之下，并无新事”（《圣经·传道书》1：9），对话在古代社会早已有之。早在古希腊时代，苏格拉底就已经开始采用对话这种言说方式，与他者开展了不计其数的对话活动，而后世所流传下来所谓的苏格拉底的著作实际上都是有关苏格拉底与他者进行对话的记录。因此，在现代社会中，那些在对话领域取得显赫成绩的专家学者几乎无一例外地主动地将对话的发明权归于苏格拉底。像存在主义哲学家雅斯贝尔斯充满敬意地写道：“对话：苏格拉底的对话是他生活中的基本事实：他经常和手工匠、政治家、艺术家、智者和艺妓讨论，他像许多雅典人一样，将生命消磨在街头、集市、运动健身房和餐桌上，这是一种与每一个人对话的生活，但这种对话对雅典人来说是极其新鲜而不寻常的：一种在灵魂深处激动、不安和压抑的对话。如果说对话是自由不羁的雅典人的生活方式，那么现在作为苏格拉底哲学的推理方式则有所不同了。因此，只有通过人与人的交往，只有了解事务的本性，才能获得真理。为了追求真理，苏格拉底需要群众，而且他确信群众也需要他，尤其是青少年，因此苏格拉底决心献身于青少年的教育事业。”① 在这里雅斯贝尔斯告诉人们，苏格拉底在对话发展史上的重要贡献在于：他将对话与日常生活中无意识的闲谈区分开来，并将其从日常话语体系中剥离出来，提升为一种自觉

① ［德］雅斯贝尔斯：《什么是教育》，邹进译，生活·读书·新知三联书店 1991 年版，第 11 页。

的哲学的言说方式，从而使得对话与真理的追求实现了有机结合。一代诠释学大家伽达默尔对于对话理论进行了非常深入的研究，坚持认为唯有对话才是最适合于哲学的言说方式，“独白结构永远不可能使哲学思想达到它的目的”，“形而上学的语言总是并永远是一种对话，即使这种对话已经经历了数百年数千年之久的历史距离”①。正是基于对对话的这样一种高度认可，伽达默尔不仅坚持将对话理论应用于自己哲学的研究与实践，而且将其置于自己学说建构的中心地位，“确切地说，我是把对谈推置于解释学的中心”②，像他的文本诠释理论、视域融合理论都鲜明地体现了对话在其思想学说中的重要性。尽管伽达默尔在对话理论上取得了丰硕的成果，为对话理论的发展做出了重要贡献，但他仍然将对话理论的发明创造权归于苏格拉底，“作为柏拉图的学生，我特别喜欢有关苏格拉底同智者的争论、用他的问题使他们陷于绝望的描写”③。

尽管早在古希腊时代，苏格拉底就已经在进行对话，但这始终只是苏格拉底个人或者极少数思想家的行为，并未获得广泛的认可和支持，他甚至因此而被迫害致死，可见在那样一个专制独裁的时代里，带有民主色彩的对话只能是少数天才人物的奇思妙想，不可能得到社会的广泛拥护，更不可能成为一种占主导地位的言说方式，对话的星星之火在尚未成为燎原之势之前就被统治者迅速地扑灭了。“反者道之动”，专制独裁达到了顶峰的时候也就是民主的诞生之时，中世纪君权与神权的双重高压最终压垮了封建专制，个人则在高压之下苏醒过来，并最终借助高压的反作用力破壳而出，开始积极地反抗专制独裁，争自由、争民主、争平等，并通过启蒙运动、法国大革命等一系列现代性事件，使得自由、平等、博爱等思想观念被写进法律之中，最终在现代社会中被确立起来。既然人与人是平等的，那么就没有人享有对他者独白的特权，大至国家的方针政策，小至日常生活事务，自我没有命令指

① ［德］伽达默尔：《真理与方法》下卷，洪汉鼎译，上海译文出版社1999年版，第641—642页。

② ［德］伽达默尔：《解释学美学实践哲学——伽达默尔与杜特对话录》，商务印书馆2006年版，第6页。

③ ［德］伽达默尔：《哲学解释学》，夏镇平译，上海译文出版社1994年版，第12页。

使他者的特权，凡涉及他者的问题我都必须与他者进行商议、对话，以求获得大家都能接受的解决之策。正是在这样一种现代背景之下，对话理论才重获新生，才得到了广泛的认同与支持。

在现代社会中，霍布斯、洛克的契约论，卢梭的公意思想，以及胡塞尔的主体间性理论等，为对话理论的快速发展进行了充分的铺垫，正是在此基础上，对话理论才重新回到人们的视野之中，并引起人们的广泛关注，而这其中最重要的人物当数德国哲学家马丁·布伯。早在1923年，马丁·布伯就出版了《我与你》，明确地提出了对话概念，“在蕲求相近之天性（首先是触摸，而后是凝视另一在者）中，先天之‘你’立即展露其全部伟力，由此，相近之天性日渐明晰地敞亮其‘相互’、‘温柔’之意蕴。先天之‘你’也支配着‘创造’天性（即以综合之方式，或者，若不能如此，以分析、分解之方式构造事物的天性），这样，便出现了被创造者的‘人格化’，这样，便产生了‘对话’”①。1947年，出版了该著续篇《人与人》，其中第一卷就专门针对对话原理展开了全面而详尽的阐述，从而使得对话理论开始广为人知、深入人心。在马丁·布伯看来，由于人们对于世界持两种不同的态度，所以人们说出了两种不同的原初词：我与它，我与你。这两种原初词所反映的就是自我与他者之间两种不同的关系：“我—它”关系和“我—你”关系。在“我—它”关系中，他者并不是作为一个与我平等的主体，而是作为一个工具和物体而与我相关，我们仅仅关心他者对于自我而言具有什么用途和价值，而不会考虑物体自身的内在价值几何。就像一棵树，在我—它关系中，我们所关心的只是它能够作为制作家具的原材料，能够被用来烧炭取暖等等。在这种工具性的“我—它”关系中，实际上我们以自我为中心，仅仅考虑他者对于自我的用途，而不关心他者自身，因此，“我—它”关系是一种主客体关系。在“我—它”关系中，他者并不存在，我们考虑的仅仅是我与自身的关系，而缺乏对他者的关心和爱护，关系并不真正存在。对于马丁·布伯而言，真正的关系乃是“我—你”关系，这种关系不依赖于自我，而是先于自我而存

① ［德］马丁·布伯：《我与你》，陈维纲译，生活·读书·新知三联书店1986年版，第44页。

在的，“我—你”关系构成了自我的根基。在“我—你”关系中，我与你相遇，并进行对话：你告谓我，我回答你。不过对话可以分为三种：真正的对话，有技术性的对话和装扮成对话的独白。而马丁·布伯的我—你关系所对应的对话则是真正的对话，“无论是开口说话还是沉默不语——在那里每一位参与者都真正心怀对方他人的当下和特殊的存在，并带着在他自己与他们之间建立一种活生生的相互关系的动机而转向他们”①。因此，对话的关键之点就在于人们不再执着于自身，而是自觉地转向他者，与他者相遇，平等地对待他者。

马丁·布伯的对话理论揭示出，唯有对话的语言才是真正的语言，唯有对话的关系才是真正的关系，唯有对话的世界才是真实的世界，他不仅从哲学上阐述了对话理论，使对话重回人们的视野之中，而且将对话理论的重要性提升到了一个前所未有的高度，从而引起了人们对对话理论的高度关注，对对话理论的发展和扩张产生了至关重要的影响。在哲学领域，伽达默尔的文本对话理论、列维纳斯的回应论、哈贝马斯的商谈伦理以及其他与对话有关的思想和著作或多或少、或直接或间接都受到了马丁·布伯的影响。实际上，对话理论并不仅仅局限在哲学的思辨之中，而且已经越过了哲学的领域广泛地渗透于社会生活的各个领域之中，大至国际关系，小至家庭琐事，都活跃着对话的身影，对话理论在将近百年的时间里获得了一日千里的发展，不仅仅只是一种思想学说，而且成了一个非常重要的社会现象，值得我们高度关注。

虽然，我们每天都在使用对话，但实际上，我们对于对话本身并未进行过深入的思考，我们对于对话基本上处于“日用而不知，习焉而不察”的状态，缺少一些基本的了解。按照戴维·伯姆的理解，“英语的‘对话’（Dialogue）一词源于希腊词‘dialogos’。Logos 的意思是‘词’（the word），或者按照我们的理解来说它代表着‘词的意义’（即 meaning of the word）。Dia 的意思不是‘两’个（two），而是‘穿越’（through）。因此对话并不仅仅局限于两人之间，它可以在任何数量的人之中进行。甚至就一个人来说，

① ［德］马丁·布伯：《人与人》，张健、韦海英译，作家出版社 1992 年版，第 30 页。

只要他抱持对话的思维与精髓，也可以与自己进行对话。这样来理解对话，就意味着对话仿佛是一种流淌于人们之间的意义溪流，它使所有对话这都能够参与和分享这一意义之溪，并因此能够在群体中萌生新的理解和共识”①。通过戴维·伯姆对于对话的分析和界定，我们就能看出，对话的目标是要形成一种“新的理解和共识”，而伽达默尔对于公共性的强调，更加证明了伯姆的归纳是非常准确的，“谈话中的相互理解不是某种单纯的自我表现和自己观点的贯彻执行，而是一种使我们进入那种使我们自身也有所改变的公共性中的转换”，从而最终实现自我与他者之间的视域融合。②共识之所以如此重要，是因为“这是那种富于创造性的理解和共识，是某种能被所有人参与和分享的意义，它能起到一种类似‘胶水’和‘水泥’的作用，从而把人和社会粘结起来”③。这也就是说，对话通过形成共识，能够起到社会水泥的作用，将整个社会牢固地凝结在一起，从而形成整个社会的团结一致。

通过上文的分析，我们可以非常清晰地看到，对话不仅仅是一种言说的方式，不简单的就是几个人或一群人在一起你一言我一语地进行言说，而且更加重要的是这些人之间的内在关系问题，就像马丁·布伯所说的那样，“对话的生命并不局限于人们的相互交往；而是向其自己所显示出的那样，是人们的相互关系，这种关系仅表现在他们的交往中”④。后来，保罗·弗莱雷将对话理论引入教育学当中的时候，就特别注重对话的这种关系性，放弃了将对话看作一种言说方式和言说技巧的做法，而从社会关系角度来理解对话，“对话的特征表现为一种认识论关系”，“我进行对话，是因为我知道认识过程的社会性特征，而不仅仅是其个体性特征”⑤，正是基于对对话的关系性的认识，保罗·弗莱雷将自己的教育学著作命名为《被压迫者教育学》，其意就在于教育反映了教育者和被教育者之间的压迫和被压迫的关系。保

① ［英］戴维·伯姆：《论对话》，王松涛译，教育科学出版社2004年版，第6页。

② ［德］伽达默尔：《真理与方法》上卷，洪汉鼎译，上海译文出版社1999年版，第486页。

③ ［英］戴维·伯姆：《论对话》，王松涛译，教育科学出版社2004年版，第6页。

④ ［德］马丁·布伯：《人与人》，张健、韦海英译，作家出版社1992年版，第30页。

⑤ ［巴西］保罗·弗莱雷：《被压迫者教育学》出版前言，顾建新、赵友华、何曙荣译，华东师范大学出版社2001年版，第7页。

罗·弗莱雷认为，在传统的独白式、灌输式教育中，师生关系就是一种压迫关系，而他现在所主张的对话式教育，就是要站在被压迫者的立场上推翻传统的压迫关系，实现被压迫者的解放，从而建立起一种新型的平等的师生关系。这也就是说，对话与独白作为两种不同的言说方式，其言说方式上的差异只是表面性的，而根本的差别则在于二者是建基于并反映了自我与他者之间截然不同的关系：独白是以自我为中心的，他者是从属服从于自我的，是自我征服改造的对象，自我与他者之间是一种主客体关系；对话则剥除了自我的中心地位，自我与他者处于平等的地位，自我与他者是一种交互主体关系，自我无权对他者进行征服改造。

虽然，较之于独白，对话确实是一个重要的进步，提升了他者的地位，为争取他者的主体地位作出了重要贡献，使得他者进入到人们的视野之中，但是我们并不能因此而认为对话已经彻底地解决了独白当中的自我中心地位问题，他者真正获得了自我的尊重。实际上，情况并非如此，自我只不过是以一种更加隐蔽的方式出现，他者并未赢得与自我平等的地位，他者也没有真正赢得自我的尊重。

在西方，人们普遍认为对话理论的鼻祖是苏格拉底，后世的对话理论家都认为自己正是继承和发掘了苏格拉底的对话思想，使其在现代社会中焕发出新的生命和活力。正是鉴于苏格拉底在对话理论发展史上的源头地位，我们不妨分析一下苏格拉底的对话，来看看对话理论是否彻底地摆脱了自我中心论，从而建立起一种新型的自我与他者之间的关系。苏格拉底与那些独白者之间最为重要的一个差别在于：独白者认为自己是真理的握有者，因而他要以一种圣言传播者的姿态向人们传达真理；苏格拉底则始终坚称自己对于真理一无所知，其名言是“认识你自己”，而其得出的结论则是认识到自己的无知。在所有的对话中，他都首先声称自己对于该问题是无知的，而认为他者对于这个问题颇有研究，希望他者能够为自己指点迷津，因此，苏格拉底基本上都是以一个求教者的姿态与他者开始对话。不过，我们要清醒地意识到，虽然苏格拉底自称自己无知，也不愿意主动地向他者宣讲真理，但苏格拉底并不是一个无知者，正如德尔斐神庙的箴言所说的那样，苏格拉底是这个世界上最有知识、最有智慧的人，他与其同时代的人们相比，他对于真理的认识更加深刻，领会更加独到。在笔者看来，苏格拉底之所以将自己的对话称为精神助产术，实际上就是因为在苏格拉底看来，对话具有某种技术性、方法性，他在某种程度上就是将对话看作帮助他者找到真理的一种方法。苏格拉底作为一名教师，就像现在的教师一样，他在教学开始之前，对于知识本身已经有了充分的认识，否则，一个对于知识一无所知的人如何能成为一名教师，如何敢于站在学生面前呢？因此，尽管苏格拉底在对话开始后总是让他者首先表达自己的观念，并且自己所说的话也很少，似乎真正是以一个学习者的姿态在仔细地凝听他者的教诲，不过我们不要被这种表面现象所蒙蔽。因为苏格拉底在他者兴高采烈、志得意满之时，会突然提出一个问题，直指他者论说之要害，并通过不断的追问，使得他者的思想观念漏洞百出，难以自圆其说，从而迫使他者承认自己在这个问题上的无知，然后自己再按照自己的思路一步一步地将他者引导到自己所设想的方向和目标上来。从这样一个过程来看，苏格拉底的对话实际上与独白具有异曲同工之处，而且变得更加巧妙，他减少了自我言说的分量，让他者参与到言说之中来并且进行大量的言说，从而给人造成一种错觉：自我与他者在言说当中的地位发生了变化。但是实际上，对话与独白一样，都高度突出自我对于言说的主导性，整个对话的走向都处于自我的掌控之中，我们都要让他者承认自己的肤浅和无知，让他者心甘情愿地按照我们所预先设计的轨道向前发展，最终得出自我想要的结论，让他者在不知不觉当中接受我的思想观念。因而，苏格拉底的对话并非像我们所想象的那样，实现了自我与他者的平等，实际上，苏格拉底的对话仍然隐含了自我之于他者的优势地位。

苏格拉底所生活的雅典虽然很早就实行民主制，但苏格拉底生活的年代民主制已经暴露出诸多问题，开始向寡头制过渡，因此，苏格拉底对民主的理解不可能达到现代社会民主的程度，这也就使得他的对话理论带有明显的独白特征，这是不足为怪的。马丁·布伯是生活在现代的思想家，他不仅经过了民主制度的洗礼，自由、平等、博爱的现代精神已经深深植根于其思想观念中，而且现代社会中专制独裁的一次次复辟及其所犯下的罪恶，更是坚定了他对于现代民主的信念和追求，因此他的对话理论最大的特点，就是对话双方是作为平等的关系主体而存在的，对话是一种主体间性，对话存在于两个平等的主体之间，“人类实存的根本事实乃是人与人（Man with man）。人类世界之特征首先就是：某事是发生在此存在与另一存在之间，相似者无处可寻。语言仅是其符号和媒介，精神的一切成果皆由它激励所获得，人由它造就而为人。……它扎根于一个转向另一特殊存在的在者，以与另一存在在一个二者所共有但又超出各自特殊范围的领域相交流。我把这一领域称为‘之间’（Between）的领域”，“获得确立‘之间’概念的观点，不是再像通常那样把人际关系局限于众个体心灵的范围内或在包括、决定它们的一般世界之内，而是在它们二者之间的实际事实当中”①。这种主体间性理论确实与现代社会的个人观点、天赋人权观点和平等观点之间具有高度的契合性，反映了现代社会的民主潮流，而这也正是对话理论在现代社会能够获得如此广泛回应和迅速发展的原因之所在。虽然马丁·布伯为我们理解我与他者的关系提供了一个全新的视角，并为解决传统的自我对他者的压制提供了非常有意义的解决思路，但我们不能因此而忽视了马丁·布伯作为现代思想家所存在的一个非常普遍性的问题，那就是平等观念中所暗含的自我中心主义的问题。正是因为在现代社会中出现了个人以后，人们为了个人利益，才提出了平等的观念，要求每个人平等地享有权利和承担义务，这就无法避免传统的本体论所导致的自我中心论，就无法真正彻底地消除自我中心主义，就难免要将他者变成“另外一个我”，从而使得他者的独特性、差异性很难得到保证，正是基于此，列维纳斯批评道：“与趋向存在的知识相比，虽然马丁·布伯的语言非常忠实于与他者关系的新颖性，但他彻底打破存在论的优先性了吗？我—你不是以其自身通达存在的方式被说出的吗？”“在哪儿存在，不就已经占据了他者的地盘了吗？”② 列维纳斯对于马丁·布伯对话理论的批评真正击中了对话理论之要害，对话确实无法避免自我中心论，只要我们放眼看看周围的世界，虽然我们天天都在进行着所谓的对话，但没有一个对话真正是站在他者的立场上，是为他者利益服务的，对话变成了争权夺利的手段，因此，对话要么变成了敷衍塞责的闲谈，要么变成唇枪舌剑的辩论场，

---

① ［德］马丁·布伯：《人与人》，张健、韦海英译，作家出版社 1992 年版，第 275 页。

② Levinas, *Outside The Subject*, Translated by Michael B. Smith, London: The Athlone Press, 1993, pp.47-48.

没有人真正像戴维·伯姆所说的那样关心“意义之溪”，因为在大多数的对话中，意义之溪都处于断流状态，意义不能在自我与他者之间自由地流淌。

第三节　回应：他者的凸显

独白强调主体自我的主导性，是我说他听；对话则是强调主体之间的平等交互性，是我说你听、你说我听；而回应则是强调他者的主体性，是我在倾听他者言说的基础上，对他者的言说作出针对性的回应。从独白到回应，自我开始由主动变为被动，主体变成了客体。当我们说需要引入回应这种新的言说方式的时候，大家首要的疑问，就是这种引入到底是否合理和必要。为了解决大家的疑问，我们首先来讨论引入的合理性和必要性。

通过上文的分析，我们已经知道传统的言说方式不足以解决自我与他者之间存在的奴役与压迫的问题，不能让他者获得应有的尊严，不能让他者赢得自我的尊重，反而造成了奴役与压迫、战争与屠杀等一系列的社会问题。也正是这些问题的存在，为我们引入回应这种新的言说方式提供了现实前提。既然独白和对话都不能适应现实的需要，不但不能解决现实中出现的问题，反而成了这些问题出现的推手，那么我们就需要一种新的言说方式。按照马克思主义的历史唯物主义的观点，历史的发展不是一条直线，而是类似于一条螺旋式上升的曲线，是肯定—否定—否定之否定的辩证发展过程。由于言说方式的实质是人类关系，从人类关系来看，在独白中，自我高于他者；在对话中，自我的地位有所下降，他者的地位有所上升，从而自我与他者达到一种平等的状态；按照历史的发展规律来看，回应正好适应了他者高于自我的发展方向。从主客体关系的发展来看，在独白中，自我是主体，他者是客体；在对话中，自我与他者互为主体；在回应中，他者为主体，自我为客体。从言说的角度来看，在独白中，主要是我说；在对话中，是自我与他者共同说；在回应中，主要是他者说。这一系列的变化正好符合历史发展的辩证法规律，是与人类历史的发展方向高度一致的。

当然，历史规律的预测提供的只是一种可能性，但可能性能否变成历史的现实以及何时变成现实，这是必然性与偶然性共同作用的结果，因此，我们不仅要看历史发展的规律性和必然性，更要看历史的现实性。实际上，回应这种言说方式已经在现实中出现端倪。当马丁·布伯阐发对话理论的时候，他就已经注意到回应，并对回应展开了一定的论述："真正的责任只存在于有回应的地方。对什么做出回应呢？对某人发生的事情作出回应，对所见、所闻、所感作出回应"，"我们的应答之言以做与阻的言语被说出，如告谓一样不可译解——由此做有类乎阻，阻有类乎做"①。由于马丁·布伯关注的重心是在对话上，因此，回应是作为对话的一个环节而被加以论述的，从而使得回应所具有的独特的伦理意义没有被清晰地展现出来，这也就是列维纳斯所概括出来的自己与马丁·布伯的一个重要区别，"上帝对于布伯来说，就是伟大的你或永恒的你。人们之间的关系在上帝之中相交并在上帝那里终结。我已经表明，我不太确定：神圣的人（the Divine Person）就居住在对话的你之中，奉献和祈祷就是对话"，"在我的分析中，来到心灵中的上帝总是与为他者的责任（或回应）以及象征着与他者实在关系的宗教情感联系在一起；对上帝的敬畏具体地就是对邻人的敬畏"②。弗洛姆在1947年出版的《自为的人》一书中同样也谈到了回应："责任不是从外部强加给某个人的义务，而是我对我感觉到的关切的一种要求的响应（这里的响应以及后面的反应实际上也可以译作回应——引者注）。责任与响应具有同样的根基：反应等于'回答'；承担责任也就是准备做出反应。"③

列维纳斯与马丁·布伯都是犹太人，马丁·布伯具有强烈的宗教信仰，其学说实际上是以犹太教的思想和反思犹太人的现实处境作为根基的，而列维纳斯的诸多亲人都在大屠杀中丧生，自己也曾被关押在集中营当中受到纳粹的迫害，再加上他受到犹太传统文化大师寿沙尼的影响，使得他将胡塞尔的现象学与犹太传统文化结合起来，而试图走出以海德格尔为代表的西方存

---

① ［德］马丁·布伯：《人与人》，张健、韦海英译，作家出版社1992年版，第27—28页。

② Levinas, *Outside The Subject*, Translated by Michael B. Smith, London: The Athlone Press 1993, pp.46-47.

③ ［美］埃里希·弗罗姆：《自为的人——伦理学的心理探究》，万俊人译，国际文化出版社公司1988年版，第87页。

在主义传统。这种相似性使得列维纳斯对于马丁·布伯的思想非常关注，并给予他以高度的评价，“正是他向西方世界揭示出犹太教是作为生命和思想的当代形态而存在的。但也正是他，通过传授犹太教使其面向外部世界，但将其呈现为不同于被同化西方精神生活中的构成部分和去犹太化的知识分子。布伯是一位少有的思想家和作家，带着令人惊奇的自然性、自发性和就像一位演员所说的‘在场性’，通过一部著作，致力于犹太主题和普遍性的文化”，“马丁·布伯的功绩是毋庸置疑的。正是他将吸引了世界对于鲜活犹太教的关注”①，同时，马丁·布伯对于对话这一哲学主题的强调，使得“《我与你》在随后的四十年中产生了巨大的影响，它给哲学带来了一个新的标签”②。正是出于对马丁·布伯的崇敬之情，列维纳斯写了多篇研究马丁·布伯的文章，并于1963年马丁·布伯85岁寿诞之际专门写信表示祝贺。不过，列维纳斯对于马丁·布伯的崇敬没有成为盲目的崇拜，而是本着“吾爱吾师，吾更爱真理的学术精神”，在继承马丁·布伯的思想基础上进行批判创造。列维纳斯认为，马丁·布伯的对话理论所建立起来的“我—你”关系对于突破传统的独白理论所建立起来的主客体关系具有重要的贡献，但是又认为对话理论所强调的我—你之间的交互性、平等性，无法突出他者的优先性，而这也就导致马丁·布伯的对话理论无法真正建立起一种真正的伦理学。因为伦理是建立在他者先于自我基础上的，如果没有这一点，我们日常生活中的“先生，您先请”这样一种基本的伦理姿态都是不可能的。正是基于此，列维纳斯希望在马丁·布伯对话理论的基础上更进一步，将回应放到一个更为重要、更为突出的地位，“在我自己的分析中，通达他者的途径并不原初地存在于我向他者言说，而是我对他或她负责（回应）。那才是原初的伦理关系”③。

---

① Levinas, *Outside The Subject*, Translated by Michael B. Smith, London: The Athlone Press 1993, p.5.

② Levinas, *Outside The Subject*, Translated by Michael B. Smith, London: The Athlone Press 1993, p.15.

③ Levinas, *Outside The Subject*, Translated by Michael B. Smith, London: The Athlone Press 1993, p.43.

在列维纳斯的他者伦理当中，一个最为重要的概念就是面貌（face，visage）。列维纳斯和马丁·布伯一样，强调我与他者的相遇，不过列维纳斯更加强调相遇中所建构起来的面对面关系。在面对面的关系当中，他者对于自我而言，不是可有可无之物，而是我必须直面的他者，他者先于我的选择而存在。不论我是热情相对，还是故意躲避，实际上我都已经与他者碰面了。因此，与他者面对面是先于自我的选择或者说是先于我的自由的，我所面对的他者的面貌是先于我的自由。简而言之，他者的面貌先于我的自由而存在。不论我们是否愿意，我们都必须面对他者，通过相遇，通过面对面，自我与他者牢牢地联系在一起，自我不能脱离他者而存在，自我不能成为莱布尼茨式的单子或克尔凯戈尔式的"单独者"。正是因为自我必须与他者面对面，而面貌又具有呈现、表达的功能，他者将自己的喜怒哀乐、所思所想都写在脸上，所以，他者的面貌使得他者失去了一切遮挡之物，将自身赤裸裸地呈现在自我面前。通过面貌的这样一种表达、呈现功能，列维纳斯颠覆了以霍布斯、萨特所代表的他者是强者的认识传统，使得他者显示出一种贫弱者的状态，是鳏寡孤独，他者由于与我面对面而失去了外在的保护，他者将自身毫无保留地奉献给自我，将自己的生死存亡、将自己的命运都彻底地托付给自我。因此，他者在面对自我的时候，他者通过他的面孔在向我发出"帮帮我"、"请勿杀我"之类的吁求，面孔本身就是言说，就是吁求。面对他者的吁求，我们必须作出回应。因此，列维纳斯说："面孔的第一句话就是'汝勿犯杀'，它是一个命令。在面孔上显现出一个命令，就像主人命令我一样，然而与此同时，他者的面孔又是赤贫的；他是那样的一个赤贫者，我们可以为他做一切和奉献一切。不管我可能是什么，但作为'第一人称'的我，我们都是他者发现可以对其吁求做出回应的人。"① 这种回应实际上有两种：一种是积极的回应，就是答应他者的吁求；一种是消极的回应，拒绝他者的吁求，或者对他者的欲求做出回避的态度。不管是哪一种，我们对于他者的吁求都不可能无动于衷，都要作出回应，后者虽然具有消极性，但也

① Levinas, *Ethics and Infinity*, Translated by Richard A. Cohen, Pittsburgh: Duquesne University Press 1985, p.89.

是回应的一种方式，逃避回应、拒绝回应本身也都是一种回应。在法文和英文当中，回应的词根都是 response，而它同时也是责任的词根，这样一来，回应和责任从构词上就具有某种内在的渊源关系，回应本身也就意味着责任，所以，列维纳斯说道："你对脸的反应就是一种回应。不仅仅是一种回应，而且是一种责任。这两个词（response, responsabilite）密切相关"[①]，"回应他者就已经是为他者负责"[②]。

对于列维纳斯来说，回应改变了我与他者之间的关系结构。在独白中，自我优先于他者；在对话中，自我与他者表面上处于平等地位，他者始终没有被凸显出来；而回应恰恰改变了这样一种局面，突出他者的优先性，回应就是要将自我置于他者之后，使他者先于自我，"像我刚才所做出的有关面貌的分析，像他者的优先性和赤贫性，像我的从属性和富庶，是首要的。它是所有人类关系的前提。如果没有它，我们在一扇门前面就将无法说，'先生，您先请！'（After you, sir！）正是这种原初的'先生，您先请！'才是我所要努力揭示的"[③]。这种"您先请"，实际上就改变了独白和对话这两种言说方式中所包含的传统的权利模式，我不再争取自己的权利，不再争取自己的优先权，而是主动地将自己的权利让渡给他者，这种让渡的权利转而成为自己的责任，我甘愿承担责任，我甘愿为他者负责，我既承担本该自己承担的义务，我也承担本不属于自己的责任。我为他者承担责任，并不是因为我对他者做了什么不道德的事情，责任并不是我的不当行为所带来的后果，我什么也没做，我根本就没有伤害他者，甚至我还受到过他者的迫害，但是我也要为他者负责，所以，列维纳斯形象地将自我称为他者的人质，"人类在本质上不仅是'为己者'，而且是'为他者'，……从我到我自己终极的内在，在于时时刻刻都为所有的他人负责，我是所有他人的人质。我能够为非我所

① ［法］勒维纳斯：《道德的悖论：与勒维纳斯的一次访谈》，童庆炳《文化与诗学》（第一辑），上海人民出版社 2004 年版，第 199 页。

② Levinas, *Ethics and Infinity*, Translated by Richard A. Cohen, Pittsburgh: Duquesne University Press 1985, p.88.

③ Levinas, *Ethics and Infinity*, Translated by Richard A. Cohen, Pittsburgh: Duquesne University Press 1985, p.89.

犯的过错负责，也能够承受不是我的苦难”，“作为所有他者人质之人对全人类都是必要的，因为没有这样的人，道德不会在任何地方发生。世界上产生任何一点宽宏都需要人质之人”①。人质是一个无辜者，他本身可能什么都没做，他可能就是一个普通的路人，他可能就是一个正常的工作者，然而他却莫名其妙地被他者劫持为人质，需要为他者的过错承担责任，需要为他者的生死存亡承担责任，而这就是他者伦理中自我的处境。不过，自我与人质之间还是存在着一定的差别，人质对他者负责带有强烈的被动色彩，自始至终都是被动的，但是我为他者负责却被动中有主动，虽然我作为上帝的选民，上帝选中了我来承担责任，使我具有被动的一面，但是我却并没有因此而心生哀怨，更没有因此而消极怠慢，而是积极主动地给出自身，主动地为他者承担责任。

列维纳斯作为犹太人，从小受到宗教文化的熏染，而且中年时期又亲炙于解经大师寿沙尼，因此，他的思想经常需要通过《圣经》经文才能得到很好的表达。譬如责任的无端性，列维纳斯就常以耶稣走上十字架为例。耶稣走向十字架并非自己犯了什么过错，他之所以走上十字架，是因为人类犯了过错，人类违反了与上帝所立之约。为了给人类赎罪，为了让人类得到上帝的宽恕，为了让人类迷途知返，耶稣义无反顾地走向十字架，代人类受过。因此，耶稣走上十字架是为人类负责，是对人类的所作所为进行回应，从而将自身奉献给了人类。与此相类，为他者负责，就是义无反顾向他者奉献自身。在列维纳斯那里，上帝是作为绝对的他者而存在的，上帝可以算是他者最为重要的代表，我与他者的关系，也就是我与上帝的关系。人类曾经因为背离与上帝所立之约，而导致罪恶遍地，上帝为了消弭尘世罪恶，而向人们发出召唤，希望有人愿意充当先知去向众生布道，“我可以差遣谁呢？谁肯为我们去呢？”面对上帝的召唤，以赛亚回应道：“我在这里，请差遣我！”（《圣经·以赛亚书》6：8）在这样一个简短的故事中，却蕴藏着言说的全部奥秘。言说并不是一定要说什么，就像人们所通常认为的那样，话语本身是意义的载体，言说一定要有具体的内容，一定要有所说。但是，在列维纳斯

① ［法］勒维纳斯：《塔木德四讲》，关宝艳译，商务印书馆2002年版，第123、125页。

看来，这不是第一性的语言，这种语言本身就带有存在论的特征，就带有独断论，人们将自我深深地隐藏在“是什么”背后，但同时他又将“是什么”的风筝之线紧紧地攥在自己的手里，使得一切他者都通过这根线与我保持着同一性，无法摆脱自我的控制。而在“请差遣我”，这句话当中，什么也没有说，与存在无关，因此，列维纳斯将其称为“一无所说的言说”。虽然自我一无所说，但是自我给出了自身，“我在这里，请差遣我”，在这种回应当中，自我成了唯一者——唯一的责任承担者，因为唯有我在这里，唯有我可以被差遣，所以，我必须对你负责。因此，对于列维纳斯来说，回应所伴随的是承担责任的唯一性，或者说，责任的不可让渡性。就像我们在日常生活中，我们可以让渡自己的权利，但是我们没有办法让渡自己的责任，就像我们可以将接受教育的机会让给弟弟妹妹们，但是我们却不能将孝敬父母的责任转让给弟弟妹妹，只有我们自己承担了对于父母的孝敬的责任，我们才是一个孝子，才是一个讲伦理、讲道德的人。因此，对于列维纳斯来说，回应并不在于说什么，而在于重视他者的吁求、召唤，承担为他者的责任，否则，即使说得再多，也与伦理道德无缘。

在中文当中，回应之“应”可以作应对、应和解，譬如《孟子·公孙丑下》中说有人同孟子说话，孟子“不应，隐几而卧”；以及成语“同声相应”、词语“响应”等都是此意。不管是应对，还是应和，实际上都是对他者做出回应。然而问题在于，我们为什么会作出应对、应和或者说做出回应呢？因为“应”还有另外两层意思：感应和应当。所谓感应是指世界万物交感相应，天人合一，万物一体，世界万物是普遍联系的，外在他者的任何变化都在我的身上产生感应，我能感应到春天的生机与活力，我也能感应到秋冬之际的肃杀与萧条。虽然自我与他者相分相离，但是他者与我本来不二，所以我与他者本就休戚相关，我与他者同声相应，同气相求，所以我能感受到他者的所需所求。正是因为我能够感受到他者的所需所求，我与他者又是一体性的，“民吾同胞，物吾与也”，所以，我必须、应当对他者做出回应。因此，对于中国人来说，回应不仅仅是一种简单的应对、应和，而且其间包含着必然之理和当然之则，回应不仅仅是语言的来来回回，你有来言我有去语，而且是“应”、“回”，使得回应他人成为一种当然之则，带有某种责任性。而这种“回”与“应”之间的桥梁和纽带就是感应，而这种感应也就是孟子所说的“不忍人之心”，也就是孔子所说的“仁心”，也即我们日常生活中所说的良心，正是良心使得回应、承担责任成为可能。当然，回应并不总是语言上的，就像布伯曾经说过的那样，“在人与人之间，即便是无言，对话的言语也神圣地发生”①，回应也是如此，如来拈花，迦叶微笑，虽然不着一言，不说一语，同样也是一种回应。

孔子说“天生德于予”，肯定人天生就有道德本性，就有追求成仁、承担责任的欲望，虽然满足这个欲望的道路上充满了坎坷与荆棘，任重而道远，但是这个欲望强烈到让我们愿意付出生命的代价，做到生死由之，“士不可以不弘毅，任重而道远。仁以为己任，不亦重乎？死而后已，不亦远乎？”（《论语・泰伯》）不过孔子毕竟没有明确地说过人性本善，及至孟子出，这个问题才真正得以明确化，“孟子道性善，言必称尧舜”（《孟子・滕文公善上》），并与告子展开了著名的有关性善问题的争论，从而向天下旗帜鲜明地昭告儒家的性善论。当然，孟子道性善，并不是说每个人天生都是道德高尚之人，否则就会无法解释这个世界上存在道德败坏之人，而是说每个人都有良心善性，都有“四端”，都有“不忍人之心”。孟子这样说，并不是出自形而上学的虚构，而是源于真实的人生体验，“所以谓人皆有不忍人之心者，今人乍见孺子将入于井，皆有怵惕恻隐之心”（《孟子・公孙丑上》）。这种“不忍人之心”实际上就是良心善性，而这种良心善性对于他者的悲惨命运会产生一种感应，这也就是上文所说的“同声相应，同气相求”，就会让我们坐立不安，迫使我们为他者做些什么——援之以手。当然，在这个例子中看得不够明显，我们不妨来看另外一个例子。根据齐宣王自己的描述，他乃是一个好货、好色之徒，是一个暴君，但就是这样一个暴君有次看到下属牵牛前去祭钟的时候，居然下命令“以羊易之”。何以会发生这样的事情呢？孟子的解释则是，“臣固知王之不忍也”，“君子之于禽兽也，见其生，不忍见其死；闻其声，不忍食其肉”（《孟子・梁惠王上》）。我们因为感应他者所产生的“不忍”，导致我们没有办法任由他者走向死亡，

① ［德］马丁・布伯：《人与人》，张健、韦海英译，作家出版社 1992 年版，第 11 页。

他者通过的身体姿态在向我们发出请求、召唤，祈求我们拯救他们于危亡之际，我们正是听从了他者的召唤，而为他者的生死存亡承担起责任来。实际上，用来祭钟的牛都是经过精心挑选出来的膘肥体壮的纯种牛，应该给人一种高大威猛之感，否则也不能显示出祭祀的庄重肃穆和皇家规格，但是当我们和牛见面的时候，我们由于良心的感应就会产生出一种牛在形象上的微妙变化，即使在齐宣王这样一个暴君的眼里，牛也变得哆嗦发抖，楚楚可怜，似乎在向齐宣王发出求救之声，最终使得齐宣王做出了"以羊易牛"这样一个仁义之举。

虽然，中国人讲回应与马丁·布伯与列维纳斯讲回应，都最终和责任联系在了一起，都讲到自我要对他者承担责任，但二者之间显然存在着重要的差异。西方人的回应和责任实际上是立足于外在的上帝，而中国人的回应和责任则直接植根于人内在的良心，同时这种回应和责任同时也是人类自身价值的实现，成为一个真正的人，获得生命的尊严和价值。这种内在的良心使得自我的回应和责任具有一种自然而然之感，就像人类饥则思食、寒则思衣一样，完全出自人类的一种本能欲望，而没有丝毫外在的强迫感。因此徐复观说："中国文化最大的贡献是指出这个价值根源是来自人生命的本身——就是人的'心'。价值的判断，就是源于这个'心'。"[①] 良心的作用表现在两个方面：一方面，如果面对他者的召唤、祈求，我们置之不理，那么就会造成内心的不安，使得自己坐卧不宁，从而使得自己经受良心的折磨，使得自己自觉向善，被迫对他者进行回应和承担责任；另一方面，如果我们主动地回应和承担责任，那么我们就会产生一种自得之感，一种踌躇满志的自由之感，感受到自我实现的快乐。

当然，在当前这个时代，我们讲依靠良心来保证人们回应他者和为他者承担责任，可能确实存在一定解决的难度，但是我们不能因此而完全陷入悲观。首先，道德离不开良心。如果道德仅仅是一套外在的规范，不能内化为人的良心善性，那么，道德只能是外在的强制，而缺乏内在的认同，无法获得情感上的支持，从而达到知情意的统一。这样一来，一旦外在的强制消

① 徐复观：《论文化》，九州出版社 2014 年版，第 835 页。

失，人们就不会去做道德之事，做道德之人，从而使得伦理道德被悬空，人们就会说一套做一套，而不会“化理论为方法，化理论为德性”。其次，在当今时代，确实有些人已经被高度物质化了，崇拜金钱权力，以致使得自己的良心善性变得有些麻木，甚至因此而干出违法乱纪的事情来，不仅突破了道德的底线，而且突破了法律的底线，不过我们不能因此而否定整个社会的良心，只要某个地方发生了洪水、地震等自然灾害，以及有些家庭发生了重大的变故，人们的爱心就会喷涌而出，为他们捐钱捐物，提供力所能及的帮助，从而平时看似风平浪静的社会，在关键的时刻总是能够汇集成一条爱的江河，这就说明，人们的良心实际上是有某种共同的东西一直在支撑着的。那么，一方面，我们要通过教育的手段，更大程度上激发人们内在的良心的外化活力；另一方面，我们要通过法律的手段对于良心的发用施行提供保障。

第八章
社会理想：从公正到和谐

他者伦理反对以自我为中心，反对自我对他者颐指气使，反对奴役与压迫他者，主张主动地为他者承担责任，那么，它的理想目标又是什么呢？或者说，它希望自我与他者之间到底达到一种什么样的状态呢？这个世界到底应该是一个什么样的世界呢？当然，对于大多数现代人来说，自我与他者之间的理想状态就是公正。自从 1971 年罗尔斯出版《正义论》以来，公正问题的研究几乎成了一股潮流，著名思想家诺齐克、德沃金、阿马蒂亚·森等等都对公正问题展开了深入的研究和讨论，公正观念迅速地蔓延传播，进入政治、经济、文化等社会生活的方方面面。在这股潮流的裹挟之下，公正几乎成了最高的社会理想，大多数人的心里都有一个公正之梦，公正构成了个人、社会、国家追求的终极目标。不过，在笔者看来，虽然公正是社会良好运转的重要前提和目标，但却不是终极的追求目标，虽然一个公正的社会是一个值得向往的社会，但却并不一定就是一个美好的社会。一个真正美好的社会，当然实现了公平公正，但人们却并不会停留在公平公正的要求上，而是主动地突破公平公正的要求，突破自我与他者之间的界限，乐于无偿地不求回报地为他者奉献自身。在这种社会中，自我与他者之间不是斤斤计较于所谓的公正，而是试图去达到一种其乐融融的和谐状态。

第一节 公正的追求与批判

我们在此所讲的公正和我们日常所讲的正义是一个概念，因为我们在日常生活当中并未对这两个概念作严格的区分，经常将其混同起来。像在中译本当中，罗尔斯的 *A Theory of Justice* 就被翻译为《正义论》，阿马蒂亚·森的 The Idea of Justice 就被翻译为《正义的理念》，在这些翻译当中，Justice 被无一例外地被翻译成了正义，我们在日常写作当中，我们也会讲罗尔斯的公正思想、西方的公正思想，似乎没有任何不妥。李泽厚在这个问题上持有不同的意见，"Justice（正义，或译"公正"似更贴切）"[①]。对于其中原因，李泽厚做了一些解释，"为什么要把正义改成公正，原因就是用正义的情感性丰富一点，太近中国，不符西方"[②]。至于这个问题，我们后文还将展开详细论述，我们在此只是提醒大家，对于西方思想文化来说，我们所经常接触到的正义一词，实际基本上都可以译成公正，而且可能更加贴切。

虽然公正是在罗尔斯出版《正义论》以后才大肆流行，但这并不意味着西方有关公正的论述开始于罗尔斯。实际上，在西方，公正思想已经有了几千年的历史。早在柏拉图那里，公正问题就已经受到关注，并展开了详细论述，而这主要体现在《理想国》当中。《理想国》一书以苏格拉底与他人对话的形式，专门针对什么样的城邦是一个公正的城邦展开了深入讨论。在普通人看来，在现实中，一个不公正的人会为了个人的利益而不择手段，而这往往更容易为他带来更大的利益，不公正的人与公正的人相比，前者似乎生活得更加幸福。但柏拉图认为，公正的人而非不公正的人，才是最幸福的。在柏拉图看来，至福的状态也就是至善的状态，"可欲之谓善"，幸福是值得人们追求的，那么幸福一定就是至善的，而公正本身就是善，就是成就善，就是人的完善，因此，公正的人理应是幸福的人。然而问题在于，公正的人是心地纯洁、缺少计谋之人，而且由于他们对于社会人生具有自己独特的思考，所以他们言行举止异乎常人，而这就决定了他们在社会当中经常处于一种被孤立的状态，不但无法获得人们的理解和支持，反而会受到人们的误解和攻击，而苏格拉底就是这样一个鲜活的例子。为了改变现实的不公正状况，以保证公正的人能够得到公正的对待，就必须要建立起一个公正的理

---

① 李泽厚：《回应桑德尔及其他》，生活·读书·新知三联书店 2014 年版，第 19 页。

② 李泽厚：《什么是道德？》，华东师范大学出版社 2015 年版，第 44 页。

想城邦。因为人是生活在城邦之中的，个人的幸福和城邦的幸福是紧密地联系在一起的，城邦的美德要高于个人的美德。由于城邦是由统治者、武士和农工商业者等不同的人构成的。如果要想让一个城邦真正地成为一个公正的城邦，那么，不同种类的人就必须按照自己的本性生活，也就是说遵守自己所属种类的道德本性，像统治者要有智慧的美德，武士要有勇敢的美德，农工商业者则要有节制的美德，只有不同阶层、阶级的人都遵守了本阶层、本阶级的美德，这个城邦才符合人类本性，才是一个公正的城邦，因此，在公正、智慧、勇敢、节制这“四元德”当中，公正居于首要的、统领的地位，后三者服从、服务于公正。

亚里士多德重视对于公正问题的考察，并将对公正问题的思考提高到了一个新的高度。在亚里士多德看来，人天生就是政治动物，就要生活在城邦之中，因此城邦之善乃是最高的善，而政治学作为追求和保持城邦之善的科学就是所有科学当中最为重要的科学，所有的科学都要为政治学服务。在亚里士多德看来，政治学所追求的最高善就是公正，“政治学考察高尚和公正”①，“一切科学和技艺都以善为目的，一切之中最主要的科学则以最大和最高的善为目的，政治之学术即是最主要的科学，政治上的善即是公正，也就是全体公民的共同利益”②。虽然亚里士多德仍然重视伦理学与政治学的内在关联，强调公正与德性之间的联系，“公正自身是一种完全的德性，它是未加分化的，而且是对待他人的。正因如此，在各种德性中，人们认为公正是最主要的。它比星辰更加令人惊奇，正如谚语所说：‘公正是一切德性的总汇’”③，但我们要注意到，亚里士多德并不是特别强调公正与伦理之间的关系，而是更加强调公正与法律之间的内在关联，“违法的人不公正，守法的人公正，当然一切合法的事情都是公正的。因为合法是立法者规定，所以

① ［古希腊］亚里士多德：《尼各马科伦理学》，苗力田译，中国社会科学出版社 1990 年版，第 3 页。

② ［古希腊］亚里士多德：《亚里士多德选集·政治学卷》，人民大学出版社 1999 年版，第 100 页。

③ ［古希腊］亚里士多德：《尼各马科伦理学》，苗力田译，中国社会科学出版社 1990 年版，第 90 页。

我们应该说每一规定都是公正的”①。法律之所以是公正的，是因为法律维护的是城邦的整体利益，是全体城邦公民的共同利益，而不是少数统治者的利益，所以法律所追求的是全体城邦的至善、至福，而这与公正的追求是高度一致的。虽然公正作为德性的总汇，作为城邦追求的最高善，乃是整体的公正，但在整体的公正之外，还有部分的公正。据此，不公正和公正可分为两类：不公正可分为违法和不均，公正可分为守法和均等。守法是总的公正，而均等则是部分的公正，它主要体现在荣誉、财物的分配以及人们相互交往（如买卖、抵押、借贷、出租、偷盗、诱骗、抢劫等等）之中。在日常生活中，人们把平均分配和绝对的平等当作公正，而在亚里士多德看来，这都是对于公正的曲解，公正应该是奉守中道，中道不是数量上的多少，而是适中，就是各取所值原则的信奉和施行。

从上文的分析中，我们可以看出，柏拉图更加重视从人的自然性出发来讨论公正，而亚里士多德虽然依然坚持人的自然性，但是他则更加重视城邦共同体，希望从城邦的至善出发来讨论社会的公正。虽然二者之间有所差别，但是他们对于公正问题的探讨都建立在现实的基础之上。不过到了中世纪，公正问题的探讨则出现了新的动向。虽然在中世纪，宗教神权获得了至高无上的地位，王权必须获得神权的认可，才能获得自身的合法性，但是这并不妨碍古希腊时代的公正追求在中世纪延续，公正仍然是中世纪追求的重要目标之一，“正义（justice）或公正（righteousness）是最为重要的圣经概念之一”②。不过，在中世纪，人们不再将公正归结于人的自然属性和城邦整体的利益，不再将公正归结为对于城邦法律的维护和遵守，而是开始将公正与外在的上帝联系起来，公正开始表现为对于上帝诫命的遵循和恪守。因为整个世界都出于上帝的创造，人类都是上帝按照自己的形象创造出来的，因此所有人类都是上帝的子民，都禀受神恩，每个人都理应得到公正的对待。既然人类是按照上帝的形象创造出来的，而且人类的祖先曾经与上帝在西奈

① ［古希腊］亚里士多德：《尼各马科伦理学》，苗力田译，中国社会科学出版社 1990 年版，第 89 页。

② ［德］卡尔·白舍客：《基督宗教伦理学》，静也、常宏译，上海三联书店 2002 年版，第 257 页。

山立约，所以人类应该遵守上帝的诫命，依照上帝的意志而行动。

由于中世纪的宗教神学否定了尘世生活的意义，对于世俗的人类造成了严重的压抑，因此，在现代社会中，人们开始将目光转向现实的个体的人，从而使得个人在现代社会中得到前所未有的关注，个人成了现代世界的中心。由上帝中心到个人中心的转变，这就决定了公正的根基必然会随之发生变化：由外在的上帝转向人类自身。在基督教中，人类之所以应该得到公正的对待，是因为人类都是出自上帝的创造，上帝公正地对待每一个人，因此，人类应该效仿上帝，公正地对待每一个人。然而，在现代社会中，上帝的权威已经随着人类地位的崛起而渐渐没落，人类已经开始确信自己像上帝一样拥有至高无上的理性。文艺复兴和启蒙运动都已经旗帜鲜明地肯定理性构成了人类的本质特征，"勇敢地运用理智"已经成了现代社会的口号，在现代社会中，一切都必须在人类的理性法庭面前接受审判。然而问题在于，现代社会的人类不再是抽象的人类整体，而是由一个个具体的个人组成的，当我们宣布人类是理性的存在、理性构成人类的本质规定性时，实际上我们就已经宣布每个人都是理性的存在。既然每个人都是理性的存在，那么每个人都应该得到公正的对待，都应该享有他不可剥夺的"天赋人权"，每个人都是自由、平等的。然而问题在于，现代社会又是建立在人性本恶的基础之上的，肯定每个人都是自私自利的，每个人都会争取个人权利的最大化，而这又必然会反过来伤害社会的公正。因此，为了维护社会的公正，保证每个人都能够被公正的对待，我们就需要制定契约，通过契约来保证公正在现实当中能够得到施行和体现。正如前文当中所讨论的那样，订立契约的前提是双方的自由平等，而其结果就是双方平等地享有权利和承担义务，所以，在现代社会中，公正问题与平等问题之间具有千丝万缕的联系。

平等是一个比较模糊的概念，而这就决定了与此相联系的公正也非常难以说清。因为每个人的现实情况都是千差万别的：每个人的出生不一样，每个人生长的环境和接受的教育也有差异，每个人从事的工作及其对他人和社会的贡献也不相同，与此相连，每个人所享受的权利及其为社会所承担的义务也是各异的。既然人与人之间存在着这么多的差异，那么，我们在何种意义上说人与人是平等的呢？是从起点说人是平等的，还是在过程上人应该是平等的呢？抑或人们应该在结果上最终是平等的呢？既然平等都存在着如此众多的问题，那么我们如何能保证自我与他者之间的公正呢？而这也就是公正虽然构成了现代人追求的一个价值目标，但却又意见纷呈，很难获得统一的原因之所在。罗尔斯的公正理论之所以能够获得人们的广泛关注和认同，其中一个非常重要的原因就在于：他试图以一幅“无知之幕”来抹平社会现实的差异，从而来保证社会的绝对公正。在罗尔斯看来，社会之所以产生不公正，是因为人们在订立契约、建立社会制度的时候，已经预先关注了特殊阶级、阶层的利益，从而使得制度本身的建立就存在着不公正性，因此，他所试图建立的正义乃是“作为公平的正义”，就是要通过建立一种制度、契约来公平地分配公民所享有的权利和承担义务。为了消除人为因素导致制度的不公正，罗尔斯提出了一种所谓的原初状态，在这种原初状态中，人们站在无知之幕背后，完全消除了对自己身份地位的认识，也消除了自己的一切偏好，完全站在一种客观公正的立场上来选择社会原则和制度。在这样一种公正理论当中，最核心的问题就是平等问题，如此相对的，公正原则也有两个：第一，平等自由原则：“每个人对与所有人所拥有的最广泛平等的基本自由体系相容的类似自由体系都应有一种平等的权利”；第二，机会的公正平等原则与差异原则：“社会和经济的不平等应这样安排，使它们：①在与正义的储存原则一致的情况下，适合于最少受惠者的最大利益；并且，②依存于在机会公平平等的条件下职务和地位向所有人开放。”①

罗尔斯的公正理论充满着理想化的色彩。这个世界并不存在着所谓的原初状态，人们也不可能站在无知之幕背后进行所谓纯粹客观公正的选择。人都是现实中的人，人们在进行抉择的时候，必然会受到自己所处社会地位和关系的影响。因此，这种公正理论必然会遭遇“谁之公正，何种合理性”（麦金太尔语）的质疑。在诸多的质疑者当中，诺齐克可以说是最具代表性的一位。虽然罗尔斯和诺齐克都是自由主义者，但二者之间存在着明显的差异。罗尔斯是平等自由主义者，他的公正理论建立在平等的基础之上，并追求一

---

① ［美］约翰·罗尔斯：《正义论》，何怀宏、何包钢、廖申白译，中国社会科学出版社1988年版，第302页。

种结果上的平等，像其第一个原则实际上就是一种理论预设上的平等，而第二个原则则是通过差异性的补偿原则来达到一种结果上的平等。诺齐克是极端的自由主义者，他认为每个人都是自由的，不受他人的约束，个人的权利是神圣不可侵犯的，“个人拥有权利，而且有一些事情是任何人或任何群体都不能对他们做的（否则就会侵犯他们的权利）”，即使是国家也不能例外，国家的“功能仅限于保护人们免于暴力、偷窃、欺诈以及强制履行契约等等；任何更多功能的国家都会侵犯人们的权利”，“国家不可以使用强制手段迫使某些公民援助其他公民，也不可以使用强制手段禁止人们追求自己的利益和自我保护”。① 诺齐克之所以要限制国家的功能，主张建立最小功能的国家，其一个重要的目的就是要反对罗尔斯的公正理论。罗尔斯为了防止制度建立时受到历史与现实的干扰，从而导致制度的不公正，从而将自己的公正理论建立在原初状态和无知之幕的基础之上，这实际上就割断了历史与现实，将公正指向有关未来的理想状态，但诺齐克认为，人都生活在历史与现实之中，人们所享有的权利是在历史当中形成的，是由来有自的，因此我们在对事物分配和再分配的过程当中，我们不仅要考虑它们将被谁占有的问题，我们更要考虑它们从何而来、现在它们被谁占有的问题，也就是它们在历史上和现实中的所有权问题。如果我在历史上通过公正的方式获得了对于财产的所有权，那么，我的权利就是符合公正原则的，我的财产权就应该得到强有力的保护，任何外在强迫的转让都是对于自我财产权的侵害，都应该被禁止。因此，对于罗尔斯和诺齐克而言，公正表现为完全不同的两种取向：对于罗尔斯而言，公正就意味着平等；对于诺齐克而言，公正则意味着尊重个体的权利。不过，就像罗尔斯的公正理论所遭受的质疑一样，诺齐克的公正理论也遭受同样的质疑。因为罗尔斯的差异性的补偿原则虽然损害了财产持有者的权利，但他为弱势群体争取了权利，而诺齐克强调占有权利，他虽然维护了财产持有者的权利，但却导致了弱势群体更弱，无法获得平等的机会，而这显然无法赢得弱势群体的支持，对于弱势群体而言，这种公正理论

① ［美］罗伯特·诺齐克：《无政府、国家和乌托邦》，姚大志译，中国社会科学出版社2008年版，前言第1页。

是为财产持有者的特权进行辩护的。因此无论是平等自由主义还是权利自由主义实际上都存在着自身的不足，而后来的各种有关公正的理论实际上都是试图在解决这些不足，从而为实现社会的公正而努力。

作为他者伦理的重要代表，早期的列维纳斯就认为自我与他者之间并不是一种平等公正的对称关系，而是一种责任大于权利的非对称关系。我们并不是因为享受了权利而对他者承担责任，我们对他者承担的责任是一种莫名的责任，他者的一个姿态、一副面孔就将自我召唤到对他的责任当中，我们既承担自己的责任，也承担非我的责任，我们既为自己的过错负责，也为他者的过错负责，正是因为这有违于现代社会中所追求的权利义务对等的公正观念，所以，列维纳斯将自己的责任伦理中所勾画的自我与他者之间的关系称为非对称关系，“存在中的多样性（其拒绝被整体化，并采取了友爱和话语形式），被置于本质上是不对称的位置上的”。① 正是因为列维纳斯强调对他者的无限的责任，而这是有悖于现代的公正观念，所以列维纳斯早期基本上不谈公正，不过也正是缘于此，列维纳斯的《整体与无限》出版以后，受到了学术界的一些批评，认为其观点与现代社会追求公正的目标是不相符合的，违反了现代社会的平等要求。为了回应学术界的批评，为了尽量能够与社会潮流保持一致，列维纳斯在《别于存在或超本质》一书中，对自己的思想进行了修正，并专门对公正问题展开了论述。按照德里达的观点，我为与我面对面的他者承担无限的责任，这里面就会存在着一系列的不公正的问题，就存在着对于第三方（他者之外的他者）不公正的问题，以及对于自我的不公正的问题。为了解决这个问题，列维纳斯引入了第三方（the third party）的概念，“为他者负责是先于质疑的直接性，它是亲近。一旦第三方参加进来，它就遭遇麻烦，变成了问题”②。一旦我们考虑到第三方，那么，第三方就像他者一样，也是一个他者，既然我们要为所有他者负责，那么我们不能仅仅为邻人这个他者负责，我们也要为第三方这个他者负责。这样一

① Levinas, *Totality and Infinity*, Translated by Alphonso Lingis, The Hague: Martinus Nijhoff Publishers 1979, p.216.

② Levinas, *Otherwise Than Being or Beyond Essence*, Translated by Alphonso Lingis, Pittsburgh: Duquesne University press 1998, p.157.

来，第三方将我从与他者过分亲近的关系中解放出来，使我不仅为邻人这个他者负责，而且也要为第三方负责，也就是为所有的他者负责，“第三方有别于我的邻人，但也是另一个邻人，而且也是他者的邻人，而不仅仅是他的同类。”① 不仅他者是邻人，而且第三方也是邻人，这也就是说，我不仅仅是对作为邻人的他者负有责任的，而且对于第三方同样也是负有责任的，这也就意味着，我并不因为对与我面对面的他者负有责任，而忽视了对于其他他者的责任，我对于所有的他者都是公正地负有责任，“仅在亲近与疏远没有区别，但亲近又不能被忽略的社会里，公正才能保持为公正”②。从我为所有他者负责的角度来说，所有他者都得到了公正的对待，不过问题在于，我作为一个纯粹的责任承担者，我是否得到了公正的对待呢？在列维纳斯看来，虽然我们不能将他者看作“另外一个我”，但这并不妨碍我成为一个他者。第三方参加到我与他者关系中之后，站在我与他者的立场上看，第三方是作为他者而存在的，现在如果调整一下立场，站在他者和第三方的角度来看自我，那么，实际上我就成了一个他者，“对于他者来说，我是另一个他者”③。既然我成了他者的他者，那么，我也会得到他者的关怀和照顾。从这个角度来说，我不再仅仅是一个责任的承担者，他者同样也为我承担了责任，我得到了公正的对待，“唯有我逃离了自我概念，去位化并被剥离了存在，与他者处于一种非—互惠的关系中，总是为了他者，能够变成一个为了他者的他者，公正才能够建立起来”④。第三方的介入使得他者不再唯一，第三方、自我都是潜在的他者。既然所有人都是他者，那么，为他者负责就是公正地为所有人负责。本来列维纳斯的他者伦理以犹太教为根基，强调对于他者的全心付出，是不求回报的，就像耶稣走上十字架替人类赎罪，是没有要求任何

---

① Levinas, *Otherwise Than Being or Beyond Essence*, Translated by Alphonso Lingis, Pittsburgh: Duquesne University press 1998, p.157.

② Levinas, *Otherwise Than Being or Beyond Essence*, Translated by Alphonso Lingis, Pittsburgh: Duquesne University press 1998, p.159.

③ Levinas, *Otherwise Than Being or Beyond Essence*, Translated by Alphonso Lingis, Pittsburgh: Duquesne University press 1998, p.158.

④ Levinas, *Otherwise Than Being or Beyond Essence*, Translated by Alphonso Lingis, Pittsburgh: Duquesne University press 1998, pp.160-161.

回报的，根本就不存在所谓的权利与对等的公正性、对称性，但是列维纳斯又生活在讲求公正的现代西方，这使得他不得不将自己的理论强行贴上公正的标签，以与世俗取得调和。在笔者看来，这反而伤害了其伦理思想的超越性和一贯性，使得其思想陷入了理想与现实、超越与世俗的冲突之中，使其超凡脱俗的精神气质被罩上了沉重世俗的外壳，无法得以充分阐扬。

从西方几千年的历史发展进程来看，虽然公正在其发展过程中处于不断的变化之中，但是公正作为一个重要的追求目标却始终未曾改变，不论是政治精英、思想巨匠，还是普通百姓都在为建设一个公正的社会而殚精竭虑、努力奋斗，从而书写了不朽的人类追求公正的鸿篇巨制。追求公正，是人类发展史上的一个巨大的进步，它对于反对等级特权、阶级压迫、资本剥削等等都具有重要的遏制作用，有利于人类的自由解放，实现每个人的自由而全面的发展。因此，从人类的发展历程来看，人类社会正是在不断追求公正的过程中，减少了社会的剥削与压迫，使得普罗大众获得了更多的发展机会，从而推动社会走向了一个不断民主化的进程。从这些方面来说，公正确实为人类社会的发展做出了重要的贡献，不过，需要指出的是，我们不能因此而将公正擢升至至高无上的地位，盲目地将其确立为人类社会终极的追求目标。我们对于公正应该有一个比较全面的认识。虽然公正曾经为人类的社会发展做出了重要贡献，但是公正也存在着自身的局限性，人类社会仅仅追求公正是不够的，或者更简单地说，公正仅能当作人类社会追求的一个较低级的目标，而不能被当作人类社会追求的终极目标。

从前提或起点上来看，以公正为目标实际上就已经预设了人与人之间的对立，人与人之间是不公正相对待的，这在西方的典型表现就是人性本恶。在古希腊时代，虽然人们肯定人性当中具有理性的一面，像柏拉图就曾经说过，宇宙的创造主将理性与火赋予了人类，从而使得人迥超于世间万物之上。但古希腊思想家们又认为，人类在拥有不朽灵魂的同时，又拥有可朽的肉体，人类一半是天使，一半是野兽。如果任由人类兽性横行，欲望勃发，那么人类就会你争我夺，互相残杀，将社会引向战争的深渊。虽然在中世纪的基督教神学中，将人类看作上帝的子民，上帝按照自身的形象创造了人类，然而问题在于，人类的祖先亚当与夏娃并没有听从上帝的教诲，而是经不住毒蛇的诱惑而犯下了原罪，以致人“在胚胎中就有了罪恶”。这种原罪不仅使人类与上帝的距离越来越远，而且使得人类心中始终隐藏着一个罪恶的魔鬼，对于人类来说，罪恶就像是一个充满着危险的潘多拉魔盒，只要人类稍稍有所松懈，魔盒就会打开，伤人的魔鬼就会乘机而出，到处为非作歹。到了现代社会，虽然人的地位被无限地提高，人真正成为“宇宙之精华，万物之灵长”，人凭借理性的能力而君临于万物之上，享有操控世间万物的特权，但这并不能改变人性当中否定的一面。像近代思想家霍布斯就从自然人性出发，认为人是自然的产物，人天生就有自然的情感和欲望，为了满足这些自然情感和欲望，人类就会主动地追求个人利益，因而人都是自私自利的，人在本性上都是恶的。任由人类本性发展，每个人都会无限制地追求个人利益，追求个人情感和欲望的满足，那么人与人之间就会相互为战，因此，霍布斯说：“在人类的天性中我们便发现：有三种造成争斗的主要原因存在。第一是竞争，第二是猜疑，第三是荣誉。第一种原因使人为了求利、第二种原因使人为了求安全、第三种原因则使人为了求名誉而进行侵犯”，“根据这一切，我们就可以显然看出：在没有一个共同权力使大家慑服的时候，人们便处在所谓的战争状态之下”①。尽管在西方历史上也不乏性善论、性无善恶论这样的人性论观点，但是人性本恶则构成了西方人性论发展的一条重要线索，而公正目标的提出，与此线索具有非常紧密的关联。因为，人性本恶，那么人与人之间就会相互为战，“人对人像狼”，“他者是地狱”，就会导致人们为了自身的利益而侵占甚至是侵害他者的利益，战争中“胜者为王，败者为寇”的逻辑，往往使得利益的分配最终失去了公正性，而人们以公正作为重要的追求目标，显然正是基于这种理论预设和现实状况，希望人类能够进入到一个没有强权、没有剥削与压迫的公正社会之中。从此分析当中我们可以看出，公正的追求是以人性本恶为前提和起点，而这也就决定了人与人之间是一种分裂的状态，人与人之间存在着一条不可跨越的鸿沟。

从过程来看，人性本恶的前提决定了公正的追求和实现必然是人与人之间利益交换和互相博弈的过程。人性本恶肯定了人各自私、人各自利，我们

① ［英］霍布斯：《利维坦》，黎思复、黎廷弼译，商务印书馆 1985 年版，第 94 页。

所作所为都必然是为了自身利益的满足，这也就是管子所说的“天下熙熙，皆为利来；天下攘攘，皆为利往”。这种自私自利的人性和社会现实，就决定了人与人之间是以利相市。我们之所以愿意与他者公正地相处和交往，就是为了实现个人的利益。在这样一种人类自私自利、人性本恶的预设之下，所有能够最大化满足自身利益需求的行为都被看成是合理的，“因为人们所有出于意志的行为都是为了自己的利益，而最有助于达成其目的的行为则是最合理的行为”①。在这样一种前提之下，人们并不会真正关心他者的需求本身，人们只是希望更多地从他者身上榨取更多的物质利益，就像马克思所批判的那样，棺材铺的老板盼人死亡，玻璃店的老板盼望天降冰雹，这些都是以一种外表公正的方式赚取利益。当然，更有甚者，人们甚至会做出损人利己的事情。因为传统的公正理论基本上都建立在契约论的基础上，而契约论很重要的一点就是要以契约所约定的内容为准绳，就像依法办事要以法律为准绳一样，但在契约规定的内容之外就不再受到契约的约束，就像法无禁止不为罪或法不禁止即可为一样，所以，人们为了自身利益的最大化，往往会钻契约的空子。虽然这从表面上看，有些行为完全符合形式公正的要求，但实质上却会对他者造成严重的伤害。因此，在这种人性本恶的前提之下，人们实际上追求的是形式上的公正，但并不能保证实质上的公正，而且在现实生活中，我们在制定方针政策的时候，都会站在特定的阶层和立场上，我们都会有自身的利益倾向，那么，我们制定出来的方针政策又如何能够保证它是公止的呢？而这也就是说，在现实生活中，很多不公正的行为往往却被披上了公正的外衣，而这正是导致人们质疑社会公正性的原因之所在。

从结果来看，既然公正本身是建立在利益分配的基础之上的，人们经过理性的算计，公正能够使每个人的利益能够得到有效的保证，那么，过度的理性化必然会导致人情冷漠。按照霍布斯的观点，在“所订信约必须履行”“这一自然法中，就包含着正义的泉源。因为事先没有信约出现的地方就没有权利的转让，每一个人也就对一切事物都具有权利，于是也就没有任何行为是不义的。在订立信约之后，失约就成为不义，而非正义的定义就是

① ［英］霍布斯：《利维坦》，黎思复、黎廷弼译，商务印书馆 1985 年版，第 110 页。

不履行信约”①。这也就是说，公正就是履行契约，而不公正就是违反契约。人们之所以愿意选择履行契约，之所以愿意成为公正之人，那是因为人们通过理性分析，认为履行契约能够帮助人们实现个人利益的最大化，一个公正的人必然也是理性的人。在这样一种高度理性化的社会里，如果人们做任何事情之前都要经过理性的分析，那么，就必然会导致情感的麻木。就像柏拉图所说的那样用理性来约束情感，其结果就必然是情感的压抑。如果情感长期得不到发挥，那么情感就必然不得到生长发育，长此以往，情感不仅得不到充分发展而失去生机勃勃的可能，反而会由于过度遏抑而萎靡不振，甚至会因此走向萎缩麻木。这样一来，一旦现实中出现他者遭遇困难乃至危险，需要我们伸出援助之手的时候，我们就有可能漠然视之，认为，这不符合权利义务对等的公正原则：我们之所以不愿意给老弱病残孕让座，是因为我们购买了同样价钱的车票；我们面对落水者之所以能够从容地谈论救人费用，是因为我们觉得付出就应该得到回报；我们面对跌倒的老人之所以会视而不见、绕道而行，是因为我们害怕我们没有任何过错的情况下，却为自己的一个善举而付出不必要的代价……面对这一系列的举动，实际上我们是无能为力的，因为我们没有理由要求别人去做这做那，他们什么也不做是完全符合公正原则的。然而问题在于，谁愿意这样的事情在我们现实生活中发生呢？谁又会觉得充满着类似事件的社会是一个美好的社会呢？没有人会认为这样的社会是我们追求的目标。

总而言之，公正以自我为中心，他者被置于与我对立的位置上。人们之所以追求社会的公正，最终是为了保护自我的利益，实现自我利益的最大化。这样一来，人们的心里只装着自我和自我的利益，而对他者和他者的利益采取冷漠的态度，人们不但不会为了他者的利益而牺牲自我，有时甚至为了自我利益而牺牲他者的利益，从而使得人们之间的情感不但冷漠，甚至冷酷。因此，公正的社会虽然是我们心目当中一个不错的社会，但却不是我们心目中的理想社会，因为这是一个缺少温情的社会，它不能成为我们追求的终极目标。

---

① ［英］霍布斯：《利维坦》，黎思复、黎廷弼译，商务印书馆 1985 年版，第 108—109 页。

第二节　追逐和谐之梦

公正虽然没有改变自我至高无上的地位，但它不再将他者置于一个卑下的地位，而是主动提升他者，使他者与自我相互平等，这是公正理论的一个重要贡献，它表达了人们对于剥削与压迫的不满，从而推动人类由专制走向自由解放。因此，公正成为人们追求的目标，具有其自身的合理性，符合社会发展潮流。不过，我们也要看到，公正作为社会追求的目标，它只能是低层次的目标，而不能成为高层次的追求目标，这就像以公平公正为原则的法律一样，它只能成为一种底线伦理，而不能成为一种高阶伦理，社会仅有公正是不够的，奉行公正虽然能够建立起一个井然有序的社会，但它绝不能建立起一个充满人情味的和谐社会，因为它从一开始就将自我与他者置于对立的位置之上，所以容易走向冰冷的秩序。

实际上，无论古今中外，和谐都是人类追求的一个重要目标。在西方文明初期，人们认为世界是混乱一团、混沌无序的，及至毕达哥拉斯学派出现，就提出了和谐的概念。毕达哥拉斯主要以数为研究对象，而在他们对音乐的研究中，通过对音阶的考察，发现一定比例的数目之间会产生一种和谐关系。在毕达哥拉斯学派看来，数是万物的本原，其他一切事物都是以数为范型的，而数目之间又具有各种和谐的特性和比例，“所以他们从这一切进行推论，认为数日的元素就是万物的元素，认为整个的天是一个和谐，一个数目”[1]，从而将数目之间的和谐推扩到整个宇宙秩序，认为整个宇宙都是一个有序的和谐整体。赫拉克利特对于西方和谐思想的重要贡献则在于，他开始从对立统一的角度来理解和谐，“互相排斥的东西结合在一起，不同的音调造成最美的和谐”，“结合物已是整体又不是整体，既是一致又有不同，既是和谐又是不和谐；从一切产生一，从一产生一切”[2]。后来，亚里士多德正

① 北京大学哲学系外国哲学史教研室编译：《西方哲学原著选读》上卷，商务印书馆1981年版，第19页。

② 汪子嵩、范明生、陈村富、姚介厚：《希腊哲学史》第1卷，人民出版社1997年版，第469页。

是在借助赫拉克利的对立统一的和谐思想，提出了自己有关和谐城邦的构想，“既然城邦是由对立的阶层——富的和穷的、年轻的和年老的、弱的和强的、好的和坏的——组成的，它如何能继续存在呢？他们没有注意到城邦的一致中总是带有最有冲突的特征的，从多样性中产生统一，从不相同中产生相同，它总得允许各种不同存在。自然界也同样是相反的，从相反的而不是相同的东西产生和谐，它将雌和雄配合起来，而不是同性相配，从相反的而不是相同的东西组成最初的和谐”①。不论是以神权为本的中世纪，还是以人为本的现代西方，尽管人们在对于和谐的理解上存在着一定的差异，但是和谐一直都是人类心目中的一个梦想。

在现代中国，建设社会主义和谐社会正如火如荼地开展着，不过这个和谐社会的梦想在中国历史上可谓渊源有自，具有非常深远的历史传统。可以说，和谐是中国人亘古不变的一个梦想，这个梦想不仅涉及国家社会，而且涉及家庭生活的方方面面，像居家装饰中经常悬挂的“家和万事兴”的条幅就显示了中国人对于家人和睦、家庭关系和谐的纯朴梦想。早在西周末年，中国人就已经开始讨论“和”的问题了。根据《国语·郑语》记载，周太史史伯在分析西周的历史命运的时候就说过：“夫和实生物，同则不继。以他平他谓之和，故能丰长而物归之；若以同裨同，尽乃弃矣。”将“和”与“同”对立起来，认为“和”是不同事物之间的结合，是世间万物生长发展的法则。后来齐国晏婴又对“和”又进一步提出了“以否成可”、“以可济否”的命题，反对“以可济可”、“以否济否”，对“和”作出了进一步的界定。后来孔子在继承前人精密区分“和”、“同”的基础上，提出了“君子和而不同，小人同而不和”的思想，将“和”、“同”作为区分个人道德境界高低和社会好坏的一个重要标准：对于个人而言，道德高尚的人讲究和谐而非同一；对于社会而言，在一个好的社会中，人与人之间是和谐相处的而不是党同伐异。孔子所描绘的大同理想，实际上就是那个时期相对意义上的和谐社会的范型，“大道之行也，天下为公，选贤与能，讲信修睦。故人不独亲亲其亲，

---

① 汪子嵩、范明生、陈村富、姚介厚：《希腊哲学史》第 1 卷，人民出版社 1997 年版，第 469 页。

不独子其子，老有所终，壮有所用，幼有所长，矜寡孤独废疾者皆有所养，男有分，女有归。货恶其弃于地也，不必藏于己；力恶其不出于身也，不必为己。是故谋闭而不兴，盗窃乱贼而不作，故外户而不闭。是谓大同”（《礼记·礼运》）。当然，在中国几千年的历史发展中，人们对于和谐社会的理解发生了翻天覆地的变化，不过我们应该看到，孔子有关大同社会的描述始终活跃在中国人有关和谐社会的设想和建构之中，成为中国人理解和谐社会的一个出发点和衡量一个社会是否和谐的重要标尺，社会主义和谐社会的建设也可以看作中国古老和谐社会梦想的现代延续。

他者伦理之所以要从公正这个目标走向和谐这个目标，是因为和谐与公正相比，具有自身的优越性，它能够解决公正自身局限所导致的一系列问题。

第一，公正建立在同一性的基础之上，而和谐却是建立在差异性的基础之上的。公正很重要的一点就是追求平等。正是缘此之故，罗尔斯的自由主义乃是一种平等的自由主义，而他的正义论乃是一种“作为公平的正义”。公平本身就有平等之意，而且这种平等不是建立在个体的基础上，而是站在公共利益的基础上来平等地进行利益分配。因此，罗尔斯的原初状态和无知之幕实际上就是要模糊人与人之间的区别，从而使人成为一个抽象的同一化的存在。唯其如此，我们才能在自我与他者之间进行公正的利益分配。然而问题在于，这种无知之幕覆盖下的公正使得世界变得同一化，人同此心，心同此理，他者与我是高度同一的，他者不过是另外一个我。这样一来，他者失去了其本来的面目，我们每个人只能面对自我本身。总而言之，这种同一化的公正必然导致世界的扁平化、抽象化，必然导致他者的缺失。

和谐却与公正反其道而行之，不是强调自我与他者的同一，而是强调自我与他者的差异。毕达哥拉斯从音阶的变化推论出数目比例之间构成了和谐关系，从音阶的高低和数目的比例，我们就能看出和谐当中所包含的差异性，后来赫拉克利特将和谐界定为事物之间的对立统一，就更加明确地表明了这一点。中国古代的思想家将和谐的差异性的特点表达得更为充分详尽。在汉语中，“和谐”在古代是两个词，由“和”与“谐”结合而成。古人讲“和而不同”，这一方面是表达了人们对“和”与“同”两种不同的态度：赞同“和”而反对“同”，另一方面，是对“和”作出了一个界定：“和”就是“不同”，就是差异性的结合。按照古人的说法，和就像做菜一样，要想烹制一道美味佳肴，就要在准备鸡鸭鱼肉等各种主料的同时，还要配备油盐姜醋等佐料，然后再经过水煮火烧等等复杂的工序，使得各种不同味道之间产生渗透交融，才能做出一道绝世美味来；否则，如果材料单一，那么味道也就必然会过分单一，那就会让人感到食之无味。音乐也是这样，音乐也是高音与低音、长音与短音等等不同声音的有机结合，才会形成一首优美的乐曲。“谐”与“和”在中文中基本同义，《玉篇·言部》就说“谐，和也”，直接将二者等同起来，确实，在中文当中，二者意思是相通的，像《书·舜典》当中的“八音克谐，无相夺伦”，就是用音乐当中的曲调的变化来说明乐曲的和谐。正是因为和谐强调差异性，那么，作为一个不同于自我的差异性的他者，就有了生存与发展的空间，从而使得他者得以避免被同一化乃至消灭的命运。

第二，公正主要涉及是利益分配的问题，而和谐主要涉及的不是利，而是义的问题。公正实际上有很多种，主要可分为三大类：归属性正义（attributive justice）、比例性正义（proportional justice）、归还性的或惩罚性的正义（retributive or vindicatory justice）。实际上在这三类当中，任何一种公正理论都绕不开利益，都涉及权利的分配问题，三者分别处理权利的归属、数量比例和对权利侵害的补偿问题。① 我们将公正所涉及的利益分配界定为利的问题，而将和谐界定为义的问题，这并不是说很少讲利或者根本就不讲利，而是说后者所讲的利与前者所讲的利有所不同。我们经常说儒家重义轻利，但这并不是说儒家不讲物质利益，实际上儒家也讲“兴天下之利，除天下之害”，孟子也讲蚕桑畜牧等发展物质生产、提高人民生活的问题。关键在于，利并非铁板一块的，利有公私之别，个人、家庭以及小集团的利益乃是私利，他者的利益、社会整体、民族国家的利益乃是公利，为个人、家庭、小集团牟取利益，那就是牟私利，这是真正的利，如果为他者、为社

① 参见［德］卡尔·白舍客：《基督宗教伦理学》，静也、常宏等译，上海三联书店 2002 年版，第 265 页。

会、为整个民族国家谋取公利，那就不是通常意义上的利的问题，而是义的问题。由于公正的出发点是个人，并最终要保证个人利益的实现，因此，它就是中国人所讲的利的问题（而这也正是作者不同意将西方的 justice，尤其是罗尔斯的 *A Theory Of Justice* 一书译为《正义论》的原因之所在）。

和谐与公正截然相反，它不是建立在人类自私本性的基础上的，考虑的不是个人的私利，而是他者、社会、民族、国家的公利，也就是孔子所说的“天下为公”，像孔子所描绘的大同社会中，“人不独亲其亲，不独子其子”，货“不必藏于己”，力“不必为己”，就明确地告诉人们，和谐社会当中人们不是专门为自己谋利益，不会与他者之间以利相市，更不会损人利己，非但如此，人们反而将他者、社会、民族、国家的公共利益放在首位，为了公共利益而奋斗，使得“老有所终，壮有所用，幼有所长，矜寡孤独废疾者皆有所养，男有分，女有归”。因此对于一个和谐社会而言，义比利居于更高的地位，所以，中国人特别强调在日常生活中要做到“正其宜而不谋其利，明其道而不计其功”，一旦义利之间发生了冲突，并且达到不可调和程度的时候，绝对不能见利忘义，而是要见利思义，最终直至舍利取义。虽然儒家高度重视生命，因为身体发肤受之父母，所以，我们要尊重生命，生命本身也是个人利益之所在，如果生命终止，那么一切个人利益也随之化为流水，但是儒家在生命与道义之间发生冲突的时候，同样坚定不移地选择站在道义一边，要求人们“舍生取义”。可见，和谐社会的建构离不开道德建构。公正与和谐之间的义利之别，对于我们现代社会是有非常重要的启示作用的，因为现代社会就是重利轻义，利益至上、金钱至上已经使得道德迅速没落，人们为了获取物质利益，甘愿出卖自己的尊严、灵魂，使得道德处于严重沦丧的状态，而这与和谐社会主义之取向是相违背的，要想建设和谐社会，就必须重振道德，提高人民乃至整个社会的道德水平。

第三，既然公正是围绕着利而展开的，和谐是围绕着义而展开的，那么，公正必然是以自我为中心的，而和谐则是以他者为中心的。由于利是一己私利，所以着重讲利益的公正必然以自我为中心。我们之所以要建立一个公正的社会是因为我们觉得，在一个不公正的社会中，自我的利益无法得到有效的保障，甚至导致自我利益受损，所以，我们希望在自我与他者之间建立起一个公正的法则，并且所有的人都能遵守。而且，在这样一个公正的理论当中，实际上预设了所有的人都是平等之人，都是与我相同的人。而这正如前文所论证的那样，同一化本身就是同一于自我，公正所预设的平等本身就肯定了自我的中心地位。

和谐是关涉义的，是涉及道德的。道德不是在同一化的自我内部所能完成的，因为它涉及道德责任的问题，既要有为谁负责，又要有谁来负责的问题。道德不能是自我负责的，也不能是他者负责的，必须是我为他者负责。因为如果我为自己承担责任，那就不存在道德的问题，就像我们好好学习、好好生活，以便为未来的前途负责，那么这并非一个道德问题，而是一个生活哲学的问题；如果是他者来承担责任，那么对于自我来说，实际上就是我对责任的逃避，我转嫁了本该由自我来承担的责任，就像面对一个落水的儿童，我本来是有救助之责的，但是我把这个救助的责任转嫁给他者，让他者来救助这个落水的儿童，那么，我不仅不是道德的，反而是一个道德败坏的人；唯有我作为唯一者来救助他者，为他者承担责任，我才是一个道德的人，因为面对他者吁求自我承担责任的召唤，我没有选择逃避，而是勇敢地直面他者，从而使得自我作为一个唯一的、不可替代的自我与他者之间建立起一种责任关系。因此，就像列维纳斯所说的那样，“伦理学是与他人、下来者（其临近不应该跟空间意义上的一种相邻关系相混淆）的关系”,[①] 而且这种关系不是以自我为中心的，而是以他者为中心的，我只是纯粹地给出了自身，而不是将他者拉向自我，更不是将他者同一化为“另外一个我”。如果他者就是“另外一个我”，那么就已经意味着他者已经变成了自我同一化的对象，变成了自我满足自身需求的手段和工具，我们也就没有必要牺牲自我来为“另外一个我”承担责任。因此，对于和谐来说，是以走向他者为前提的，执着于自我，不愿意为了他者而改变自己、牺牲自己，那就不可能有自我与他者的和谐，五味相调、五音相和，并不是每种味道和声音都执着于自己的本来，而是愿意因为其他的味道和声音改变自身，从而才能成就美味

① ［法］勒维纳斯:《上帝·死亡和时间》，余中先译，生活·读书·新知三联书店 1997 年版，第 158 页。

的菜肴、动人的乐曲。

第四，由于公正是以自我为中心的，那么自我必然画地为牢，与他者之间老死不相往来，而和谐是以他者为中心的，这就决定了自我必然会走向他者，主动地选择为他者承担责任。我们之所以需要构建一个公正的社会，是因为我们觉得他者的存在对于自我的权利而言是一个威胁，所以，我们希望对于他者需要有一个原则规范来对他者的行为进行限制，对自我的权益进行必要的保护。在这样一种“智子疑邻”、贬人扬己的心态之下，我们必然会对他者心存防护之心，“害人之心不可有，防人之心不可无”，我们为自己穿戴好厚实的防护盔甲，与他者保持必要的安全距离，以免他者对于自我造成不必要的损害。像现代社会中所发生的见到跌倒老人不扶的案例，就是这种心态的典型反映，我们觉得走向他者会导致自我安全感的缺失，我们愿意将自己牢牢地禁闭在自我之中，与他者之间断绝交通往来，除非是满足自我需要而不得已。

在被中国人奉为和谐社会样板的孔子所描绘的大同世界中，我们能够清晰地看到，人是突破了自身了。像孔子说，“人不独亲其亲，不独子其子”，货“不必藏于己”，力“不必为己”，实际上就清楚地告诉人们，在一个和谐社会中，人们已经不再拘守于自我，而是走出了自我。走出了自我以后，人们走向了哪里呢？孔子说到了，“老有所终，壮有所用，幼有所长，矜寡孤独废疾者皆有所养，男有分，女有归”，这实际上就是走向他者，为他者承担责任，帮助他者过上幸福的生活。不过孔子在这里对此意思的表达并不是特别清晰，后来孟子进一步将其清晰化了，从而将吾（自我）与人（他者）关联起来，明确要求人们突破自我走向他者，“老吾老，以及人之老；幼吾幼，以及人之幼”（《孟子·梁惠王上》）。只有每个人都不再执着于自我，都不再画地为牢，都愿意走出自身而迈向他者，那么，一切因为自我利益冲突而引发的纷乱才会终止，人们才会相互关心，相互爱护，社会才会真正地走向和谐，“是故谋闭而不兴，盗窃乱贼而不作，故外户而不闭”。

第五，公正肯定了自我与他者之间的对抗关系，并且使这种对抗成为自我与他者之间关系的一种常态，而和谐强调自我与他者的关爱，自我与他者突破了对抗的关系最终走向了和解。张载在谈及宇宙化生的时候说到，气聚而有万物之像，“有像斯有对，对必反其为；有反斯有仇，仇必和而解”①。张载所讲的是宇宙间虚实、动静、聚散之间的对立统一，认为世界万物最终要由对立走向和谐统一，这是宇宙的运行法则。对于人际关系而言，同样也遵守着这样一个的法则，人们之间不可能也不应该“仇必仇到底”，而是必须走向“仇必和而解”。对于公正来说，虽然它也是解决人们之间对立的一种方式和手段，但是我们必须看到，这种解决只是一种暂时性的或阶段性的解决，因为公正只是对于人们之间的对立冲突进行了压抑限制，使对立冲突停留于一个可控的状态，自我不会为了自身的利益而主动地伤害他者，但是自我与他者之间的对立并未消除，他者对于自我而言仍然是洪水猛兽。虽然他者现在被关在制度的笼子当中，自我暂时相对安全，但是我们不能对他者掉以轻心，更不能盲目轻信，而是需要在自我与他者之间构筑坚固的堤防，防止他者洪水泛滥而将自我淹没。因此，这种公正所建构的秩序，在平静的外表之下，始终暗流汹涌，使得人们都缺乏一种安全感，对抗并不会因为公正原则和秩序的建立而走向和解。

和谐在自我与他者之间是不设防的，自我不仅欢迎他者走向自我，而且自我要主动地走向他者，关爱他者，为他者奉献自身。因此，在和谐关系，自我与他者之间不再是激烈的对抗，更不是相互的排拒，而是互相亲近，互相关爱，让爱在自我与他者之间自由地流动，从而用爱来化解对立，用爱来化解对抗。现实当中，有些执法者之所以会粗暴执法，有些人之所以会暴力抗法，实际上他们都是打着需要公正执法的名义，然而，在他们之间却缺少必要的关爱，缺乏走出自身、走向他者、体会他者之不易、主动为他者承担责任的想法，从而使得执法者与被执法者之间势同水火，如果双方之间多一些关爱，多一些相互理解，不再局限于自己的利益，主动为对方承担责任，那么，社会上就会多一分和谐，少一分冲突，社会上也就会多一分温情，少一分冷漠。

从公正与和谐的对比中，我们能够比较清楚地看到，和谐具有公正无法比拟的一些优势，而且这些优势对于公正的不足具有很好的补充和纠正作

① 张载:《张载集》，中华书局 1978 年版，第 19 页。

用，所以，我们要推动社会追求的目标从公正向和谐迈进。不过需要指出的是，这样说，并不是要彻底地否定公正的重要性，更不是说公正对于社会发展来说，是有百害而无一利的。实际上，对于人类社会的发展来说，正像前文所说的一样，公正的提出对于人类历史的发展是一个重要的进步，同时对于解决人类社会的剥削与压迫都具有重要的积极作用，其曾经作出的历史贡献都是毋庸置疑的。不过，我们需要清醒地看到，公正虽然具有其积极性，但我们不能无限地夸大这一点。就像法律作为底线伦理一样，公正也只适合于当作社会追求的一个基本目标，我们不能以达到这个目标而自满自足，从而驻足不前。如果我们将公正当作人类社会追求的终极目标，那么，它就不可避免地会造成这个社会的冷漠，而现实生活中诸多冷漠案例的发生实际上当事人都是打着公正的名义。公正虽然能够给我们这个社会带来秩序，使我们这个社会变得秩序井然，这相对于过去的无序而言，是一个巨大的进步，但它也容易让人们被这种秩序限制了脚步，使我们不能走出秩序之外，去为他者做更多的事情，承担更多的责任，这样一来，就在自我与他者之间划出了一道鸿沟，使我们只能对他者冷眼相望，而无法为他者伸出热情的双手。“各人自扫门前雪，休管他人瓦上霜”，虽然对于所有人来说都是公正的，每个人都尽到了自己应尽的义务，享受到了自己应该享受的权利，但是这个社会缺乏温情，并不和谐，我们更需要一个大家能够互相关爱、互相帮助的社会。从这个意义上来说，由关爱所建立起来的和谐高于在权利基础上所建立起来的公正，因为公正所要求的也是爱所要求的，但是爱所要求的却远远多于公正所要求的，也就是说关爱所向往的和谐是高于公正的。况且失去了关爱，公正也将变得不再可能，因为没有爱作为支撑，我们就不能真正地理解他者和他者的需求，也就不能真正地关注何者才是他者的应得之物，我们就不能公正地对待他者，因此，爱为公正提供了方向，没有爱，公正就将陷于盲目，因此，公正最终要接受爱的指导，从而走向和谐。

基于以上所述，要想实现从公正到和谐的超越，真正建立起一个和谐的社会，笔者以为，我们需要进行思想观念的调整。第一，在肯定公正重要性的同时，我们要认识到公正的不足。公正能够保障我们个人的权益不受他者的侵犯，使我们能够得到相对平等的待遇，因而有利于减少社会的剥削压迫，从而减少对抗情绪，有利于社会走向秩序化。为了保证社会公正，我们要加强法制建设，因为法律就是建立在公正的基础上，法律反对一切特权，强调“法律面前人人平等”，所以，法制化建设有利于社会的稳定、有序。对于社会来说，就像法律是一个底线伦理一样，公正也是一个比较低层次的要求和目标，仅有公正对于一个社会来说是远远不够的。第二，和谐作为人类社会追求的终极目标，虽然高于公正，但它并不否定公正，而是推动公正不断地前进。正如前文所言，和谐强调自我对于他者的关爱和奉献，但是这种关爱如果没有公正的基础，那么，这种关爱就有可能变成了溺爱，变成了农夫对于毒蛇的错爱。因此，对于一个社会来说，我们首先要有公正，如果一个社会连起码的公正都没有建立起来，而我们就一味地讲和谐，那么这种和谐实际上就是虚假的和谐。这也就是说，和谐社会的建设离不开公正，不过和谐社会建设的目标是要高于公正的，和谐虽然包含着公正，但是公正却不能包含和谐，和谐包含的很多内容是公正无法包含的——因为它不仅强调合理的问题，同时也要强调合情的问题，它在让人们获得理性满足的同时，也能获得情感上的满足。因此，社会不能满足于公正的追求，应该在公正的基础上，继续前进，达到自我与他者的和谐。第三，既然和谐离不开公正的基础，那么，和谐社会的建设也离不开公正的追求，和谐社会建设应该是情与理、德与法两翼齐飞的过程。还是那句话，和谐与公正作为追求目标而言，存在着高低之别，但是和谐离不开公正，而且公正也不是一蹴而就的，我们进行和谐社会建设，同样要进行公正社会建设，以公正为和谐提供基础，同时用和谐来调整滋养公正。唯其如此，自我与他者之间才会由冷漠无情甚至是激烈对抗而走向互相关爱，人世之间不仅有冰冷的道理，而且充满着温暖的情感，自我与他者才能真正和谐地相处，社会才会走向美好，他者伦理才能真正在现实中落地生根，开花结果。

参考文献

A

［英］A.N. 怀特海：《科学与近代世界》，何钦译，商务印书馆 1959 年版。

［美］安靖如：《人权与中国思想——一种跨文化的探索》，黄金荣、黄斌译，中国人民大学出版社 2012 年版。

［美］埃里希·弗罗姆：《自为的人——伦理学的心理探究》，万俊人译，国际文化出版社公司 1988 年版。

B

北京大学哲学系外国哲学史教研室编译：《西方哲学原著选读》，商务印书馆 1981 年版。

［古希腊］柏拉图：《柏拉图全集》，王晓朝译，人民出版社 2002 年版。

［英］B. 马林诺斯基：《科学的文化理论》，黄建波等译，中央民族大学出版社 1999 年版。

［法］柏格森：《柏格森书信选》，陈圣生译，经济日报出版社 2001 年版。

［俄］别尔嘉耶夫：《历史的意义》，张雅平译，学林出版社 2002 年版。

［瑞士］布克哈特：《意大利文艺复兴时期的文化》，何新译，商务印书馆 1979 年版。

［巴西］保罗·弗莱雷：《被压迫者教育学》，顾建新、赵友华、何曙荣译，华东师范大学出版社 2001 年版。

C

陈奇猷：《韩非子集释》，上海人民出版社 1974 年版。

陈树德:《论语集释》第二卷，中华书局 1990 年版。

陈鼓应:《庄子今注今译》，中华书局 1983 年版。

陈鼓应:《老子注译及评介》，中华书局 2009 年版。

程颐、程颢:《二程集》，中华书局 2004 年版。

蔡元培:《中国伦理学史》，商务印书馆 1999 年版。

陈独秀:《敬告青年》，《陈独秀著作选》第一卷，上海人民出版社 1993 年版。

陈修斋主编:《欧洲哲学史上的经验主义和理性主义》，人民出版社 1986 年版。

[加拿大] 查尔斯·泰勒:《自我的根源：现代认同的形成》，韩震等译，译林出版社 2001 年版。

D

戴震:《孟子字义疏证》，中华书局 1982 年版。

[法] 笛卡尔:《探求真理的指导原则》，管震湖译，商务印书馆 1991 年版。

[法] 笛卡尔:《谈谈方法》，王太庆译，商务印书馆 2000 年版。

[英] 戴维·伯姆:《论对话》，王松涛译，教育科学出版社 2004 年版。

F

冯友兰:《贞元六书》，华东师范大学出版社 1996 年版。

冯契:《中国近代哲学的革命进程》，上海人民出版社 1989 年版。

冯契:《中国古代哲学的逻辑进程》，上海人民出版社 1985 年版。

樊星:《世纪末文化思潮史》，湖北教育出版社 1999 年版。

[德] 费希特:《全部知识学的基础》，王玖兴译，商务印书馆 1986 年版。

[德] 费希特:《伦理学体系》，梁志学、李理译，商务印书馆 2007 年版。

[奥] 弗洛伊德:《论文明》，徐洋、何桂全、张敦福译，国际文化出版公司 2000 年版。

G

龚自珍:《龚自珍全集》，上海古籍出版社 1975 年版。

高全喜:《自我意识论——论〈精神现象学〉主体思想研究》，学林出版社 1990 年版。

[日] 港道隆:《列维纳斯：法外的思想》，张杰、李勇华译，河北教育出版社 2002 年版。

[德] 伽达默尔：《哲学解释学》，夏镇平译，上海译文出版社 1994 年版。

[德] 伽达默尔：《伽达默尔集》，邓安庆等译，上海远东出版社 1997 年版。

[德] 伽达默尔：《真理与方法》上卷，洪汉鼎译，上海译文出版社 1999 年版。

[德] 伽达默尔、杜特：《解释学 美学 实践哲学——伽达默尔与杜特对谈录》，金惠敏译，商务印书馆 2005 年版。

H

黄建中：《比较伦理学》，山东人民出版社 1998 年版。

[美] 汉娜·阿伦特：《人的境况》，王寅丽译，上海人民出版社 2009 年版。

[德] 海德格尔：《存在与时间》，陈嘉映、王庆节译，生活·读书·新知三联书店 1987 年版。

[德] 海德格尔：《形而上学导论》，熊伟、王庆节译，商务印书馆 1996 年版。

[德] 黑格尔：《哲学史讲演录》第四卷，贺麟、王太庆译，商务印书馆 1978 年版。

[英] 霍布斯：《利维坦》，黎思复、黎廷弼译，商务印书馆 1985 年版。

[德] 胡塞尔：《笛卡尔式的沉思》，张廷国译，中国城市出版社 2002 年版。

[法] 霍尔巴赫：《自然的体系》上卷，管士滨译，商务印书馆 1999 年版。

J

金耀基：《从传统到现代》，中国人民大学出版社 1999 年版。

[意] 加林：《意大利人文主义》，李玉成译，生活·读书·新知三联书店 1998 年版。

Jacques Derrida, Writing and Difference, trans by Alan Bass, Great Britain: The University of Chicago, 1978.

Jacques Derrida, Adieu to Emmanuel Levinas, Translated by Pascale-Anne Brault and Michael Naas, Stanford California: Stanford University Press, 1999.

K

康有为：《孟子微·礼运注·中庸注》，中华书局 1987 年版。

[英] 柯林·戴维斯：《列维纳斯》，李瑞华译，江苏人民出版社 2006 年版。

[英] 肯尼思·麦克利什：《人类思想的主要观点——形成世界的观念》，查常平等译，新华出版社 2004 年版。

[德] 卡西尔:《人论》，甘阳译，上海译文出版社 1985 年版。

[德] 康德:《历史理性批判文集》，何兆武译，商务印书馆 1990 年版。

[德] 康德:《道德形而上学原理》，苗立田译，上海人民出版社 2002 年版。

[美] 科斯塔斯·杜兹纳:《人权的终结》，郭春发译，江苏人民出版社 2002 年版。

[德] 卡尔·白舍客:《基督宗教伦理学》，静也、常宏译，上海三联书店 2002 年版。

L

刘宝楠:《论语正义》，中华书局 1990 年版。

刘作翔、龚向和:《法律责任的概念分析》，《法学》1997 年第 10 期。

李大钊:《李大钊选集》，人民出版社 1959 年版。

李泽厚:《中国思想史论》，安徽文艺出版社 1999 年版。

李泽厚:《伦理学纲要》，人民日报出版社 2010 年版。

李泽厚:《回应桑德尔及其他》，生活·读书·新知三联书店 2014 年版。

李泽厚:《什么是道德?》，华东师范大学出版社 2015 年版。

[英] 雷蒙·威廉斯:《关键词——文化与社会的词汇》，刘建基译，生活·读书·新知三联书店 2005 年版。

[英] 洛克:《人类理解论》下册，关文运译，商务印书馆 1959 年版。

[英] 洛克:《政府论》下篇，瞿菊农、叶启芳译，商务印书馆 1964 年版。

[英] 罗素:《中国问题》，学林出版社 1996 年版。

[法] 卢梭:《社会契约论》，何兆武译，商务印书馆 2003 年版。

[法] 路易·迪蒙:《论个体主义——人类学视野中德现代意识形态》，桂裕芳译，译林出版社 2014 年版。

[美] 罗伯特·诺齐克:《无政府、国家和乌托邦》前言，姚大志译，中国社会科学出版社 2008 年版。

[法] 列维纳斯:《上帝·死亡和时间》，余中先译，生活·读书·新知三联书店 1997 年版。

[法] 列维纳斯:《塔木德四讲》，关宝艳译，商务印书馆 2002 年版。

[法] 列维纳斯:《从存在到存在者》，吴蕙仪译，江苏教育出版社 2006 年版。

Levinas, Totality and Infinity, The Hague: Martinus Nijhoff Publishers, 1979.

Levinas, Ethics and Inifinity, Translated by Richard A. Cohen, Pitesburgh: Duquesne University Press, 1985.

Levinas, Freedom and Command, Collected Philosophical Papers, Translated by Alphonso Lingis, Dordrecht: Martinus Nijhoff Publishers, 1987.

Levinas, Nine Talmudic Readings, Translated by Annette Aronowicz, Bloomington & Indianapolis, Indiana University Press, 1990.

Levinas, Outside the Subject, Translated by Michael B.Smith, London: The Athlone Press, 1993.

Levinas, Prpper Names, Translated by Michael B. Smith, London:The Athlone Press, 1996.

Levinas, Enigma and Phenomenon, Emmanual Levinas Basic Philosophical Writings, Bloomington and Indianapolis: Indiana University Press, 1996.

Levinas, Otherwise Than Being or Beyond Essence, Translated by Alphonso Lingis, Pittsburgh: Duquesne University press, 1998.

M

牟宗三:《中西哲学之会通十四讲》，上海古籍出版社 1997 年版。

牟宗三:《中国哲学十九讲》，上海古籍出版社 1997 年版。

牟宗三:《牟宗三文集》，吉林出版集团有限责任公司 2010 年版。

[德] 马克思、恩格斯:《马克思恩格斯选集》第 1 卷，人民出版社 1995 年版。

[德] 马克思、恩格斯:《马克思恩格斯全集》第 3 卷，人民出版社 2002 年版。

[德] 马克思、恩格斯:《马克思恩格斯文集》第 5 卷，人民出版社 2009 年版。

[德] 马丁・布伯:《我与你》，陈维纲译，生活・读书・新知三联书店 1986 年版。

[德] 马丁・布伯:《人与人》，张健、韦海英译，作家出版社 1992 年版。

[德] 马丁・布伯:《论犹太教》，刘杰等译，山东大学出版社 2002 年版。

[美] 麦金太尔:《德性之后》，龚群译，中国社会科学出版社 1985 年版。

[美] 麦金太尔:《伦理学简史》，龚群译，商务印书馆 2003 年版。

[美] 麦金太尔:《依赖性的理性动物——人类为什么需要德性》，刘玮译，译林出版社 2013 年版。

N

倪良康:《自识与反思》，商务印书馆 2002 年版。

[英] 尼古拉斯·布宁、余纪元：《西方哲学英汉对照辞典》，人民出版社 2001 年版。

[德] 尼采：《快乐的科学》，黄明嘉译，漓江出版社 2000 年版。

Q

[英] 齐格蒙特·鲍曼：《后现代伦理学》，张成岗译，江苏人民出版社 2003 年版。

[英] 齐格蒙特·鲍曼：《现代性与矛盾性》，邵迎生译，商务印书馆 2003 年版。

R

[瑞士] 荣格：《现代灵魂的自我拯救》，黄奇铭译，工人出版社 1987 年版。

S

孙怡让：《墨子閒诂》，中华书局 2009 年版。

苏舆：《春秋繁露义证》，中华书局 1992 年版。

宋希仁：《西方伦理思想史》，中国人民大学出版社 2004 年版。

[古希腊] 色诺芬：《回忆苏格拉底》，吴永泉译，商务印书馆 1984 年版。

[美] 萨克森豪斯：《惧怕差异——古希腊思想中政治科学的诞生》，曹聪译，华夏出版社 2010 年版。

T

谭嗣同：《谭嗣同全集》，中华书局 1981 年版。

童庆炳编：《文化与诗学》（第一辑），上海人民出版社 2004 年版。

[法] 涂尔干：《社会学与哲学》，梁栋译，上海人民出版社 2002 年版。

W

王先谦：《荀子集解》，中华书局 2013 年版。

王继如：《汉书今注》，凤凰出版社 2013 年版。

王阳明：《王阳明全集》，上海古籍出版社 1992 年版。

王治河主编：《全球化与后现代性》，广西师范大学出版社 2003 年版。

万俊人：《寻求普世伦理》，商务印书馆 2001 年版。

万俊人：《现代性的伦理话语》，黑龙江人民出版社 2002 年版。

汪子嵩等：《希腊哲学史》，人民出版社 1997 年版。

[英] W.C. 丹皮尔：《科学史——及其与哲学和宗教的关系》，李珩译，商务印书馆 1975 年版。

X

徐复观：《徐复观全集》，九州出版社 2014 年版。

[德] 西美尔：《金钱、性别、现代生活风格》，顾仁民译，学林出版社 2000 年版。

Y

杨伯峻：《孟子译注》，中华书局 2005 年版。

叶秀山、王树人主编：《西方哲学史》第六卷，人民出版社 2011 年版。

俞宣孟：《本体论研究》，上海人民出版社 1999 年版。

[古希腊] 亚里士多德：《形而上学》，吴寿彭译，商务印书馆 1959 年版。

[古希腊] 亚里士多德：《尼各马可伦理学》，苗力田译，中国社会科学出版社 1990 年版。

[古希腊] 亚里士多德：《亚里士多德选集 · 政治学卷》，颜一、秦典华译，中国人民大学出版社 1999 年版。

[古希腊] 亚里士多德：《物理学》，徐开来译，中国人民大学出版社 2003 年版。

[法] 约瑟夫 · 祈雅理：《二十世纪法国思潮》，吴永泉等译，商务印书馆 1987 年版。

[美] 亚历克斯 · 卡里尼克斯：《平等》，徐朝友译，江苏人民出版社 2003 年版。

[英] 以赛亚 · 柏林：《自由论》，胡传圣译，译林出版社 2003 年版。

[德] 雅斯贝尔斯：《什么是教育》，邹进译，生活 · 读书 · 新知三联书店 1991 年版。

[美] 约翰 · 罗尔斯：《正义论》，何怀宏、何包钢、廖申白译，中国社会科学出版社 1988 年版。

Z

朱熹：《朱子全书》，上海古籍出版社、安徽教育出版社 2002 年版。

张载：《张载集》，中华书局 1978 年版。

张枬、王忍之编:《辛亥革命前十年间时论选集》,生活·读书·新知三联书店 1977 年版。

周辅成编:《从文艺复兴时期到十九世纪资产阶级哲学家政治思想家有关人道主义人性论选辑》,商务印书馆 1966 年版。

赵敦华:《西方哲学简史》,北京大学出版社 2001 年版。

张文显:《法哲学范畴研究》,中国政法大学出版社 2001 年版。

[英] 詹姆斯·格里芬:《论人权》,徐向东、刘明译,译林出版社 2015 年版。

责任编辑：曹　歌

图书在版编目（CIP）数据

他者伦理研究 / 吴先伍 著．—北京：人民出版社，2022.8
ISBN 978－7－01－024146－3

I. ①他…　II. ①吴…　III. ①伦理学－研究　IV. ① B82

中国版本图书馆 CIP 数据核字（2021）第 248652 号

他者伦理研究
TA ZHE LUNLI YANJIU

吴先伍　著

人民出版社 出版发行
（100706　北京市东城区隆福寺街 99 号）

环球东方（北京）印务有限公司印刷　新华书店经销

2022 年 8 月第 1 版　2022 年 8 月北京第 1 次印刷
开本：710 毫米 ×1000 毫米 1/16　印张：16
字数：252 千字

ISBN 978－7－01－024146－3　定价：88.00 元

邮购地址 100706　北京市东城区隆福寺街 99 号
人民东方图书销售中心　电话（010）65250042　65289539